동북아해역과
인문네트워크의 역동성 탐구

지은이(수록 순)

서광덕 徐光德, Seo Kwang-deok 국립부경대학교 인문사회과학연구소 HK교수

손동주 孫東周, Son Dong-ju 국립부경대학교 일어일문학부 교수

슈빈 修斌, Xiu Bin 중국해양대학 문학과 저널리즘 및 커뮤니케이션학부 학장

장칸 張侃, Zhang Kan 샤먼대학 역사와 문화유산 학부 학장

류젠후이 劉建輝, Liu Jianhui 국제일본문화연구센터 교수

우에다 다카코 上田貴子, Ueda Takako 긴키대학 문예학부 교수

공미희 孔美熙, Kong Mi-hee 국립부경대학교 인문사회과학연구소 HK연구교수

이상원 李尚原, Lee Sang-won 국립부경대학교 인문사회과학연구소 HK연구교수

최민경 崔瑉耿, Choi Min-kyung 국립부경대학교 인문사회과학연구소 HK교수

이민경 李旼憬, Yi Min-kyoung 국립부경대학교 해양인문학연구소 HK연구교수

신상원 申尙沅, Shin Sang-won 안동대학교 글로컬대학사업단 초빙교수

임상민 林相珉, Lim Sang-min 동의대학교 일본학과 조교수

동북아해역과 인문네트워크의 역동성 탐구

초판발행 2024년 10월 31일

엮은이 부경대 인문한국플러스사업단

펴낸이 박성모
펴낸곳 소명출판
출판등록 제1998-000017호
주소 06641 서울시 서초구 사임당로14길 15 서광빌딩 2층
전화 02-585-7840
팩스 02-585-7848
이메일 somyungbooks@daum.net
홈페이지 www.somyong.co.kr

ISBN 979-11-5905-979-7 93910
정가 29,000원

이 책은 2017년 대한민국 교육부와 한국연구재단의 지원을 받아 수행된 연구임.(NRF-2017S1A6A3A01079869)

부경대학교 인문사회과학연구소
해역인문학 연구총서 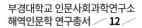 12

동북아해역과 인문네트워크의 역동성 탐구

부경대 인문한국플러스사업단 엮음

A Study on the Dynamics of Northeast
Asian Sea Region and Humanities Network

발간사

　국립 부경대학교 「인문사회과학연구소」와 「해양인문학연구소」는 해양수산 인재 양성과 연구 중심인 대학의 오랜 전통을 기반으로 연구 역량을 키워 왔습니다. 대학이 위치한 부산이 가진 해양도시 인프라를 바탕으로 바다에 삶의 근거를 둔 해역민들의 삶과 그들이 엮어내는 사회의 역동성에 대한 연구를 꾸준히 해 왔습니다.

　오랫동안 인간은 육지를 근거지로 살아온 탓에 바다의 중요성에 대해 간과한 부분이 없지 않습니다. 육지를 중심으로 연근해에서의 어업 활동과 교역이 이루어지다가 원양을 가로질러 항해하게 되면서 바다는 비로소 연구의 대상이 되었습니다. 그래서 현재까지 바다에 대한 연구는 주로 조선, 해운, 항만과 같은 과학기술이나 해양 산업 분야의 몫이었습니다. 하지만 수 세기 전부터 인간이 육지만큼이나 빈번히 바다를 건너 이동하게 되면서 바다는 육상의 실크로드처럼 지구적 규모의 '바닷길 네트워크'를 형성하게 되었습니다. 이 바닷길 네트워크인 해상 실크로드를 따라 사람, 물자뿐만 아니라 사상, 종교, 정보, 동식물, 심지어 바이러스까지 교환되게 되었습니다.

　바다와 인간의 관계를 인문학적으로 접근하여 성과를 내는 학문은 아직 완성 단계는 아니지만, 근대 이후 바다의 강력한 적이 바로 우리 인간인 지금, '바다 인문학'을 수립해야 할 시점이라고 생각합니다. 바다 인문학은 '해양 문화'를 탐구하는 차원을 포함하면서도 현실적인 인문학적 문제에서 출발해야 합니다.

　한반도 주변의 바다를 둘러싼 동북아 국제 관계에서부터 국가, 사회,

개인 일상의 각 층위에서 심화되고 있는 갈등과 모순들이 우후죽순처럼 생겨나고 있습니다. 근대 이후 본격화된 바닷길 네트워크는 이질적 성격의 인간 집단과 문화의 접촉, 갈등, 교섭의 길이 되었고, 동양과 서양, 내셔널과 트랜스내셔널, 중앙과 지방의 대립 등이 해역海域 세계를 중심으로 발생하는 장이 되었기 때문입니다. 해역 내에서 각 집단이 자국의 이익을 위해 교류하면서 생성하는 사회문화의 양상과 변용을 해역의 역사라 할 수 있으며, 그 과정의 축적이 현재의 모습으로 축적되어 가고 있습니다.

따라서 해역의 관점에서 동북아를 고찰한다는 것은 동북아 현상의 역사적 과정을 규명하고, 접촉과 교섭의 경험을 발굴, 분석하여 갈등의 해결 방식을 모색하여, 향후 우리가 나아가야 할 방향을 제시해주는 방법이 우선 될 것입니다. 물론 이것은 해양 문화의 특징을 '개방성, 외향성, 교류성, 공존성 등'으로 보고 이를 인문학적 자산으로 확장하고자 하는 근본적인 과제를 수행하는 일이기도 합니다.

부경대 인문한국플러스사업단은 바다로 둘러싸인 육역陸域들의 느슨한 이음을 해역으로 상정하고, 황해와 동해, 동중국해가 모여 태평양과 이어지는 지점을 중심으로 동북아해역의 역사적 형성 과정과 그 의의를 모색하는 "동북아해역과 인문 네트워크의 역동성 연구"를 수행하고 있습니다. 이를 통해 우리는 첫째, 육역의 개별 국가 단위로 논의되어 온 세계를 해역이라는 관점에서 다르게 사유하고 구상할 수 있는 학문적 방법과 둘째, 동북아 현상의 역사적 맥락과 그 과정에서 축적된 경험을 발판으로 현재의 문제를 해결하고 향후의 방향성을 제시하는 실천적 논의를 도출하고자 합니다. 이를 바탕으로 본 사업단은 해역과 육역의 결절 지점이며 동시에 동북아지역 갈등의 현장이기도 한 바다를 연구의 대상으로 삼아 현재의 갈등과 대립을 해소하는 방안을 강구하고, 한 걸음 더 나아가 바다와 인간의 관계를 새롭게 규정하는 '해역인문학'을 정립하기 위해 노력하고 있습니다.

부경대학교 인문한국플러스사업단이 추구하는 '해역인문학'은 새로운 학문을 창안하는 일이기 때문에 보이지 않는 길을 더듬어 가며 새로운 길을 만들어 가고 있습니다. 2018년부터 간행된 '해역인문학' 총서 시리즈는 이와 관련된 연구 성과를 집약해서 보여주고 있으며, 또 이 총서의 권수가 늘어가면서 '해역인문학'의 모습을 조금씩 드러내고 있습니다. 향후 지속적으로 출판할 '해역인문학총서'가 인문학의 발전에 기여할 수 있는 노둣돌이 되기를 희망하면서 독자들의 많은 격려와 질정을 기대합니다.

부경대 인문한국플러스사업단 단장 김창경

편자 서문

　『동북아해역과 인문네트워크의 역동성 탐구』는 국립부경대학교 HK+ 사업단에서 발행한 해역인문학 연구총서 제12권이다. 그동안 연구총서를 통해 동아시아지역을 무대로 다양하게 전개된 사람과 물자, 그리고 문화의 이동을 살펴보았으며, 이것이 초래한 해역 공간의 변화와 네트워크의 형성 과정에 대해서도 함께 고찰하였다. 나아가 이와 같은 과정에서 드러난 갈등과 대립, 화합과 공존의 역동성을 규명함으로써 학문으로서의 해역인문학을 정립하는데 기여하였다.

　이번 총서는 동북아해역을 중심으로 일어난 역사적, 문화적, 사회적 변화에 대하여 다각적인 시선으로 접근하였다. 특히, 동북아해역에서의 역사적 사건을 현대적으로 재해석하여 각 지역의 문화적, 사회적, 경제적 변화를 탐구하였으며, 이를 통해 동북아시아의 지속가능한 발전과 교류 가능성을 검토하였다. 이러한 연구의 맥락은 국립부경대학교 인문한국플러스HK+사업단이 7년간 수행해 온 아젠다의 주요 내용과도 그 궤를 같이한다. 즉, 동북아해역 인문네트워크의 형성과 전개 과정을 바탕으로 전근대와의 연속성과 단절성을 고찰하고, 현대 동북아 관계에 이르는 역사적 맥락을 파악하는 데 주력하였으며, 탈냉전 시대를 거쳐 그것이 어떻게 변용되었는지에 관한 논의가 적극적으로 이루어졌다. 이번 총서는 3부로 구성되어 있으며, 총 11편의 글을 수록했다. 제1부는 '동북아 해역인문학 연구의 성과와 전망'에 대한 논의를 다루었다. 제2부는 '동북아해역 도시 공간과 이동'에 대하여, 제3부는 '동북아해역에서의 문화접변'에 대한 논의를 통해 '동북아해역과 인문네트워크의 역동성'에 대한 깊이 있는 탐구를 담았다.

제1부의 첫 글은 동북아해역인문학의 관련 연구의 동향과 전망에 대한 내용으로 출발한다. 서광덕·손동주는 한국에서 해양와 관련된 인문학 연구가 20세기 말부터 활성화되었음을 설명하며 인문학의 위기의식과 탈근대론을 모색하는 과정에서 바다가 새로운 연구 대상으로 주목받았음을 강조한다. 아울러 한국의 해양 관련 인문학 연구 성과를 검토하고, 국립부경대학교 HK⁺사업단의 7년간의 연구 결과와 앞으로의 연구 방향을 분석하는 것을 그 목표로 제시하였다. 슈빈修斌은 중국의 해양인문학의 연구와 현황에 대해 살펴보았다. 한국과는 달리 중국에서는 '해양인문학'을 '해양문화학'으로 칭하며, 해양 역사, 문학, 민속, 신앙, 사상, 그리고 문화 교류를 다룬다는 사실과, 최근 중국에서 학문적 연구와 교육의 활발해짐에 따라 사회적, 정책적 환경이 해양 발전을 촉진시켰다고 한다. 또 중국과 동아시아 해양인문학의 발전 현황, 주요 성과 문제점을 검토하고, 학자들의 교류와 협력을 통해 동아시아 해역의 평화와 번영을 촉진하는 방법에 대해 논의하고 있다. 장칸張侃은 샤먼廈門대학교의 해양사 연구를 통해 중국 해양 인문학의 학술 발전과 변화에 대해 정리하였다. 중국 해양사의 의의를 살피고, 해양 문화학과 인문학의 차이를 분석한 뒤, 샤먼대학교의 약 100년간의 해양사 연구 실천에 대해 살펴보았다. 아울러, 해양사가 다양한 역사 분야에서 종합 학문으로 진화하는 과정을 설명하고, 학제 간 융합과 학술 혁신의 결과로 평가하였다. 이러한 해양사 연구의 추세와 역사학 관점의 확장, 문헌 통합이 역사학 기반의 해양 인문학 발전과 밀접하게 관련되어 있음을 지적하고 있다. 류젠후이劉建輝는 식민지 도시 다롄大連을 사례로 서양 도시문명이

중국에 어떻게 이식되고 이후 어떻게 계승되었는지 분석하였다. 아편전쟁 이후 열강의 침공으로 중국 연안부 도시에 두 가지 새로운 형태가 생겨났음을 설명한다. 첫 번째는 기존 도시 외각에 조차지가 설치되면서 신시가지와 구시가지가 대립하며 융합하는 형태로, 상하이上海, 톈진天津 등을 그 예로 들었다. 두 번째는 작은 촌락에 항구나 역이 생기면서 갑자기 도시로 발전한 형태를 제시하는데, 칭다오青島, 다롄, 하얼빈哈爾濱 등이 그에 해당한다고 주장한다. 전자는 이문화의 충돌과 융합을, 후자는 제국주의 열강의 일방적 문화권력을 보여준다고 설명하였다.

제2부는 동북아해역 도시 공간과 이동의 관점에서 살펴보았다. 우에다 다카코上田貴子는 20세기 후반 아시아 경제 성장 속 중국계 이민의 역할을 다룬다. 동남아시아에서는 화교의 네트워크가 지역 경제 활성화에 중요한 역할을 했지만, 동북아시아의 경우 화교의 네트워크가 지역 경제 활성화에 기여한 반면, 사회주의 국가들로 인해 이러한 발전이 제한되었음을 설명한다. 아울러 제2차 세계대전 전 일본의 식민지 정책 아래 교통망의 발전을 통해 인적 이동이 활발해졌지만, 전후기에는 사회주의 정권과 한국전쟁으로 인해 이 네트워크가 단절되었음을 알려준다. 공미희는 가덕도신공항 건설로 인해 발생할 수 있는 어업과 자연환경의 변화에 대한 우려를 지적한다. 어종 감소로 어민들의 생계가 어려워지고, 전통 어업 문화의 손실 가능성, 그리고 자연환경 파괴에 대한 문제를 제기하고, 이를 해결하기 위한 공생 방안으로서 일본 간사이국제공항 건설 후 인근 어촌의 지속가능한 발전을 이룬 사례를 검토하였다. 간사이국제공항 건설 후 어촌지역에서의 전통 어업은 위축되었지만, 환경 개선과 관광산업을 통해 어촌이 살아남고 경제가 회복된 사례를 분석하

면서 가덕도신공항에서도 유사한 공생 모델을 제안하였다. 이상원은 사세보佐世保시의 역사적 변천과 근대화 유산의 보존 및 활용에 대해 다루고 있다. 사세보는 구 일본해군의 군항도시로서 중요한 역할을 했으며, 전후기에는 미군 기지가 들어서고 동아시아 전략 요충지로 자리잡았다. 1990년대 이후 사세보는 군사 시설을 포함한 근대화 유산을 보존하며 관광 및 지역 경제 활성화를 꾀하였다. 이 글은 이러한 과정에서 사세보의 지역 아이덴티티와 경관 형성, 문화 자원화의 지정 과정을 분석하며 주민들의 대응과 도시 경관의 변화를 인문학적 관점에서 고찰하였다. 최민경은 해역도시에 있어서 이민에 대한 '기억'을 어떻게 다루는 지에 대해 살펴본다. 특히 해역도시에서의 이민의 기억은 두드러지게 나타나고 있으며 '기억'을 구현하는 공간으로 박물관이 주목받고 있다고 설명한다. 전통적 이민국가에서 해역도시는 이민을 수용하며 국가 형성의 중요한 역할을 했다고 주장하며, 뉴욕의 엘리스아일랜드나 이민 유산 주간이 그 대표적 예로 들고 있다. 아울러 후발 이민국가의 기억방식의 차이를 다루는데, 일본의 해역도시 요코하마를 중심으로 일본인 출이민의 역사를 어떻게 기억하고 기념하는지, 특히 해외이주자료관과 그 전시를 통해 살펴보았다.

제3부는 동북아해역에서의 문화접변에 관한 내용을 한·중·일 전통문화와 역사적 사실을 통해 흥미롭게 다루고 있다. 이민경은 중국 푸젠성福建省 남부의 민난閩南지역에서 관우 신앙에 대하여 역사적 발전과 현대적 활용을 다루고 있다. 민난은 지리적 특성과 자연재해로 인해 생존에 대한 불안이 컸고, 이를 극복하기 위해 민간신앙이 활발해졌다고 설명한다. 특히 중원에서 유입된 관우 신앙은 민난지역에서 지역 고유의

특성과 결합해 발전했으며, 공동체 결속과 심리적 안정을 위한 중요한 요소로 작용했음을 알려준다. 아울러, 관우 신앙은 민난에서 수백 년 동안 이어져 왔으며, 현대에 와서는 단순한 민간신앙을 넘어 정치적, 사회적, 문화적 함의를 담고 있음을 설명하였다. 또한 민난지역에서의 관우 숭배의 과거와 현재를 살펴보며, 이를 통해 현대 중국의 전통문화 재해석과 활용 방안을 고찰하였다. 신상원은 19세기 동아시아에서 나타난 근세 세계화를 표류기라는 사료를 통해 분석하였다. 19세기 동아시아는 초기 세계화가 근세 세계화를 점차적으로 대체해가는 시기였으며, 각국은 상이한 복장과 언어, 문화적 차이를 드러내면서도 고전 문자와 왕권 이데올로기로 연결된 느슨한 동질성을 공유하고 있었다고 설명한다. 또한 표류기들은 이러한 동질성과 다양성을 잘 보여주며, 조선과 일본, 중국 등의 상호 교류가 종교, 정치, 경제, 문화, 사상 등 다양한 측면에서 이루어졌음에 대한 증명을 제시하였다. 특히, 조선에 표착한 일본 무사 야스다 요시카타安田義方와 조선 선비 이응호의 대화를 통해, 복장과 같은 문화적 차이가 근세 세계화의 한 부분임을 확인시켜 주었다. 이 글은 다양한 표류기 자료를 바탕으로 동아시아 근세 세계화에서의 교류와 그 속에 내재된 동질성과 다양성을 탐구하고, 이를 통해 근세 세계화의 특징을 규명하였다. 마지막으로 임상민은 일본 제국의 확장과 함께 동북아해역의 상업도시에서 문화도시로 변화해 가는 식민도시 부산을 중심으로 일본인 경영 서점의 역할과 서적 유통망의 변화를 분석하였다. 특히, 1921년 서점 간 경쟁을 조절하기 위해 결성된 조선서적상조합을 통해 부산의 서적 유통 시스템이 어떻게 변화해왔는지, 1930년대 초반 국정교과서 판매권을 둘러싼 서점 간 분쟁이 당시 어떤 의미를 가졌는지를 탐구하였다.

　이번 총서는 동북아해역에서의 역사적 사건과 현대적 재해석을 통해 각 지역의 문화적, 사회적, 경제적 변화를 탐구하며 이를 통해 동북아시아의 지속가능한 발전과 교류를 논의했다는 측면에서 큰 의의를 지닌다. 특히 국립부경대학교 인문한국플러스HK+사업단이 7년간 수행해 온 아젠다인 '동북아해역과 인문네트워크의 역동성 연구'와 그 궤를 같이하며 전근대에서 현대 동북아 관계에 이르는 역사적, 사회적, 문화적 맥락을 통해 현재가 지니는 시사점을 도출함으로써 앞으로 이어질 해역인문학 연구에 매우 중요한 바탕이 될 것이다.

부경대학교 인문사회과학연구소

HK연구교수 이상원

차례

제1부

동북아해역인문학 연구의
성과와 전망

서광덕 · 손동주_ 동북아해역인문학 관련 연구의
동향과 전망
부경대 HK+사업단 아젠다 연구와 관련하여

슈빈_ 중국 해역인문학 연구의 현황

장칸_ 중국 해양인문학의 학술계보와 패러다임 전환
샤먼대학 해양사 연구 관련 논저를 중심으로

류젠후이_ 제국 프론티어의 성립
식민지도시 다롄의 도시 공간과 문화 생산

동북아해역인문학 관련 연구의 동향과 전망

부경대 HK+사업단 아젠다 연구와 관련하여

서광덕 · 손동주

1. 들어가며

한국에서 해양(바다)와 관련된 인문학 분야에서의 연구는 20세기말부터 활성화되었다. 여기에는 여러 가지 이유가 있겠지만, 무엇보다 인문학 자체의 위기의식 고조와, 탈근대론 모색의 한 사유 대상으로 바다에 대한 관심에서 촉발되었을 것이다. 해양를 연구 대상으로 새로운 인문학적 사유를 길러내는 연구는 최근 20여년간 국내의 인문학계에서 진행되어 왔다. 이런 흐름은 교육부와 한국연구재단이 지원하는 인문한국사업에 선정된 몇 개의 사업단에 의해 공동연구가 진행되었고, 부경대학교 인문한국플러스사업단(이하, 부경대 HK+사업단) 역시 그 대열에서 연구를 진행하고 있다.

이 글은 이러한 해양와 관련된 인문학 연구 성과를 검토하고, 부경대 HK+사업단의 연구 방향을 점검하기 위한 것이다. 부경대 HK+사업단의 아젠다는 근대 이후 동북아해역이라는 시공간을 대상으로 하여, 동북아해역에서 발생한 다양한 인적·물적 교류와, 이문화의 수용과 변용을 조사하여, 현재 동아시아지역에서 상존하는 갈등과 대립을 극복하는 실천적 방안을 추구하고자 한다. 이것은 1980년대 이후 국내의 지식계에서 등장한 동아시아 담론이 제기한 문제의식과 다소 겹치는 부분이 있지만, 해양사를 비롯한 다양한 인문학 분야에서의 해양 연구가 가지는 문제를 푸는 대안적 가능성을 어느 정도 갖고 있는지를 탐색하는 것이, 바로 부경대 HK+사업단이 추구하는 동북아해역인문학이 궁극적으로 성립할 수 있는지 여부를 판가름하는 일이 될 것이다.

이런 점에 초점을 맞추어 한국학계의 해역 관련 인문학 연구를 검토하고, 그리고 부경대 HK+사업단의 7년간의 연구 성과를 분석하여, 앞으로의 연구 방향에 대해 모색하고자 한다.

2. 해역인문학 관련 연구사 검토

'해역인문학'이란 용어는 2007년부터 한국연구재단이 지원하는 인문한국사업에 선정된 사업단들이 창안한 '사회인문학', '탈경계 인문학', '로컬리티 인문학' 등과 마찬가지로, 부경대 HK+사업단이 추구하는 개념이다. 바다를 대상으로 하는 인문학 분야의 연구는 목포대 HK사업단의 '섬의 인문학', 한국해양대 HK사업단의 '해항도시의 문화교섭학' 그리고 부경대 해양인문학연구소의 '해양인문학' 등이 있다. 그런데, 여기서 해역인문학이란 개념을 제안할 경우, 바다와 관련한 인문학 그리고 이런 성격의 기존의 인문학과 관련된 연구 성과와의 차이점에 대한 비교가 필요하다. 따라서, 먼저 해역인문학과 관련된 연구사를 검토하고, 2017년부터 시작하여 현재까지 부경대 HK+사업단의 연구 성과와의 차이를 살펴보며, 마지막으로 해역인문학의 학문적 기반과 방법론에 대해서 정리하고자 한다.

해역인문학이라고 말하면, 일단 인문학을 기반으로 하는 학문을 지향한다고 할 수 있다. 그런데 해역구체적으로는 동북아해역, 부경대 HK+사업단 아젠다에 근거이란 말은 간단히 말하면 바다와 인접해 있는 지역을 가리킨다. 그런 점에서 해양이란 용어와 차별성이 있다고 할 수 있다. 해역에 포함되는 지리적 범주는 일단 바다, 섬, 해안가지역 등이다. 따라서, 동북아해역이라고 하면 동북아지역의 바다, 섬, 해안가지역이 될 것이고, 이를 바다를 중심으로 표시하면 환황해권, 환동해권, 환동중국해권이 된다. 동북아지역을 좀 더 확대하면 남쪽으로는 남중국해, 북쪽으로는 오오츠크해까지 되겠지만, 7년간의 연구 범위는 앞의 세 해역권이 중심이다.

해양과 관련한 인문학 분야의 연구에서 최근에 각광을 받는 것은 해양사 연구이다. 그것은 역사학자 브로델이 16세기 지중해를 중심으로 물적 인적 교류가 활발하게 전개된 세계임을 몇 가지 층위에서 분류한 연구에 영향을 받고 있다고 할 수 있다. 16세기 이후 동아시아해역에서 펼쳐진 다양한 교류의 양상에 대한 연구가 동아시아 각국에서도 일찍이 전개되었는데, 일본은 1980년대에 시작되어 많은 연구 성과를 거두었고, 중국과 한국의 경우에는 1990년대 이후 본격적으로 '해양사 연구'가 시작되었다.

하세봉2016은 한국의 해양사 연구가 활성화된 계기를 1996년 해양수산부의 신설과, 2000년 (사)장보고기념사업회의 설립이란 외부적 요소에서 찾았다. 이후 해양사가 한국사회에서 사회적으로 주목을 끌었던 것은 주경철의 『대항해시대』2008가 출판되어 베스트셀러가 되고, 여러 언론에서 해양과 관련된 연재기사가 쏟아짐으로서 가능했다고 한다. 그리고 같은 시기 한국해양대학교에서는 '해항도시의 문화교섭학', 부경대학교에서는 '해양인문학'을 그리고 목포대학에서는 '해양문화학'의 기치를 내세웠고, 이후 한국학계에서는 지속적으로 해양사 관련 연구성과가 축적되고 있다.[1] 이렇게 보면 본격적으로 국내의 인문학 분야에서 해양 관련 연구가 진행된 지는 약 20여 년이 흘렀다고 할 수 있다.

이 글에서 말하는 '해역인문학'은 바다해역을 대상으로 한 인문학 분야의 모든 연구가 포함될 수 있다. 예를 들어, 해양문학, 해양사, 해양 철학 및 종교, 해양 문화 및 해양 민속, 해상 교류 등이 되겠다. 이 가운데 가장 활발하게 일시에 집중적으로 전개되고 있는 분야는 앞서 말한 것처럼 해양사 연구라고 할 수 있고, 그 외는 문학, 철학, 민속, 고고학, 종교학, 문화학 등 기존 인문학의 각 분야에서 진행해 왔다.[2] 여기서 이 모든 해역 관련 인문학 분야의 연구 성과를 정리하는 것은 곤란하다. 왜냐하면 예를 들어 해양문학이라는 하나의 분과라고 해도 개념 규정부터 대상이나 범주에 이르기까지 많은 논의가 필요하기 때문이다. 해양 민속이나 해양 문화, 고고학도 많은 성과를 드러내고 있지만, 사실 인문학적 방법론으로는 접근하기 곤란하다. 그래서 부경대 HK+사업단의 아젠다와 연관이 깊은 동아시아의 해양사 연구와, 국내 연구 동향에 대해서는

---

1 하세봉, 「새로운 상상의 가능성 - 해양사 연구」, 『역사와 경계』 101, 2016.
2 부경대학교 인문역량강화(CORE)사업단, 『해양인문학이란 무엇인가?』, 한국학술정보, 2018 참조.

목포대와 한국해양대의 해양 관련 연구에 대해서 간단히 정리한다.

1) 동아시아 해양사 연구

해역인문학 분야에서 현재까지 일정한 성취를 거두고 있는 해양사 연구는 동아시아지역, 그 가운데 한국과 중국은 거의 비슷한 시기에 시작되었다. 앞에서 말한 한국의 경우처럼 중국의 해양사 연구 또한 국가적 시책에 의해 시작되었는데, 유엔해양법조약1996이 정식 발효된 뒤 국가 차원에서 해양발전전략을 제안하면서 획기적으로 발전하였다. 그리고 중국 해양사 연구의 굴기를 가장 상징적으로 보여주는 사건은 21세기에 들어와서 대형 해양 문화 다큐멘터리 〈주향해양走向海洋〉[3]의 방영이다. 2011년 12월 중국 CCTV를 통해 전국에 방영된 『주향해양』은 중국정부의 바다에 대한 집념을 엿볼 수 있는 주목할 만한 다큐멘터리이다. 이처럼 국가 정책적인 차원에서 주도된 중국의 해양사 연구는 이후 점차 해강사海疆史라는 중국 특유의 역사학이 중심적인 자리를 잡게 된다. 그것은 동북아해역에서의 해양영토분쟁과 밀접한 관련이 있다. 21세기 동아시아지역의 평화공존 여부는 해양에서 결정될 가능성이 많다는 지적은 바로 해양 분쟁의 가능성 때문일 것이다.[4] 그래서인지 중국학계는

---

3 〈주향해양(走向海洋)〉은 총 8편으로 구성되어 있다. 제1편 해륙구침(海陸鉤沉), 제2편 해상명월(海上明月), 제3편 조기조락(潮起潮落), 제4편 창황해방(倉惶海防), 제5편 운범초양(雲帆初揚), 제6편 장풍대랑(長風大浪), 제7편 주향대해(走向大海), 제8편 경략해양(經略海洋) 등 8편으로 구성되었다. 제1편부터 제3편까지는 전통시대 중국의 해양 문화에 대한 소개, 제4편과 제5편은 청말 해방과 북양수사 및 중화민국해군과 중화인민공화국 초기해군의 역사, 제6편부터 제8편까지는 중화인민공화국 시기의 해양 과학기술과 군사기술의 발전과정을 소개한다. 이것은 『하상(河殤)』과는 달리 해양이 중국의 미래라고 주장한다.

4 조세현, 「해양상과 중국해강사 사이 - 연구현황과 과제」, 부경대학교 인문한국플러스사업단 편, 『동북아 해역 인문네트워크의 근대적 계기와 기반』, 소명출판, 2019.

해양 관련 국제분쟁에서 우위를 점하기 위해 그 역사적 근거를 확보하려고 노력하고 있다. 이렇듯 한국이든 중국이든 해양사 연구의 출발 그리고 그 특징은 모두 국가의 지원에 의해 이루어졌다. 이러한 특징은 해양에 대한 관심과 연구를 일찍부터 시작한 일본의 경우도 예외가 아니다. 그리고 1980년대 해양 연구를 시작한 대만도 마찬가지다. 여기에도 해양을 국가적 차원의 영토로서 파악하고, 그 해양에 대한 지배권을 통해 바다에 담긴 자원을 개발하고 또 해양강국으로 발돋움하려는 의도가 깔려 있다고 할 수 있다.

한국의 경우, 해방 이후 오랫동안 연안 어업과 어촌에 국한된 공간이었던 해양은 조선 해운업의 발전과 이를 배경으로 탄생한 해양수산부의 신설, 장보고기념사업회의 설립 등 국가와 경제가 해양에 대한 관심을 유발하였다.

중국은 아편전쟁 이후 백 여 년 동안 바다를 건너온 서구열강에 일방적으로 수모를 당하는 역사를 가지고 있고, 냉전시기에는 죽의 장막이라는 표현이 말해주듯 해양에 대한 관심을 갖기는 어려웠는데, 개방개혁 이후 연해 도시의 발전과 급격한 무역량 증대로 해양이 학문적 대상으로 급부상하게 된다.

일본은 타이완을 지배하고 1920년대 이후 소위 남양南洋에 대한 정보수집에 나섰고 대동아공영권을 내세운 1940년대에는 제국의 팽창을 위해서도 동남아시아와 태평양에 대한 정보와 지식이 필요했다. 이러한 역사적 경험은 섬나라 일본이라는 정체성의 탐구와 오버랩되어 해양사 연구를 선도해 나갔다. 국민국가와 해양 간 상호관련성의 추이가 해양에 대한 학문적 관심을 좌우한 것이다.

이처럼 해양사에 각국 학계가 관심을 갖게 된 시기적 차이는 역시 해양과 관련된 근대국가의 경험과 불가분의 관계에 있다.[5]

2) 국내 해양사 연구

『해양사연구방법론』2003을 쓴 한국 해양사 연구의 선두주자인 윤명철처럼 문명사적 모델 구축이라는 목표를 두고 해양사 연구를 진행한 이도 있지만, 한국학계의 일반적인 해양사 연구는 그동안 방치되었던 사실의 발굴과 재구성에 치중했다. 예를 들어 강봉룡의 경우 최근에 발표한 『해양강국 고려와 전남』2019와 같이 해양사와 관련된 개별 사실의 발굴에 치중하고, 이를 바탕으로 통사적인 한국해양사의 수립에 힘쓰고 있다. 특히 세계 굴지의 해양국이 되었으면서도 해양에 대한 인식은 여전히 소극적이고 폐쇄적이라고 진단하고 이를 극복하는 방법으로 근대 이전 감춰진 해양에 대한 한국인들의 적극적인 형태를 발굴하고자 노력하고 있다.

이처럼 한국의 해양사 연구에서 비중이 높은 분야는 고대사이고, 이 해양과 관련된 자료의 정리와 복원을 통해 육지 일변도의 한국 고대사를 해양사의 관점에서 균형을 잡고, 이를 통해 한국의 해양에 대한 저력을 밝혀보고자 시도한다.

(1) 목포대학교의 경우

한국의 해양사 연구는 대체로 고대항로와 장보고, 해금, 임진왜란을

---

5   하세봉, 앞의 글, 2016.

중심으로 한 해전사, 왜구, 표류민, 선박사, 해운업, 수산업 그리고 도서해안지역의 고고발굴, 수중발굴, 도서생활사, 해로교통사, 앞서 말한 동아시아 지중해론 등의 분야에서 이루어지고 있다. 이 가운데 특히 전근대 시기의 해양 문화, 해양 무역사 연구가 각광을 받고 있는데, 해양 문화는 목포대 HK사업단의 연구로 구현되고 있다.[6]

　한국학계에서 해양 문화라는 용어는 1990년대 후반에 도서문화를 대체하여 유포되기 시작했는데, 해양 문화는 민속학, 인류학적 접근이 많고 따라서 전통생활양식의 원형보존이라는 인식을 강하게 제기한다. 섬의 경우는 특히 이런 특징을 잘 보여준다는 점에서 해양 문화는 도서문화라는 말로 사용되었는데, 이에 대해 섬 역시 교류, 전파, 수용이라는 관점의 연구로 전환하여 연구를 시작한 것이 바로 목포대 사업단의 아젠다 '섬의 인문학'이다. 이것은 섬이 지닌 특수성에 착안한다. 일반적으로 섬의 개념은 공간의 규모나 법률의 목적성에 의해 규정되곤 하지만, 소통성과 고립성이라는 섬의 양면적 속성에 중점을 두면서 인문학적 섬 개념을 제기하고 있다. 섬은 바다에 의해 규정되기도 한다. 바다를 교류의 길로 인식하면 섬은 바닷길을 매개해 주는 소통의 징검다리로 간주된다. 바다를 장애물로 인식하면 섬은 그 바다에 의해 단절되는 고립공간으로 간주된다. 여기에 섬과 바다의 일체성과 양면성이 찾아진다.

　'섬의 인문학'은 섬과 바다의 이러한 양면적 속성을 모두 포괄한다. 바다의 배타성과 공유성은 '섬의 인문학'이 유념해야 할 또 다른 섬의

6　하세봉, 「한국과 중국학계 해양사 연구의 성과와 전망」, 『한중인문학포럼』, 한중인문학포럼, 2018

양면성을 내포한다. 섬을 통해 바다를 쟁취하려는 '섬 분쟁'의 분출은 바다에 대한 배타적 소유욕에서 나온다. 바다를 인류 공유재산으로 인식한 '파르도Pardo주의'는 섬에 대한 관심을 공유의 세계로 이끈다. 이렇듯 바다의 배타성과 공유성이 섬과 연동된다는 것은, 섬과 바다의 일체성을 다시 한 번 확인해 준다. 결국 섬과 바다의 일체성과 양면성은, 섬이 경계와 탈경계의 변곡점에 위치함을 시사한다.[7] 이와 같은 '섬의 인문학'의 인식은 섬이 지닌 속성에서 탈경계의 가능성을 읽어내고 또 파르도주의는 한국해양대 HK사업단의 '해항도시문화교섭학'에서 주장한 지구의 공유제로서 바다를 상정하는 글로벌 커먼즈 개념과 상통한다. 그런 점에서 '섬의 인문학' 역시 섬을 통해 인문학적 사유를 구현하고, 나아가 전쟁과 갈등의 바다가 아니라 미래지향적인 화해와 소통의 바다이면서 또 공동의 자산으로서 파악하려고 한다. 섬이 지리적으로 해역의 범주이기 때문에 이것에 대해 관심을 갖는 것은 당연하고, 또 바다를 지역인들이 공동으로 관리하는 자산으로 보고, 현재의 해권海權 개념으로 쟁탈의 대상에서 벗어나기 위해 어떻게 해야할 것인지 대해 해역인문학 역시 방법론을 개발해야할 것이다.

여기서 중요한 것은 동북아해역에 거주하는 사람들의 성숙한 시민의식이다. 그리고 이러한 해역(시)민들간의 민간네트워크를 형성하는 것이 필요하다. 부경대 HK+사업단이 추구하는 것이 바로 동북아해역민들간의 연대와 협력의 사례를 발굴하고, 이를 통해 동아시아지역에 상존한 갈등과 대립을 극복하는 대안을 찾는 데 있다.[8]

---

7 강봉룡, 「'섬의 인문학' 담론 – 섬과 바다의 일체성과 양면성의 문제」, 『도서문화』 제44집, 2014.
8 부경대학교 인문한국플러스사업단 편, 『동북아해역과 인문학』, 소명출판, 2020, 36~43쪽.

(2) 한국해양대학교의 경우

한국해양대 HK사업단의 아젠다 해항도시문화교섭학의 경우는 이와 같은 해상 무역이나 해상 실크로드를 통해 나타날 수 밖에 없는 이문화 교류의 양상을 항구도시를 중심으로 탐구한다. 해역 가운데 항구를 중심으로 한 이문화의 접촉과 자문화의 변용이라는 측면을 연구하는데, '방법론적 초국가주의methodological trans-nationalism'라는 개념을 제시한 것으로 보아, 근대 국민국가 시스템을 극복하려는 시도를 분명히 드러내면서 '해항도시 문화교섭 연구'는 국민국가보다 작은 분석단위인 해항도시를 연구 필드로 하여 해항도시가 구성하는 해역sea region, 즉 국가보다 큰 단위의 공간과의 관계를 문제 삼고 있다.

해항도시는 해역을 구성하는 요소로서 그 자체가 경계이면서 원심력과 구심력이 동시에 작동하는 공간으로, 배후지인 역내의 각지를 연결할 뿐만 아니라 먼 곳에 있는 역외 해역의 거점과도 연결된 광범한 네트워크가 성립된 공간이다. 그리고 바닷길의 네트워크를 따라 발달한 해항도시들은 자신들이 속한 국가나 지역 사회의 후배지들이 아니라 역외의 해항들과 더 많은 공통점을 지닌다.

바꿔말하면, 해항도시는 근대자본주의가 선도하는 지구화 훨씬 이전부터 사람, 상품, 사상 교류의 장으로 기능해 온 유구한 역사성, 국가의 영역에 머무르지 않은 초국가적인 영역성과 개방성, 그리고 이문화의 혼교·충돌·재편으로 인한 잡종성을 사회적 성격으로 가진다. 결국 해항도시를 중심으로 한 이러한 문화교섭 연구는 결국 어떤 자료를 대상으로 진행할 것인가라는 문제에 봉착한다. '방법론적 국가주의'에 감금되어 있는 연구 성과나 자료를 전적으로 무시하는 것도 현실적으로 불가능해 보이기 때문이다. '방법론적 해항도시'의 시각을 견지한 채 기존의 성과를 재분석하고 재해석하는 노력과 더불어 다양한 지역 자료 등을 발굴하고 활용하는 범학문적인 공동연구가 당장의 해법으로 보인다. 시기적으로는 동일 해역에서 국민국가 형성 이전의 해역의 형성과 국민국가의 형성으로 그것이 어떻게 교란되었는지, 그리고 21세기 해역 형성의 비전을 비교하는 것이 필요하며, 공간적으로는 타 해역과의 비교연구가 필요하다. 이러한 시공간적인 연구 성과가 바탕이 될 때 '방법론적 해항도시'와 관련 개념을 가다듬는 작업이 구체화 될 것이다.[9]

한국의 초기 해양사 연구가 대체로 역사학계 내부의 문제에 그치고 있다고 비판을 받은 적도 있다. 하지만 이런 해양사 연구가 '해양과 내륙 역사의 상호관계'에 초점을 맞춘 역사학의 한 분야로, 좀 더 분류하면 해방海防사, 해군海軍사, 해전海戰사, 해권海權사, 해관海關사, 해운海運사, 어업漁業사 등으로 다양하게 나누어지고, 이런 주제를 연구하는 목적이 이제까지 역사학이 간과한 해양이라는 공간을 복권시킴으로써 인간의 역사를 전체적으로 파악하는 데 있었다는 점은 높이 평가해야 한다. 하지만 이것이 해양사 방면에 국한되지 않고, 인문학 전반으로 확대를 할 경우 다시 말해 이 글의 키워드인 해역인문학이라고 명명할 때 그것은 어떻게 정립될 수 있을까 하는 물음에 봉착한다. 곧 문사철을 중심으로 한 인문학적 기반에서뿐만 아니라, 해역이라는 특수성을 반영한 여타 학문과의 융합이 모색되어야 하는 것은 아닌지, 그렇다면 그것은 어떻게 가능한지 하는 점 등이다.

---

9   정문수, 「방법론적 해항도시와 해역 연구」, 부경대 인문한국플러스사업단 편, 『동북아해역과 인문네트워크』, 소명출판, 2018.

이와 관련하여 해양사 방면에서도 어느 연구자는 종래의 해양사 연구가 지닌 민족주의적 성격에서 탈피하여 해양사를 지구사와 생태환경사에서 접근하는 방식으로 전환해야 한다고 주장하였다. 이것은 해양사연구가 그 연구의 대상인 해양으로 돌아가 해양이 오늘날 처한 현실에서 출발하여야 한다는 학문의 존재기반에 대한 천착이다.[10] 왜냐하면 해양은 육지와 마찬가지로 지구인들 공동의 자산이기 때문이다.

이상의 해역인문학 관련 연구사에 대한 검토를 바탕으로 부경대 HK+사업단은 2017년부터 어떤 연구를 진행해왔고, 앞으로 해역인문학을 어떻게 정립하려고 하는지 밝혀보자.

3. 부경대 HK+사업단 연구 성과

부경대 HK+사업단의 아젠다는 '동북아해역과 인문네트워크의 역동성 연구'이다. 연구 목표는 첫째, 육역陸域의 개별 국가 단위로 논의되어온 세계를 해역海域이라는 관점에서 다르게 사유하고 구상할 수 있는 학문적 방법 둘째, 동북아 현상의 역사적 맥락과 그 과정에서 축적된 경험을 발판으로 현재의 문제를 해결하고 향후의 방향성을 제시하는 실천적논의를 도출하고자 한다[11]고 밝혔다. 이 목표에서 알 수 있는 것은 우선해역에 대한 강조가 엿보이고, 또 동북아동아시아라는 지역에서 발생한 역사적 사건과 거기에서 파생된 경험에 대한 이해를 바탕으로 동북아의

---

10 하세봉, 앞의 글, 2016.
11 부경대학교 인문한국플러스사업단 편, '2017년 HK+사업 인문기초학문분야 연구계획서' 참조.

현재 그리고 미래 비전을 제시해보겠다는 의도이다. 후자는 이미 기존의 많은 HK사업단이 추구해온 주제다. 즉 이들 연구는 초국가적 공간 또는 지역의 인문적 요소에 대한 지식과 그것을 연구하고 사유하는 방법을 제공하거나, 일국一國에 포섭되면서도 국가와는 다른 틀에서 외부 세계와 관계를 맺고 작동하는 도시와 권역의 가능성을 제시하고, 인문 활동의 실제적이고 실천적인 장소로서 로컬의 가치를 환기했다.

부경대 HK+사업단은 국민국가 체제를 넘어서 새로운 가치와 세계상을 구축하려는 치열한 이와 같은 연구들의 관점과 성과를 비판적으로 수용하면서, 이들 연구가 구상하고 탐구해 온 초국가적 공간, 실재의 지역, 일국 속에 포함된 지방이면서도 그것을 넘어 새로운 세계를 사유할 수 있는 방법으로서 해역海域에 주목하고 있다.

그리고, 방법으로 적시한 해역은 연구의 대상이기도 하고 또한 시각이기도 하다. 기존의 HK사업단이 추구해 온 탈국가, 탈경계, 로컬리티, 접경 등의 문제의식을 수용하면서 이를 육지가 아닌 바다의 시각 또는 방법으로서 그리고 바다와 인접한 지역 간의 관계에서 파악하고 있다. 그래서 부경대 HK+사업단이 해역을 육역의 상대어로 두지 않고 바다를 통해 이어진 육역 세계 전반이라고 정의한다면, 바다와 육역에서 동시에 이루어져온 인류사는 결국 해역사라고 할 수 있을 것이다.

이와 같은 해역의 관점을 도입하면 국가 간 관계가 아닌 바다와 육역을 가로지르는 관계망으로 역사와 세계를 사유할 수 있다. 이 관계망은 바다와 육역의 결절 지점해항도시, 항구도시들을 연결하는 선형의 관계망에 머무르지 않고, 결절 지점을 중심으로 그 배후지와 외부 세계가 이어지는 보다 넓은 면의 관계망으로 확장된다. 바다를 통해 점, 선, 면으로 확장된 이 관계망 위에서 다양한 층위의 인간 활동들이 이루어지면서 입체적인 세계상이 구축되고, 이러한 세계상이 시간의 흐름에 따라 발전하고 변용하면서 인류사를 이룬다고 할 수 있을 것이다[12]라고 전망한다. 동북아해역을 대상으로 또 해역이란 시각방법을 통해 부경대 HK+사업단이 7년의 기간 동안 획득한 연구 성과는 무엇인가에 대해 살펴보자. 우선 1단계 3년의 성과이다.

1) 1단계 연구 성과

부경대 HK+사업단의 1단계 연구 계획 및 연구 키워드는 아래 표와 같다.

〈표 1-1〉 1단계 아젠다 연구 계획 일람표

구분		주제	기간
1단계		동북아해역과 인문네트워크의 역사적 형성	2017.11~2020.08
연차	1년차	동북아해역 인문네트워크의 근대적 계기와 기반	2017.11~2018.10
	2년차	근대 해역 인문네트워크의 형성과 갈등	2018.11~2019.10
	3년차	근대 해역 인문네트워크의 전개와 교류	2019.11~2020.08

〈표 1-2〉 1단계 아젠다 연구 키워드

	해역인문연구실(知)	해역네트워크연구실(民)	해역지리연구실(史)
1년차	지식유통기반 : 도시계획, 도시정책, 제도	인적이동기반 : 이민과 식민, 이민도시 표상	교류네트워크기반 : 항로와 교통망, 도시 건설
2년차	지식교류와 지식이식 : 번역어, 교육	이주와 생활 : 이민네트워크, 커뮤니티	갈등의 교류사 : 해군, 해전
3년차	지식유통체계 : 출판	생활과 문화 : 대중문화, 해역기층문화	교섭의 교류사 : 해운, 교역

위의 표시에서 제시한 연차별 연구 계획과 키워드에 의해 실제 발표

---

12 부경대학교 인문한국플러스사업단 편, 앞의 자료.

된 연구 성과를 간단히 일별하면 다음과 같다. 1단계는 주로 근대시기 동북아해역 인문네트워크의 역사적 형성이라는 주제에 집중하여 연구가 진행되었다. 이를 문화지식. 곧知, 사람民, 교통망史이라는 세 분야로 나누어 연구를 진행했고, 그 결과 발표된 연구 논문은 약 90여 편에 이른다. 아래 표의 논문은 이 가운데 대표적인 연구 성과를 제시해보았다.

〈표 1-3〉 대표 연구 성과

동북아해역 인문네트워크의 근대적 계기와 기반	知	19세기 중엽 '상해 지식네트워크'에 대한 고찰
	民	'디아스포라공간' 개념의 재고찰과 부산―이동의 시작에 주목하여
	史	근대 동북아해역 해항도시 기반 연구―랴오둥반도의 산업을 중심으로
근대 해역 인문네트워크의 형성과 갈등	知	동북아해역의 서양 외래어의 유입에 관한 연구
	民	A Consideration of the Characteristics and Historical Background of Japanese Fusion Cuisine Created Through Cross-cultural Exchanges with the West in Port Cities
	史	일본 니가타항을 통해 본 '제국'의 환동해 교통망
근대 해역 인문네트워크의 전개와 교류	知	근대 동북아해역의 교통망과 지식네트워크
	民	개항도시의 근대문화 유입과 형성―부산과 상하이의 영화를 중심으로
	史	개항장 도시 원산과 일본 상인의 이주

그리고 이상의 논문 외에도 1단계에는 모두 17권의 총서 ― 연구총서, 번역총서, 자료총서, 시민강좌총서 ― 를 발간하였다. 먼저 연구총서는 5권을 발행했다. 『동북아해역과 인문네트워크』,『동북아해역 인문네트워크의 근대적 계기와 기반』,『Formation and Conflict of Modern Humanities Network in Northeast Asian Sea Region』,『동북아해역과 인문학』,『동북아해역 인문네트워크의 전개와 교류』이다.

다음은 자료총서인데, 주로 해역 관련 고전을 번역하여 출판했다. 『「세종실록」 속의 대마도·일본 기사 1』,『「세종실록」 속의 대마도·일본 기사 2』,『아시아의 표해록』,『조선표류일기』이다.

그 다음은 번역총서인데, 아젠다 심화를 위하여 해역 관련 학술 명저를 번역하여 출판하였는데, 다음과 같다. 『조공시스템과 근대아시아』원저 : 濱下武志, 『朝貢システムと近代アジア』, 『해양문명론과 해양중국』원저 : 楊國楨, 『海洋文明論與海洋中國』, 『마성의 도시 상하이 – 일본 지식인의 '근대' 체험』원저 : 劉建輝, 『魔都上海』, 『근대 아시아시장과 조선 – 개항·화상·제국』원저 : 石川亮太, 『近代アジア市場と朝鮮』, 『기선의 시대』원저 : 松浦章, 『汽船の時代』, 『동아시아로의 항해 – 근대 초기 유럽 예수회의 중국 선교』원저 : Brockey, Liam Matthew, 『Journey to the East : The Jesuit Mission to China 1579~1724』.

마지막으로 대중용 교양서적을 발간했는데, 바로 시민강좌총서이다. 두 종류의 책 『해양사의 명장면』, 『동북아 바다, 인문학으로 항해하다』을 간행하였다.

2) 연구 대상의 확대

아젠다가 동북아해역을 설정하고 있기 때문에 이것은 일국 중심의 해역 연구를 지향하지는 않는다. 종래 한반도 주변 해역에 머물러 있던 한국학계의 해양사 연구가 최근 10여 년 동안 연구 대상이 지리적으로 크게 확대되어 가고 있는 흐름과 맥을 같이 하고 있다. 류큐, 나가사키, 마카오, 사할린, 마닐라 등으로 대상 지역을 넓혀가려고 시도하였다. 이런 시도는 근대 초기 서양 상인과 선교사들이 동북아해역으로의 이동에 대한 연구서인 『동아시아로의 항해』,[13] 『이화양행』[14]등을 번역한 것에서

---

13 리암 매튜 브로키, 조미원·서광덕 역, 『동아시아로의 항해 – 초기 근대 가톨릭 예수회의 중국 선교』, 소명출판, 2024.
14 Blake Robert, *Jardine Matheson : Traders of the Far East*, Orion, 1999(한글판, 『청제국의 몰락과 서양상인』, 소명출판, 2022).

도 알 수 있다.

같은 맥락에서 부경대 HK+사업단에서도 지금은 다소 식상한 논의처럼 보이는 아시아교역권론에 대한 소개 즉 하마시타 다케시의『조공시스템과 근대 아시아』,[15] 이시카와 료타의『근대 아시아 시장과 조선 – 개항 화상 제국』[16]을 번역하였고, 이를 통해 동북아해역이 근대를 전후하여 어떻게 연결되고 있었는지를 입체적으로 조망하고자 했다. 근대 서양인들의 동북아해역 진출이 16세기 이후 동북아해역민들 사이에서 활발하게 전개되고 있던 해상 무역의 루트에 편승하여 시작되었다고 보는 아시아교역권론을 참조하여 전근대 조선의 근대화를 종전의 서구의 충격과 대응이라는 시각에서 벗어나 새롭게 볼 수 있는 시각을 확보할 수 있었다.

이와 함께 거론하지 않을 수 없는 것은 바로 근대를 전후한 항로 즉, 교통망의 개설을 중요한 연구 주제로 삼은 점이다.[17] 이는 향후 '동북아해역 네트워크 지도'를 작성하는 방향으로 나아갈 것으로 판단된다. 17세기 이후 많이 등장하는 표류의 기록인 표해록에 대한 번역 소개를 통해[18] 전근대 시기부터 현재까지 동북아해역을 중심으로 해상에서의 이동 경로를 추적하는 연구와 접목되면 네트워크 지도는 한층 의미있는 작업이 될 것이다.

이상의 동북아해역 네트워크 지도를 바탕으로 어떤 교역이나 교류가

---

15 하마시타 다케시, 서광덕·권기수 역,『조공시스템과 근대 아시아』, 소명출판, 2018.

16 이시카와 료타, 최민경 외역,『근대 아시아 시장과 조선 – 개항 화상 제국』, 소명출판, 2020.

17 교통망과 관련해서는 다음의 책을 번역출간했다. 마쓰우라 아키라, 권기수 외역,『기선의 시대 – 근대 동아시아 해역』, 소명출판, 2020.

18 서광덕 외역,『아시아의 표해록』, 소명출판, 2020, 야스다 요시카타, 이근우·김윤미 역,『조선 표류일기』, 소명출판, 2020.

이루어졌는지에 대해서 3년간 사람, 물자, 문화라는 세 층위에서 개별 논문들이 발표되었다.[19] 향후 한국을 중심으로 권역을 설정하고,[20] 환황해권, 환동해권, 환동중국해권 등으로 나누고, 그 권역내의 교류 나아가 동북아해역 전체 더 나아가 동남아시아해역권으로까지 확대해갈 것이다.

3) 연구 주제의 집중

부경대 HK+사업단은 시기적으로 근현대로 집중하여 연구하고 있다. 해역인문학 분야에서 가장 활발히 연구가 진행되는 한국학계의 해양사 연구가 주로 전근대에 집중되어 있어 상대적으로 근대에 초점을 맞춘 성과가 적다. 1980년대 이후 성장한 일본의 해역아시아 연구 역시 전근대에 주목하였다. 아시아교역권론 그룹이 전근대와 근대의 경계, 좀 길게는 현대 이전까지 연구를 진행하고 있다.

이런 점에 비추어 부경대 HK+사업단은 근현대가 이어지는 지속적 과정으로서의 해역을 고찰한다. 시기는 근현대, 공간은 동북아해역인데, 해역의 관점에서 동북아를 고찰함에 이와 같은 연구 범위의 설정은 타당하다고 할 수 있을까 하는 의문은 있을 수 있다. 물론 사업단이 설정한 시공간적 범위는 유사한 시공간 범위를 다루는 기존의 연구—동아지중해 연구나 아시아지중해 연구에 비해 협소하여, 중장기간에 걸쳐

---

19 부경대학교 HK+사업단 해역인문학 연구총서 5권, 『동북아 해역과 인문 네트워크』(2018), 『Formation and Conflict of Modern Humanities Network in Northeast Asian Sea Region』(2019), 『동북아 해역 인문 네트워크의 근대적 계기와 기반』(2019), 『동북아 해역과 인문학』(2020), 『동북아해역 인문네트워크의 전개와 교류』(2020)가 그 성과다.

20 이러한 해역권 설정과 관련해서는 김보한, 「한국중심 환한국해 해역의 설정과 역사적 전개」, 『도서문화』 41, 국립목포대학교 도서문화연구원, 2013 등 참조.

진행된 인류의 문명사적 고찰은 어려우며, 또한 유럽의 대양 연구나 해역 연구가 다루고 있는 지리적 위치, 기상, 지형, 해류와 같은 자연환경에 대한 고려가 생략되었을 뿐만 아니라, 국민국가 체제가 득세하는 근현대를 중심으로 해역 세계를 고찰함으로써 해역에 미치는 내셔널한 힘이 더욱 부각되어 해역 세계의 트랜스내셔널한 어떤 것을 찾고자 하는 모색이 쉽지 않을 수도 있다.

그럼에도 불구하고 이 해역을 중심으로 연구를 진행해야 하는 이유는, 근대의 내셔널한 계기가 현저하게 작용하는 지점으로서 전근대, 근대, 현대의 단절성과 연속성을 뚜렷하게 확인할 수 있고, 중앙수도과 거리를 두며 외부 세계와 접촉한 최전선으로, 패러다임의 변화 속에서 내셔널한 힘과 트랜스내셔널한 힘의 길항 관계가 잘 드러나기 때문이다. 이 해역에서는 역사적 분절과 역학 관계의 틈 속에서 많은 소수자들이 발생하기도 하지만, 더불어 그것을 극복할 수 있는 다양한 모색 또한 가능하다.

이러한 기대에서 시작한 부경대 HK+사업단의 근현대 동북아해역에 대한 인문학적 연구는 부산대 로컬리티인문학 사업단의 문제의식과도 연결되는데, 동북아해역이라는 공간장소에서 발생한 접촉과 충돌, 교역과 약탈, 고립과 소통 등의 패러독스를 해석해야 하는 과제를 갖는다. 이를 갈등과 대립 및 전개와 교류라는 측면에서 다양한 소재를 통해 연구 성과를 1단계에서 발표하였다.[21]

좀 더 보완해서 집중적으로 연구를 진행해야 하는 분야라면 해군 건

---

21 해역인문학 연구총서 다섯 권에 실린 논문들 참조.

설과 해양 정책 등이 될 것이다. 한국 근대의 해양은 침략과 저항, 교류와 길항, 공포와 선망, 제국과 식민이 공존 교차하는 이중적 통로였기 때문이다. 기본적으로 동북아해역을 연구한다는 것은 동북아지역의 관계사를 살피는 것이기 때문에 그 관계가 어떤 주체와 형식으로 형성되는지 살피는 것이 중심이 될 수밖에 없다. 이 점을 근현대 시기에 집중하여 검토하는 것이 부경대 HK+사업단이 지향하는 바이다.

4. 동북아해역인문학의 자리

동북아해역 연구의 방향과 방법을 설정하기 위하여 기존의 해역 관련 연구들을 되짚어보았다. 해역 연구는 인간과 자연의 상호작용이라는 지구사적 해명, 국경을 허물고 통합의 역사적 흔적을 발견하려는 욕구, 유럽중심주의적 역사관 극복 등 다양한 필요와 당위에서 학술연구의 한 조류를 형성해왔다. 일찍부터 해역 연구에 주목해 온 유럽은 지중해, 북해, 발트해와 같은 유럽지역의 바다에서부터, 태평양, 대서양, 인도양과 같은 대양과 그에 접한 육역을 논하는 폭넓은 연구를 진행해왔다. 이들 연구는 유사 이래 바다의 물리적 환경과 인간 사이의 상호작용이라는 지구사적, 인류사적 과제를 중심에 두고, 바다의 자연환경, 문명, 역사, 정치경제, 군사력, 환경과 재해, 인간 삶의 터전의 관점에서 해역을 고찰해왔다. 일본과 중국을 중심으로 진행되어 온 아시아 해역사 또는 해양사 연구는, 유럽중심주의적인 역사관의 극복과 아시아적 역사관의 확립을 목적으로 하는 동시에 자국사를 보강하는 역할을 해왔다. 해상네트워크로 연해도시나 도서를 고찰한 국내외의 연구들은 해역을 전면에 내세우지는 않았지만, 이질적 세계를 잇는 결절로서 도시나 섬을 파악하여 해역 세계의 성립 기반과 작동 방식을 고찰했다.

이와 같은 기존의 해역 연구는 육역 중심, 유럽 중심, 국가 중심으로 논해져 온 지금까지의 세계를 새롭게 고찰하고 구상하는 관점과 방법을 제공해주는 동시에 연구의 대상과 분야 역시 종합적이다. 그것은 인문학에 그치지 않고 자연과학에 이르기까지 광범위하다. 이 가운데 동북아해역을 대상으로 인문학 연구를 전개한다는 동북아해역인문학은 과연 어떻게 나아가야할지 부경대 HK+사업단이 추구하는 아젠다에 기반하여 정리해보자.

1) 네트워크로서의 동북아해역

동아시아라는 용어 또는 개념이 국가를 포함한 특정 지역을 가리키는 말이듯이, 동북아해역이라는 말 역시 특정 지역을 가리키되 특별히 해역을 중심으로 한 동북아지역을 일컫는다. 그런데 해역은 바다를 끼고 있는 지역으로, 동북아해역이라고 하면 기본적으로 바다를 끼고 교역교류가 이루어졌다는 역사성을 갖고 있다. 시대에 따라 교역교류의 양의 차이는 있을지라도 해역은 바다를 낀 교역교류을 고대부터 현재까지 지속적으로 전개해왔던 것이다. 이를 네트워크로 표현한다면, 네트워크는 동북아해역에서 고대부터 다양한 형태로 형성되었고, 또 시대에 따라 변형되었다.

따라서 해역해양 연구가 인문학에서 이루어진다면 원칙적으로 바다를 통한 사람들의 교류가 대상이 될 수밖에 없다. 바다를 건너기 위해서는 배는 필수적이고, 그 배를 만드는 기술이나 또 항해를 하기 위한 과학적 지식과 도구의 발달은 지금의 자연과학 방면의 연구 대상이지만, 역사적으로 바다를 통한 사람들의 교류의 양상과 이동 및 정주의 양태에 대한 것 그리고 각 해역에서 생산된 문화는 인문학의 연구 대상이다. 중국의 일대일로 정책에 의해 중국의 해안 지방에서 봇물처럼 쏟아진 해양 실크로드 논의는 바로 해상 교역과 교류에 관한 내용이다. 여기서는 바다는 바로 길, 사람들이 드나드는 길이며, 이것은 근대 이후 동북아해역에 서양의 출현을 이끌었던 길이기도 했다.

해역인문학 연구는 바로 이 바닷길을 중심으로 이루어져야 한다. 그것은 고대와 근대를 불문한다. 이러할 때 해역의 특정한 항구는 바로 그 바닷길 위의 쉼터이자 결절점이다. 바닷길과 항구를 중심으로 이루어진 교통 네트워크의 형성과 전개의 역사를 일차적으로 검토하고, 그 위에 전개된 다양한 형태의 인적 문화적 교류의 양상을 문학, 역사, 철학, 예술, 종교 등의 전공영역에서 연구하여 입체화라는 것이 바로 해역인문학의 내용이다. 이것이 바로 네트워크로서의 동북아해역이 담아야하는 것이다. 그렇다면 이 교류의 양상을 살피기 위해 어떤 자료들을 모아서 분석해야할 것인가 하는 문제가 있다. 중국근대사 전공자인 하마시타 다케시는 표류의 기록인 표해록도 중요한 자료라고 말한 바 있는데, 이처럼 동북아지역 관계사 관련 자료집이나 중국 문헌사료, 기타 비중국조선, 일본, 류큐, 동남아시아 문헌사료 등을 수집하고 정리공식 문서뿐만 아니라 민간 자료 그리고 구술 자료까지 포함하는 가운데 근대 이전과 이후의 해역을 중심으로 한 동아시아지역 질서의 전통과 변화를 파악할 수 있다.

2) 사건으로서의 동북아해역

동아시아론과 관련시켜 생각해 보자. 20세기 후반부터 동아시아를 '사상과제' 또는 '지적 실험'의 대상으로 파악하려고 한 논의들 곧 동아시아론이 전개된 적이 있다. 일종의 문명론에 가까운 이 논의는 부경대 HK+사업단 아젠다의 문제의식에도 담겨 있다. 그것은 곧 동아시아내에 상존하고 있는 갈등과 대립을 극복하고, 나아가 국민국가 중심의 세계질서를 재편하는 대안을 발굴하는 하나의 지역장소로서 동아시아를 다시 보자는 제안이다. 이를 위해서 부경대 HK+사업단이 잡은 장소이자 개념이 바로 동북아해역이다.

'방법'이자 '개념'으로서의 해역에 대해서는 앞에서 거론했으니, 여기서는 장소성에 대해서 설명해보자. '지적 실험'의 대상으로서 동아시아를 주장하는 백영서2013는 '핵심현장'이란 개념을 사용한다. 그 전에 말했던 주변의 주변 또는 이중적 주변이라는 개념과도 상통하는데, 백영서가 말하는 동아시아의 대표적 핵심현장은 진먼도金門島, 대만, 오키나와沖繩, 일본, 개성開城, 한반도 등이다. 공교롭게도 이 곳은 동북아해역의 중요한 지역이기도 하다. 이곳에는 재일조선인·이주노동자·북한이탈주민 등 바다를 통한 다양한 인적 이동이 일어났던 곳이다. 백영서는 이들은 국민국가라는 틀 속에서는 소수자이고, 이들의 정체성이 지닌 다양함과 유연함을 끌어안는 노력이 병행되어야 담론에서 그치지 않고, 실천력을 담보한 동아시아론이 될 거라고 주장한다.[22] 이 주장은 결국 부경대 HK+사업단이 연구하는 동북아해역 네트워크 특히 근대이후 동북아해

---

22 백영서, 『핵심현장에서 동아시아를 다시 묻다 – 공생사회를 위한 실천과제』, 창비, 2013.

역의 인적 네트워크의 양상 그리고 그 교류의 경험을 탐문하여 화합과 공생의 동아시아지역의 미래를 사유하는 것과 상통한다. 그런 점에서 사건으로서의 동북아해역이다. 그것은 해역이 바다와 대륙 사이에 고립된 공간이 아니라, 둘 사이에서 길항하며 그 지역의 문제를 안고 있으며 동시에 그 문제를 극복할 수 있는 대안도 품고 있는 점에서 사건이다. 즉 근대성을 푸는 사건의 현장으로서 동북아해역인 셈이다.

2단계에서 부경대 HK+사업단은 이런 점에 착안하여, 동북아해역 인문네트워크의 현대적 재편이란 주제하에, 1945년 이후 동북아해역이 미국 중심의 동북아해역질서, 대對 중 / 소 / 북 중심의 대륙질서로 대별되고, 이것이 냉전구조로 정착하여 현재에 이르기까지의 분절과 갈등 그리고 1980년대 탈냉전 이후의 변화과 교섭에 대해 탐구하였다. 나아가서는 최근 동북아해역에서 발생하고 있는 어업 및 영토 분쟁에 대해서 검토했다. 미국원조, 미군기지해군 설치, 귀환자, 이주, 대중문화, 북송선, 해역역사유산, 재영토화, 관광여행, 新디아스포라, 지식인시민연대, 21세기 해양 실크로드일대일로 등 현대 동북아해역의 지적이고 실천적인 여러 문제에 대한 동북아해역 인문학의 대안을 제공하려고 한 것이다. 참고로 아래 표는 2단계에 진행된 구체적인 아젠다 관련 연구 내용이다.[23]

〈표 1-4〉 2단계 연차별 주제

단계	연차	주요 아젠다 연구 수행 내용
1단계		동북아해역과 인문네트워크의 역사적 형성
2단계	1년차	**동북아해역 인문네트워크의 현대적 재편**

---

23 부경대학교 HK+사업단 편, 부경대학교 인문한국플러스지원사업 1단계 단계보고서 참조.

단계	연차	주요 아젠다 연구 수행 내용
		• 20세기 중반 이후 근대에 형성된 동북아해역 인문네트워크의 재편양상 탐구 - 일본 제국주의 종식과 미국 중심의 환태평양 해역시대의 도래에 따른 변화 규명 - 1단계 연구의 연장선상에서 1940년대 이후 동북아해역 인문네트워크의 변화 양상에 대해 탐구 - 동북아해역 교통망과 해역도시의 현대적 재편을 중심으로 인문네트워크의 변화 양상 고찰
	2년차	**동북아해역 인문네트워크의 분절과 갈등** • 1960,70년대 냉전시기의 동북아해역 인문네트워크의 갈등과 분절 현상 점검 - 냉전이 심화되는 가운데 재편된 인문네트워크의 기반 위에서 인문 활동이 전개되는 과정 고찰 - 동북아해역에서 발생한 다양한 분쟁과 그 기반이 되는 한중일의 해군체제 및 군항도시에 대한 연구 - 국가적 대립으로 인한 동북아해역민들 간의 상호 부정적 표상 그리고 초국가적 교류의 양상에 대한 탐구
	3년차	**동북아해역 인문네트워크의 변화와 교섭** • 1980년대 이후 시작된 탈냉전시대 동북아해역 인문네트워크의 변화의 양상 검토 - 분절되었던 동북아해역 인문네트워크가 다시 연결되는 가운데, 제국주의시대, 냉전시대와는 다른 인문네트워크와 인문 활동의 성격 고찰 - 대륙 중국 해역도시와의 네트워크 복원과 교류 양상에 대한 탐구 - 동북아해역도시내 이주민의 이문화 공간 복원과 해역민 간 연대의 양상 규명
	4년차	**동북아해역 인문네트워크의 확장과 전개** • 21세기 지구화시대 동북아해역 인문네트워크의 새로운 지평에 대해 점검 - 국민국가 중심의 세계체제 재편과 동북아해역 인문네트워크의 시의성에 대한 탐구 - 동북아해역민들간의 비공식네트워크 조직과 그 양상에 대한 고찰 - 중국의 일대일로 정책과 동북아 해역도시들의 대응에 관한 연구
	5년차	**동북아해역과 인문네트워크의 역동성 도출** • 연구 성과를 바탕으로 (동북아)해역인문학 모델과 연구방법론 구축 - 7년간의 아젠다 연구를 갈무리하고 3단계 연구를 위한 발판 마련 - 타 해역관련 연구소와는 차별화된 연구 영역 확보를 통한 연구소의 정체성

단계	연차	주요 아젠다 연구 수행 내용
		수립 - 해역인문학이란 학문적 정체성 규명과 해역관련 연구의 구심점 역할을 위한 토대 구축

3) 해역과 인문학의 결합

해양 즉 바다 그 자체가 인문학의 대상은 아니다. 왜냐하면 바다는 자연이고, 또 오랫동안 바다는 인간에게 두려운 존재였기 때문이다. 인문학의 대상이 되려면 결국 인문文 곧 사람의 무늬와 결합되지 않으면 안된다. 즉 바다와 관련된 인간의 행위 그리고 그 행위에 대한 사유나 문화가 인문학의 대상이 될 수 있다. 이 모두가 인문학의 범주에 속한다고할 수 있는데, 굳이 해역인문학이라는 표현을 사용해서 해역해양을 강조하는 이유는 바로 대륙과 관련된 많은 인문학적 사유나 문화를 조정하거나 보완하는데 해역과 관련된 인간의 행위나 문화해양 문화가 역할을 할것이라는 기대 때문이다. 이것은 부경대 HK+사업단이 궁극적으로 추구하는 바이기도 하다.

근대 이후 영해 개념이 탄생하여 경계가 없던 바다도 구분을 짓게 되었지만, 국경없는 바다라는 원래 이미지에서 본다면 해역은 사실 탈국가 곧 국가를 초월한 지역을 말하고, 이것만으로라도 기존의 인문학적 사유를 조정 보완하는 역할로 충분하다. 해역에서 바다를 중심으로 많은 인적 물적 문화적 교류가 전개되어왔음을 상기한다면, 그 교류의 공간으로서 해역은 인문학적 사유를 벼리는 장소로서 유의미하다. 그렇다면 우리는 해역해양 접두어를 붙인 많은 연구 분야들과 어떻게 만나야 하는가? 근대 이후 가장 많은 연구가 진행된 분야는 해양 과학, 해양 산업, 해양 환경 등이 될 것이다. 이것은 해양수산부 홈페이지에 있는 조직 구성이나 산하 기관과도 일치한다.[24] 그리고 넓게 해양 민속을 비롯한 해양 문화 그리고 해양사 연구가 인문학 분야에 해당한다. 인터넷 서점 알라딘의 도서 분류에 의하면 인문학 분야에서 해양사 연구를 제외하고 해역해양과 관련된 도서는 주로 문화 연구에 배치되어 있다.[25] 예를 들어 '바다의 아시아' 시리즈가 그렇다. 이 책은 육지에서 바라다보는 바다의 관점이 아니라, 철저히 바다를 중심으로 아시아를 바라보고 그래서 '아시아의 바다'가 아니라 '바다의 아시아'이다. '해역아시아사' 그룹도 같은 인식이다.

'바다의 아시아' 시리즈가 던지는 메시지는 육지의 연장선쯤으로 인식해온 바다가 독자적인 고유 세계를 지니고 있으며 이를 이해함으로써 바다를 인류의 삶의 터전으로 삼아야 한다는 것이다. 그리고 육지를 중심으로 바라본 '아시아'에서 벗어나려는 노력이기도 하다. 또 동서양은 고대부터 바다를 통해 교류해왔으며 해역 문화의 연쇄성을 감안하면 사실 아시아와 유럽은 그리 멀지 않다. 이렇게 볼 때 해역인문학이라는 부경대 HK+사업단이 주장하는 개념은 해역 또는 바다에 먼저 입각해서 그 위에 기존의 담론이론이나 인문학적 사유를 반추하고 새로운 인문학적 가치를 발굴해내는 것이다. 해양사 분야도 알라딘의 도서 분류에 의하면 교류사에 포함되는 것처럼, 동양과 서양간의 해상이든 육상이든 그 수많은 교류사와 관련된 인문학 연구와의 변별성을 드러내는 지점도

---

24 http://www.mof.go.kr/index.do.
25 https://www.aladin.co.kr/shop/wproduct.aspx?ItemId=409449.

바로 이러한 시각에서 출발해야만 가능하다. 그리고 해역인문학 연구는 지역 연구와 문화 연구 등 다양한 방법론을 사용할 수 있다.

5. 나가며

이상으로 해역와 관련된 인문학 연구 성과를 검토하고, 부경대 HK+ 사업단의 연구 방향도 점검해보았다. 부경대 HK+사업단의 아젠다는 근대 이후 동북아해역이라는 시공간을 대상으로 하고, 또 동북아해역에서 발생한 다양한 인적 물적 교류 그리고 이문화의 수용과 변용을 살펴 현재 동아시아지역에서 상존하는 갈등과 대립을 극복하는 실천적 방안을 추구하고자 하는데, 이것은 해양사를 비롯한 다양한 인문학 분야에서의 해역 연구가 현재적 문제를 푸는 대안적 가능성을 어느 정도 갖고 있는지에 대한 탐문에서 자유로울 수 없다. 바로 한국에서 동북아해역을 대상으로 한 해역인문학이라는 점이 아젠다에 이미 문제의식으로 들어 있다. 일본이 1980년대 해역아시아사, 아시아교역권론 그리고 '바다의 아시아'라는 일련의 연구를 선보인 것 역시 세계사의 변화에 대한 대응이었다. 우리는 이러한 연구 성과를 수용하면서 그리고 해양강국으로서 부상하려는 중국의 해양 연구를 견제하면서 어떤 해역 연구로 나아갈 것인가 하는 과제에 직면하고 있다. 지속적으로 부경대 HK+사업단은 이 문제에 대해 구체적이고 심도있게 고민하며 연구를 진행해 나가야 할 것이다.

참고문헌

연구논문

강봉룡, 「'섬의 인문학' 담론-섬과 바다의 일체성과 양면성의 문제」, 『도서문화』 제44집, 국립목포대학교 도서문화연구원, 2014.

김보한, 「한국중심 환한국해 해역의 설정과 역사적 전개」, 『도서문화』 41, 국립목포대학교 도서문화연구원, 2013.

백영서, 『핵심현장에서 동아시아를 다시 묻다-공생사회를 위한 실천과제』, 창비, 2013.

부경대학교 인문한국플러스사업단 편, '2017년 HK+사업 인문기초학문분야 연구계획서'.

_____, 부경대학교 인문한국플러스지원사업 1단계 단계보고서.

정문수, 「방법론적 해항도시와 해역 연구」, 부경대 인문한국플러스사업단 편, 『동북아해역과 인문네트워크』, 소명출판, 2018.

조세현, 「해양사와 중국해강사 사이-연구현황과 과제」, 부경대학교 인문한국플러스사업단 편, 『동북아 해역 인문네트워크의 근대적 계기와 기반』, 소명출판, 2019.

하세봉, 「새로운 상상의 가능성-해양사 연구」, 『역사와 경계』 101, 부산경남사학회, 2016.

_____, 「한국과 중국학계 해양사 연구의 성과와 전망」, 『한중인문학포럼』, 한중인문학포럼, 2018.

단행본

강봉룡, 『해양강국 고려와 전남』, 민속원, 2019.

윤명철, 『해양사연구방법론』, 학연문화사, 2012.

부경대학교 인문한국플러스사업단 편, 『동북아 해역과 인문 네트워크』, 소명출판, 2018.

_____, 『Formation and Conflict of Modern Humanities Network in Northeast Asian Sea Region』, 소명출판, 2019.

_____ 『동북아 해역 인문 네트워크의 근대적 계기와 기반』, 소명출판, 2019.

_____, 『동북아 해역과 인문학』, 소명출판, 2020.

_____, 『동북아해역 인문네트워크의 전개와 교류』, 소명출판, 2020.

_____, 서광덕 외역, 『아시아의 표해록』, 소명출판, 2020.

부경대학교 인문역량강화(CORE)사업단, 『해양인문학이란 무엇인가?』, 한국학술정보, 2018.

번역서 및 외국논저

리암 매튜 브로키, 조미원·서광덕 역, 『동아시아로의 항해-초기 근대 가톨릭 예수회의 중국 선교』, 소명출판, 2024.

마쓰우라 아키라, 권기수·공미희·전성엽 역, 『기선의 시대-근대 동아시아 해역』, 소명출판, 2020.

야스다 요시카타, 이근우·김윤미 역, 『조선표류일기』, 소명출판, 2020.

이시카와 료타, 최민경·권기수·전성엽·조영호 역, 『근대 아시아 시장과 조선-개항 화상 제국』, 소명출판, 2020.

하마시타 다케시, 서광덕·권기수 역, 『조공시스템과 근대 아시아』, 소명출판, 2018.

로버트 블레이크, 오준일·김경아 역, 『청제국의 몰락과 서양상인』, 소명출판, 2022

중국 해역인문학 연구의 현황

슈빈

1. 들어가며

서복의 동도徐福東渡에서부터 정화鄭和의 대항해까지, 중국은 예로부터 해양에 대한 관심이 부족하지 않았다. 하지만 명대 이후, 보수적인 해양 정책을 채택하게 되면서 점차 해양에 대한 발언권을 잃어가게 되었고, 오랫동안 신중국의 학계 역시 해양에 대한 열정이 부족하였다. 1950년 대 말, 링춘성은 "중국문화는 다원적인데, 오랫동안 축적되어 형성된 것 이다. 가장 아래 또는 가장 오래된 기층문화는 동아시아 지중해 연안의 해양 문화에서 발생하고 성장한 것으로 볼 수 있다"[1]라고 지적하였다. 이는 해양 문화에 대한 비교적 이른 주목이었으나, 당시에는 광범위한 논의를 이끌어내지 못했다. 1980년대 후반 중국의 개혁개방과 함께 "해양 붐海洋熱"이 일어나면서 육지 중심의 사고로 해양을 설명하는 주장

---

[1] 淩純生,「中國古代海洋文化與亞洲地中海」,『海外』第3卷10期, 1954年, pp.7~10.

에 대해 의문이 제기되기 시작하였다. 1991년 유네스코의 해상 실크로드 종합연구 취안저우泉州 국제학술토론회에서 "중국은 대륙국가일 뿐만 아니라 해양국가로, 유구한 대륙문화를 보유한 동시에 유구한 해양 문화도 가지고 있다"라고 하였다. 1996년 「유엔해양법 협약」이 중국에서 발효되었는데, 이는 중국의 해양국가 지위의 확립을 알렸으며 해양 문화 발전과 해역인문학 연구에 유리한 사회적 조건을 제공하였다.

1996년 샤먼대학 양궈전 교수는 「중국은 독자적인 해양사회경제사가 필요하다中國需要自己的海洋社會經濟史」와 「중국해양사회경제사에 관한 고찰關於中國海洋社會經濟史的思考」을 연이어 발표하여 해양경제와 해양사회 개념과 함의를 제시함으로써 중국 해양경제사 연구의 중요한 이론적 공헌을 하였다. 얼마 지나지 않아 그는 중국 해양인문사회과학을 구축하는 계획을 제시하면서, "'해양인문사회과학'은 인문사회과학과 대립되거나 대등한 개념이 아니라, 자연과학 하의 '해양 과학'과 상응하는 개념으로, 인문사회과학이 해양문제 연구에 대한 다양하고 종합적인 과학적 체계를 형성한 것, 즉 인문사회과학 하의 하나의 계통이다. 이 계통 아래의 각 하위학문은 그들이 분화된 원래의 학문 토양에 뿌리를 둠으로써 원래의 속성을 변화하지 않으면서도 그것과 밀접하게 수평적 관계를 맺고 있다."[2] "지역마다 다른 해양 생태환경과 인류의 해양 활동은 해양 인문의 다원화와 다양성을 보여준다. 해양인문학은 철학, 문학, 역사학, 인류학, 민족학, 민속학, 종교학 등에서 주목하고 있다."[3] 그는 초학제적 시각으로 해양인문학 연구의 발전 방향을 제시하였다. 양궈전 선생은

---

2 楊國楨, 「論海洋人文社會科學的槪念磨合」, 『廈門大學學報』(哲社版), 2000年 第1期, pp.7~10.
3 楊國楨, 「論海洋人文社會科學的興起與學科建設」, 『中國經濟史研究』, 2007年 第3期.

1999년, 2003년, 2010년에 차례로『해양과 중국 총서海洋與中國叢書』8권, 『해양중국과 세계 총서海洋中國與世界叢書』12권,『중국해양문명사 총서』10권 등의 저작을 편찬하여, 중국의 해양발전이론과 해양역사문화에 대해 보다 전면적이고도 심층적인 탐구와 논평을 진행하였다. 2008년 해양출판사는 양궈전의 논문들을 모아『대해 방정식-중국 해양 발전 이론과 역사문화瀛海方程-中國海洋發展理論和歷史文化』를 출판하였다. 이 책에 수록된 논문은 31편으로 전체 48만 자에 달하며, '해양 발전과 해양인문사회과학', '중국 해양사회경제사와 해양사학', '명청 해양사 연구' 세 부분으로 나누어, 중국 해양인문사회과학 구축에 학문적 지식을 보탰다.

같은 시기, 취진량曲金良 교수는 당시 중국해양대학 총장이었던 관화스管華詩의 지원을 받아서 해양문화연구소의 설립을 주도하였고 해양문화학을 새로운 학문으로 세워냈다. 1999년 중국 최초의 해양 문화 기초이론서이자 교과서인『해양 문화 개론海洋文化槪論』을 편찬하여 해양 문화의 기본 개념과 지식의 흐름을 비교적 체계적으로 정리하였다. 같은 해연간『해양문화연구海洋文化硏究』후에『중국해양문화연구』로 개칭를 창간하여, 학계의 해양 문화 심층 연구를 위한 학술교류 플랫폼을 제공하였다. 2003년 출판한『해양 문화와 사회海洋文化與社會』는 해양이 인류의 사회역사 및 관념, 신앙, 사유방식, 심미관에 미친 지대한 영향을 입증하였다. 그는 주편으로서 팀원을 조직하여『중국 해양 문화사 초고본中國海洋文化史長編』5권, 『중화대전 · 해양분전中華大典 · 海洋分典』,『중국해양문화발전보고中國海洋文化發展報告』연차보고서 등을 완성하였고, 국가사회과학기금의 중요 프로젝트 "중국 해양 문화 이론체계 연구中國海洋文化理論體系硏究"를 주재하여 중국 해양 문화의 실체론, 가치론, 발전론, 학과론 등 여러 방면에서 해양 문화 연구의 기본 틀을 구축하였다. 그는 "중국 해양 문화 연구의 함의 체계는 상당히 방대하기 때문에 그 요지를 전체적으로 파악하려면 역사학, 해양학, 문화학을 중심으로 하는 다학제적 교차 통합 연구를 진행해야만 한다. 이를 위해서는 관련 분야 연구자들의 공동 노력이 필요하다. 이것은 연속적인 프로젝트로, 단번에 이루어질 수 없다"[4]고 언급하였다. 그의 논문과 그가 편찬한 일련의 저작은 국내외 해양 문화 연구에서 널리 참고하는 기본 문헌이 되었다.

란다쥐와 뤼수메이는 「중국 해양인문학의 발견과 연구 평론」에서 중국 해양인문학의 등장은 '중원 중심주의中原中心論'에 대한 교정으로 간주하고 지역사 연구를 중원 중심주의로부터 구해냄으로써 중국 인문학의 다양성과 가능성을 펼쳐냈다. 그리고 지역 해양인문학에 대한 전면적인 이해를 하려면 해양인문학 연구에서 역사학과 인류학을 상호 융합하는 것이 필요하다고 하였다.[5] 리궈창은 「중국 해양 문화에 관한 이론적 사고」에서 중국 해양 문화는 중국인이 물질문화와 정신문화를 바탕으로 창조한 문명의 형태로 해양 역사·지리·지역색·전통풍습·생활방식·문학예술·행위규범·사유방식·가치관 및 선박·항해·해양 과학 등 여러 영역의 경험이 전승되어 응축된 것으로, 중화문화의 유기적 구성요소로 보았다.[6] 장수수는 「중국 해양 문화 연구의 발자취 회고와 전망」에서 해양 문화는 이미 전문 학문 분야로 자리 잡았지만, 학문적 발전을 위해서는 체계적인 이론적 지원과 혁신이 필요하고, 더불어 완정된 시

4   張傑, 「整體把握中國海洋文化硏究 - 訪中國海洋大學海洋文化硏究所所長曲金良」, 2019年1月18日版.
5   藍達居·呂淑梅, 「中國海洋人文的發現與硏究評介」, 『廈門大學學報』(哲社版), 1998年 第1期.
6   李國强, 「關於中國海洋文化的理論思考」, 『思想戰線』, 2016年 第6期.

스템 형성이 요구된다고 하였다. 현재 해양 문화 이론 연구에서 상당수 학자들이 사료를 수집하거나 지역적, 분류적, 중복적, 미시적 연구를 진행하고 있는데, 전체적으로 보았을 때, 해양 문화 연구 발전은 필연적으로 각 분야 학자들의 공동 참여가 필요한 학문 융합과 교차의 과정이지만, 학문 융합이 불충분한 이유로 학문 내 미시적 연구가 중심이 되어, 학문적 속성을 지닌 거시적이고 체계적인 이론 연구가 부족한 양상을 나타낸다고 보았다.[7]

『중국 해양문화사 초고본中國海洋文化史長編』,『중국 해양문명사 총서中國海洋文明史叢書』 등의 저작 외에도 금세기 이후 해양 문화의 보급과 전파 방면에 공헌한 훌륭한 저작들이 있다. 예를 들면,『해양 문화海洋文化』2002, 2009,『해양 문화 백과지식海洋文化百科知識』2012,『해양 문화 보급 다이제스트簡明海洋文化普及讀本』2012,『해양 문화海洋文化』2015,『해양용맥-중국해양문화총람海洋龍脈-中國海洋文化縱覽』2007 등, 청소년과 일반 대중을 대상으로 하는 저서들이 있다. 이 외에도 지역 해양 문화 연구에 포커스를 둔 저작도 있는데, 쉬샤오왕徐曉望의『마조의 백성들 : 민타이 해양 문화 연구媽祖的子民-閩台海洋文化研究』1999, 류허용柳和勇의『저우산군도 해양문화론舟山群島海洋文化論』2006, 천즈용陳智勇의『하이난 해양 문화海南海洋文化』2008, 주후이화諸惠華·콰이다선蒯大申 주편의『난후이 해양 문화 연구南彙海洋文化研究』2008, 쓰투상지司徒尚紀의『중국 남해 해양 문화中國南海洋文化』2009, 텅신셴滕新賢의『강남 해양 문화江南海洋文化』, 왕펑王鋒 주편의『북부만 해양 문화 연구北部灣海洋文化研究』2010, 궈위충郭玉瓊 등의『푸젠 해양 문화 독본福建海洋文化讀本』2018 등이 다

---

7   張紓舒,「中國海洋文化研究歷程回顧與展望」,『中國海洋大學學報(社會科學版), 2016年 第4期.

루는 내용은 중국의 주요 연안의 성省과 지역을 거의 다 망라한다. 지방 해양 문화사, 언어 및 문학 장르, 해양 풍속과 신앙 및 문화 전파, 지방 해양경제 등 해양 문화 연구에 있어서 보다 상세한 자료와 생생한 사례를 제공하는 동시에 해양인문학의 독특성과 바다를 터전으로 하여 살아가는 연해민들의 문화적 자긍심을 보여준다.

아래에서는 금세기 이후 중국 해양 문화 연구의 성과를 해양 역사, 해양문학, 해양 민속과 신앙, 해역문화교류 네 방면으로 나누어 간략히 살펴보겠다.

2. 해양사 연구

오랫동안 학계의 중국 고대사 연구는 줄곧 육지를 중심에 두어 해양은 줄곧 "비주류"에 해당하는 종속적 지위에 머물러 있었다. 해양사는 해외교통사의 범주에 속해있었고, 이로 인하여 중국 해양사 연구의 과정도 대체로 20세기 전반기의 해외교통사 연구로 거슬러 올라갈 수 있다. 하지만 이후 연구는 점차 정체를 보이다가 1980년대 이후에야 다시 사학 연구의 범위로 돌아왔다. 최근 중국 '해양강국' 전략과 '21세기 해상 실크로드' 공동 건설 구상의 제안되고 실행됨으로써 해양사는 학계에서 점점 더 많은 관심을 받아 사학 연구의 핫이슈가 되었다.

1983년 타이완 중앙연구원은 「중국해양발전사 연구 계획」을 시행하고, 『중국해양발전사 논문집中國海洋發展史論文集』총10집을 잇달아 발간했는데, 2008년 이후 '해양사 연구 시리즈' 형식으로 출판을 계속하였다. 1997

년 중국해양대학이 설립한 해양문화연구소는 『중국해양문화연구中國海洋文化研究』를 창간하였고, 2009년 광둥성 사회과학원은 해양사연구센터를 설립하고 『해양사연구海洋史研究』를 창간하였다. 2011년 상하이 중국항해박물관은 『국가항해國家航海』를 창간하였고, 2015년 상하이사범대학은 『해양문명연구海洋文明研究』를 창간했다. 이와 함께 중국 해외교통사연구회의 간행물 『해외교통사연구海交史研究』등 다양한 해양사 연구 총서 및 간행물은 관련 연구 성과를 위한 플랫폼을 제공하여 해양사 연구를 더욱 발전시켰다.

양궈전은 해양인문사회과학을 논의할 때 역사학적 방법을 기반으로 한 '학제 간 통합'의 필요성을 강조했다. 장리와 런링란은 「최근 5년간 중국의 해양사 연구」에서 2006년부터 2010년 사이의 중국 해양사 연구 현황을 종합적으로 정리하면서, 학계는 해양역사문화의 연구를 강화하고 연구 사고와 방법을 개선하여 중외 관계사 연구 패턴을 벗어나 해양 활동의 해역과 해상사회 집단을 연구의 대상으로 삼아 초국적 연구를 해야 한다고 지적하였다. 동시에 사료를 깊이 있게 탐색하고 서양의 해양사 연구와 비교를 하여 학문의 경계를 허물고 전체적인 사고를 배양해야 한다고 하였다.[8] 리훙옌은 「'해양사학' 간론」에서 해양사학의 학문적 속성과 함의 등에 대한 심층적 논의가 부족하다고 지적하였다. 학제 간 연구 영역 확장이 적은 편이고 다수의 세부적인 실증 연구에 비해 큰 틀의 이론 구축은 부족하다. 그는 해양사 연구의 영역과 내용이 획일적이어서는 안되며 다양성을 존중하여 각자의 특성이 있는 것이 좋다고

---

8   張麗·任靈蘭, 「近五年來中國的海洋史研究」, 『世界歷史』, 2011年 第1期.

주장하였다.[9] 완밍은 「해양사 연구의 5대 특징」에서 21세기 이래 해양사 연구에서 가장 뜨거운 주제로 정화의 대항해, 해양 정책, 해상 실크로드와 해양 문화, 해양 사회경제사, 해양 경계와 제해권 등을 꼽았다. 해양사 연구의 기초자료 정리와 이론 연구의 강화가 시급하며, 해양 담론 체계는 여전히 서구 중심주의에 머물러 있는데, 지역사에서 세계사로의 확대를 서둘러야 하며 해양의 중대 사건과 초학제적 종합 연구를 강화해야 한다고 강조하였다.[10] 「20세기 80년대 이후 중국의 해양사 연구 회고와 성찰」에서 리인은 최근의 해양사 연구 성과를 정리하면서, 현재 해양사 연구에서 관련사상, 이론, 방법 등에 대한 체계적이고 심층적인 논의와 토론이 많지 않다고 평가하며, 새로운 이론을 즉시 흡수하고 적용하여 연구를 학술 분야의 최전선에 두어야 한다고 주장하였다. 또한 연구 내용은 전문사 영역에 집중되어 있는데, 사료의 발굴 및 범위 관점에 대한 추가 연구가 필요하다고 하였다.[11] 장샤오민의 「중국해양사 연구의 발전과 추세」에서는 해양사 연구를 해양 정치사·해양 경제사·해양 사회문화사·해양 환경사·해양사 이론·해양사 번역 및 소개 등으로 요약하고, 중국의 해양사 연구는 여전히 전통 해양사 연구 영역에 집중되어 있으며 새로운 해양사는 간간이 언급되는 초기 단계에 있다고 여겼다. 해양 지역사 연구는 불균형적이고 전반적인 해양사에 대한 연구는 없으며 학제 간 연구는 불충분하다. 해외 해양사 연구의 경험을 적극적으로 참고하는 동시에 연구 분야를 확장하고 학제 간 연구를 풍부

---

9 李紅岩, 「"海洋史學"淺議」, 『海洋史研究』, 2012年 第三輯.
10 萬明, 「海洋史研究的五大特點」, 『國家航海』, 第七輯.
11 李尹, 「20世紀80年代以來中國海洋史研究的回顧與思考」, 中國社會經濟史研究, 2019年 第3期.

하게 하며 해양 관련 지역사에 대한 심도있는 연구와 전체 해양사에 대한 거시적 연구를 동시에 고려해야 한다.[12]

구체적 연구와 관련한 대표적 성과를 선별하여 소개하겠다.

1) 해양 관련 인물 연구

해양사 연구에서 인기 있는 역사 인물은 적지 않은데, 서복徐福, 감진鑒真, 정화鄭和 등을 대표적 예로 들 수 있겠다. 서복과 관련된 연구 중, 양빈의 『서복동도의 수수께끼』는 서복 개인과 서복동도의 전설, 서복과 일본의 관계 등 여러 각도에서 서복에 대해 비교적 체계적으로 소개하였다.[13] 뤄치샹은 『서복 고찰』에서 서복 전기 내용 외에도 국내외 수십 편의 서복 연구논문과 간행물의 초록을 수록하였고 서복의 일족, 동도 항로, 구선求仙전설 등도 언급하였다.[14] 주야페이의 『서복지』는 서복의 일생, 업적과 영향, 역대 연구, 문헌 기록 등의 측면에서 서복 연구에 대해 논하였다.[15] 이 외에도 콩더커孔德科와 천샤오페이陳少非가 편한 『서복동도徐福東渡』, 장량췬張良群의 『동도서복東渡徐福』, 완쑹푸서원萬松浦書院의 『서복사전徐福辭典』등은 모두 각기 다른 관점으로 서복의 행적에 대한 연구를 보충하고 발전시켰다. 논문집으로는 츠시시慈溪市 서복연구회가 편찬한 『서복동도논총 : 달봉산徐福東渡論叢 - 達蓬山』, 『서복동도 이야기徐福東渡的故事』, 『달봉산 서복연구논집達蓬山徐福研究文集』이 있고, 장량췬張良群의 『중외서복연구中外徐福研究』, 산둥 자오난 랑야 및 서복연구회山東膠南琅琊暨徐福研究會의 『랑

---

12 張小敏, 「中國海洋史研究的發展及趨勢」, 『史學月刊』, 2021年 第6期.

13 楊斌, 『徐福東渡之謎』, 長春 : 吉林文史出版社, 1989年.

14 羅其湘, 『徐福考論』, 慈溪市徐福研究會, 2000年.

15 朱亞非, 『徐福志』, 濟南 : 山東人民出版社, 2009年.

야와 서복 연구 논문집琅琊與徐福研究論文集』, 저장성 다이산현 정협 문사자료위원회浙江省岱山縣政協文史資料委員會 가 편찬한 『봉래선도와 서복蓬萊仙島與徐福』, 산둥성 서복연구회·룽커우시 서복연구회 편찬의『서복 연구徐福研究』 및 장웨이張煒 주편의『서복문화집성徐福文化集成』총5권 등이 있다. 이들은 역사, 고고학, 항해, 민속, 윤리, 언어, 종교, 문학, 대외교류 등 다양한 분야를 다루고 있는데, 서복에 대한 연구는 이미 비교적 종합적이라고 할 수 있겠고 동시에 지방 문사文史 분야에서 서복 연구에 상당한 노력을 기울였고 지역적 우위와 문화적 자신감을 드러내고 있음을 알 수 있다.감진鑒真을 주제로 하는 연구는 인물에 관한 것이 비교적 많다. 왕진린王金林, 왕샹룽汪向榮, 쑨위쿤孫玉坤 등은 모두『감진』을 저술하였고, 왕둥王東·천펑밍陳鵬鳴『감진동도鑒真東渡』와 하오룬화郝潤華의 『감진평전鑒真評傳』 등은 감진의 생애와 공헌에 대해 개괄적으로 서술하였다. 덩주런鄧祝仁·쑤훙지蘇洪濟의 『감진과 구이린鑒真與桂林』은 감진과 구이린桂林의 관계를 중점적으로 소개하였다. 또한 양저우시정협문사자료연구팀揚州市政協文史資料研究組과 양저우사범전문대揚州師院 역사과가 편찬한『감진연구논문집鑒真研究論文集』, 양저우시 도서관 편찬의『감진화상 사료총집鑒真和尚史料彙抄』은 감진동도鑒真東渡의 역사적 배경, 감진과 불도佛道와의 관계 및 중일문화교류 등을 다루고 있는 희귀한 감진 연구 총집이다. 논문으로는 천저예·저우취안건이 「감진화상과 하이난불교문화」에서 감진이 하이난으로 향한 경위와 도착 후의 행적을 분석함으로써 감진이 하이난 불교문화의 발전에 중요한 역할을 하였다고 주장하였다.[16] 양쩡원의「당 감진 대화상의 동도와 일본

---

16 陳喆燁·周泉根, 「鑒真和尚與海南佛教文化」, 『西安社會科學』, 2009年 第1期.

율종」은 감진과 일본 율종의 발전 관계를 개괄하여, 감진이 중일 문화교류사와 일본 불교사에 지대하게 공헌하였다고 하였다.[17] 세수푸는「당풍동도唐風東渡 – 감진화상과 일본의 사원건축-당초제사唐招提寺를 중심으로」에서 당초제사의 건축이 일본 불교 율의律儀, 사원 공간의 의경意境에 큰 영향을 미쳤다고 보았다.[18] 전체적으로 보았을 때, 감진에 대한 연구는 20세기 말에 집중되어 있고, 21세기의 연구는 비교적 적은 편이며 전문적 학술회의나 학술 간행물이 부족한 편이다.

정화에 관한 연구를 살펴보자. 중국 해양사상 가장 돋보이는 사건 중 하나인 정화의 대항해는 줄곧 학계와 사회 각계각층의 뜨거운 관심사였다. 1985년 정화대항해 580주년과 2005년 정화대항해 600주년을 전후하여 정화에 대한 연구 열풍이 두 차례에 걸쳐 일어났고, 자료집과 논문집 등 다수의 출판물이 출간되었는데, 다학제적 참여라는 특징을 보인다. 예를 들면 위대한 항해가 정화의 대항해 580주년 기념 기획준비위원회와 중국 항해사 연구회가 편찬한『정화 연구 자료 선편鄭和研究資料選編』, 난징 정화연구회南京鄭和研究會 편『정화 연구鄭和研究』, 정이쥔鄭一鈞의『정화 대항해를 논하다論鄭和下西洋』, 저우원린周文林 · 정이쥔 · 양신화 등이 편한『정화사시鄭和史詩』, 리스허우李士厚의『정화신전鄭和新傳』, 한성바오韓勝寶의『정화의 길鄭和之路』등의 저작은 정화와 대항해라는 사건에 대해 체계적이고 심도 있는 연구이며, '정화학鄭和學'의 함의를 더욱 풍부하게 하였다. 동시에 판진민範金民의『20세기 정화 대항해 연구20世紀的鄭和下西洋研究』, 스핑時平의『100년 정화 연구 탐색百年鄭和研究的探索』, 류잉柳瀛의『지난 20년

---

17 楊曾文,「唐鑒真大和尚東渡和日本律宗」,『揚州大學』(人文社科版), 2011年 第2期.
18 謝術福,「唐風東渡 : 鑒真和尚與日本寺院建築 – 以唐招提寺爲中心」,『法音』, 2022年 第1期.

의 중국 대륙 외 정화 연구 성과 총론近二十年來中國大陸以外鄭和研究成果綜述』 등의 글도 시기별 정화 연구에 대해 논평하여 '정화학' 발전의 맥락을 이해하는 데 큰 도움을 주었다. 최근 몇 년에도 정화에 대한 연구 열기는 여전히 뜨겁다. 중궈즈왕中國知網, CNKI에서 2010년 이후 정화를 주제로 한 연구논문만 해도 약 600편 이상이 있으며, 이들은 사료·문화교류·대외정책·경제 등의 분야를 망라한다. 2006년 이후 정화와 해양 문화를 주제로 삼은 글이 20여 편 이상이라는 점은 언급할 만한 가치가 있다. 웨이전화韋振華의 「정화 대항해와 중국 해양 문화鄭和下西洋與中國的海洋文化」, 마즈룽馬志榮·쉐싼랑薛三讓의 「포스트 정화시대 – 중국 해양 문화의 개방에서 내부 지향에 대한 사유後鄭和時代 – 中國海洋文化由開放走向內斂的現代思考」, 마즈룽·린쑤훙林蘇紅의 「정화 대항해에 입각한 해양 문화 혁신鄭和下西洋視域的海洋文化創新」 등은 정화 연구와 해양관, 해양 전략의식을 강화하고 해양 문화 자신감의 재형성과 결합하여 정화 연구의 시대성과 발전 방향을 보여주었지만, 체계적이고 통합적인 연구는 아직 부족하다고 하겠다.

이 외에도 정성공鄭成功 및 척계광戚繼光, 유대유俞大猷 등 왜구에 대항했던 집단에 대한 연구 역시 비교적 인기있는 주제로 꼽힌다. 그 연구 방향은 대외 관계와 군사정책에 관한 것이 많은데, 고대 해양 전략을 이해하고 애국정신을 고취하는 데 도움이 된다. 이 역시 해양 인물 연구의 중요한 내용이다.

2) 해양 경영전략海洋經略

해양 경영전략은 각 왕조가 해양을 얼마나 중시했는지 보여주는 것으로 해양사의 중요 연구 내용이다. 자오루제·딩타오·위장은 「진·한시대의 해양 경영전략 고찰」에서 진한 시기가 중국이 진정한 의미의 '통일해강統一海疆'을 정립한 시기로, 중앙집권적 "천하통일[大一統]" 왕조의 지속적인 경영전략하에 후대 수천 년을 이어나갈 해강海疆의 기본 틀을 초보적으로나마 확정했을 뿐만 아니라, 더욱 중요한 것은 연해, 근해 및 원해에 이르는 실천 경로를 개척하여 뚜렷한 "강해일체江海一體", "육해일체陸海一體"의 종합적 영토관을 형성했다고 주장한다.[19] 딩타오는 「수대 경략 해양의 역사적 계시」에서 다음과 같이 주장하였다. 수나라의 해양 경영전략은 진한 이후 정립된 "육해일체"의 구도를 공고히 했을 뿐만 아니라 해상영토의 통제력을 해양에까지 확대하여 왕조의 통치 체계에 포함시켰으며, 정치, 경제, 군사, 외교, 문화 등 각 분야에 크게 영향을 끼쳤다. 후대 당 왕조가 국내외에 깊은 영향을 끼친 대일통의 제국을 건설하는 데 기본적인 구도를 마련하고 충분한 준비를 했다는 점에서 중요한 의미를 가진다고 평가하였다.[20] 리웨이웨이는 「원대 남해 해양 경략에 대한 새로운 탐구」에서 원 왕조는 정치, 경제, 군사상 일련의 조치를 통하여 남해에 대한 통제를 강화했다고 주장하였다. 남해지역에 위치한 국가들에 무력 정벌과 군사적 위협을 가하여 패권적 지위를 확립하였고 불평등한 국가 관계와 무역 관계를 구축했다. 원나라의 남해 해양 경영전략의 목적은 정부가 무역을 독점하는 데 있었지만, 민간 상인의 발전을 촉진하는 데에도 유리한 면이 있었다.[21] 리신은 「청대 중국 해강경략의 주변 해상 안전 질서 구축에 대한 계시」에서 청 왕조가 종합

---

19 趙魯傑·丁濤·喻江,「秦漢王朝經略海洋考論」,『軍事歷史』, 2018年 第4期.
20 丁濤,「隋朝經略海洋的歷史啟示」,『農村·農業·農民』, 2019年 第7期.
21 李魏巍,「元朝南海海洋經略新探」,『牡丹江大學學報』, 2013年 第9期.

적인 안전 사상을 해양 경략의 구체적인 실천에 적용하여, 연해 방어와 순양회초제도巡洋會哨制度를 더욱 체계화, 제도화하여 보다 완벽한 해양 안전 관리 체계를 구축하였고, 이를 통하여 동아시아해상의 장기적 평화와 안정을 기본적으로 실현했다고 주장하였다.[22] 이로 보건대, 각 시대의 해양 경략은 단순한 군사적 계획에 그치는 것이 아니라 경제와 문화 간의 상호 작용에 중점을 두면서 보다 심층적이고 체계적인 경로를 따라 발전했음을 알 수 있다.

해적 문제는 명청 해양 경략의 중요한 주제이다. 네더닝의 「명대 융경, 만력 연간의 해적 상인」은 명대 융경, 만력 연간의 조세 무역 제도의 제한 아래 민간의 해상海商이 해적으로 변모한 역사적 현상을 고찰하고 분석하였는데, 명나라가 불법 해상들에게 취한 진압 정책이 그들 신분 변화의 주요 원인이 되었다고 주장하였다.[23] 구훙팅은 「명청시대의 해적에 대한 논고」에서 해금 정책의 시행 및 해적의 특성, 습성, 몰락 원인을 고찰하여, 해금 정책이 대규모 해외 이민을 저지하고 해외 제국 건설의 가능성을 줄였지만, 해적 전선戰線이 길어짐으로 인해 정부의 진압 비용이 증가하여 오히려 동남 연안 사회의 불안정과 동요의 원인 중 하나가 되었다고 주장한다.[24] 천보는 「해운 선호船戶와 원말 해적의 생성」에서 원대 해운을 담당하던 선호들은 소금 밀매와 약탈을 일삼았고 사나운 성격을 지닌 집단적 특성이 있었는데, 원말 이래 선호들의 부담이 가중되었고 내부에 분화가 발생함으로써 많은 사람들이 부역을 피하고자

---

22 李欣, 「清代中國海疆經略對構建周邊海上安全秩序的啟示」, 『國際安全硏究』, 2021年 第6期.

23 聶德寧, 「明代隆, 萬年間的海寇商人」, 『廈門大學學報(哲學社會科學版)』, 1992年 第2期.

24 古鴻廷, 「論明淸的海寇」, 『海交史硏究』, 2002年 第1期.

섬으로 숨어들면서 해적집단을 형성하여 방국진方國珍 정권이 무력을 축적하는 중요한 사회적 기반이 되었다고 보았다.[25] 정웨이콴은 「명청시기 북부만의 '해적'과 해강경략明淸之際北部灣地區的'海寇'與海疆經略」에서 남명 정권의 퇴각과 삼번의 난의 평정에 따라, 청 정부는 북부만 해역의 통제권을 확보하고 북부만 해양 경략을 강화하여 청대 초기 근 100년의 북부만 해역의 안녕을 보장했다고 주장하였다. 마광은 원대 중국 연해 왜환倭患 문제 발생의 원인 및 명대 초 중일 사이의 '왜구 외교'에 대해 논의하였다. 그는 왜구와 해양 환란에 필연적 연관성이 있는 것이 아니며, 그 원인은 정치적 상황과 해양 정책뿐만 아니라 기후 및 환경 요인에도 주의를 기울여야 한다고 주장하였다.[26] 조공 의례는 고대 동아시아 국제 관계의 표면적인 모습일 뿐이며, 국방 관계야말로 외교에 영향을 미치는 본질적 내용으로 보았다.[27]

3) 해상 교통 및 해상 실크로드

저작 방면을 살펴보자. 리위쿤이 쓴 『취안저우 해외 교통사 요약』은 교통 항로, 화물 종류, 해상집단, 해외 교통관리기구 등 여러 방면에서 취안저우가 해상 실크로드에서 중요한 지위에 있다는 것을 논증하였다.[28] 광둥성 난아오현 정협문사위원회廣東省南澳縣政協文史委員會가 편찬한 『해상 실크로드와 차오산 문화海上絲綢之路與潮汕文化』, 두징궈杜經國·우쿠이신吳奎信

25 陳波, 「海運船戶與元末海寇的生成」, 『史林』, 2010年 第2期.
26 馬光, 「開海貿易, 自然災害與氣候變遷 : 元代中國沿海的倭寇及其原因新探」, 『淸華大學學報』(哲學社會科學版), 2018年 第5期.
27 馬光, 「面子與裏子 : 明洪武時期中日"倭寇外交"考論」, 『文史哲』, 2019年 第5期.
28 李玉昆, 泉州歷史文化中心 編, 『泉州海外交通史略』, 廈門 : 廈門大學出版社, 1995年版.

편『해상 실크로드와 차오산 문화海上絲綢之路與潮汕文化』, 두스민林士民・선젠궈沈建國 저『실크로드 만 리 – 닝보와 해상 실크로드萬里絲路-寧波與海上絲綢之路』, 광저우 고도학회廣州古都學會 편『광저우와 해상 실크로드에 대한 논고論廣州與海上絲綢之路』, 탄페이건譚培根 주편의『장저우 '해상 실크로드' 논문선漳州"海上絲綢之路"論文選』 등은 해상 실크로드와 차오산, 닝보, 광저우, 장저우의 관계를 중점적으로 논의하여 주요 항구도시들이 해양사에서 미친 영향과 변천을 보여주었다. 두위의『해상 실크로드 역사 이야기』는 해상 실크로드의 태동부터 전성기, 쇠락에 이르는 발전 과정 및 영향을 왕조 순으로 정리하였다.[29] 판루훙의『해양도서의 변천과 해상 실크로드』는 각기 다른 시기의 해양도서의 유형, 제재, 내용의 변천 과정을 설명하고 해상 실크로드와 해양도서 편찬의 관계를 명확히 하였다.[30]『해상 실크로드 단대사斷代史 연구』총서총5권는 단대사의 시각에서 진한에서 명청에 이르는 해상 실크로드의 발전 과정을 체계적으로 설명하며 해양사 관점에서 실크로드를 탐구한 역작이다.[31]

해상 실크로드 및 해상 교통에 관한 논문의 주제도 다양성을 보인다. 예를 들어, 스원타오의 「위진남북조 시기 해상 실크로드의 이용」은 위진남북조 시기의 해상 교통 상황과 해상 실크로드 이용 정도를 고찰하였다. 위진대는 한대보다 교류하는 해외 국가의 수가 크게 증가하였는데, 동남아시아 여러 나라와의 교류가 이전보다 훨씬 빈번했고 무역 활동과 불교 전파의 흥성은 위진남북조 시기 해상 교통의 중요한 측면이

---

29 杜瑜,「海上絲路史話」, 北京 : 中國大百科全書出餘軍,『宋代"海上陶瓷之路"探研』, 2000年版.

30 潘茹紅,『海洋圖書變遷與海上絲綢之路』, 廈門 : 廈門大學出版社, 2017年版.

31 章深・劉正剛 等,『海上絲綢之路斷代史研究』(五卷本), 北京 : 世界圖書出版公司, 2020年版.

라고 보았다.[32] 리샤오제는 「당초唐初의 요동 전투와 동남아의 해상 교통」에서 당대 초 요동 전투 중 수군이 항행한 경로를 정리함으로써, 이 경로가 당시 동아시아 각국의 교류와 소통에 중요한 통로였음을 밝혔다.[33] 위쥔의 「송대 '해상 도자기 길' 탐구」는 송대 '해상 도자기 길'의 형성과 발전에 관해 논하는데, 이 길이 개척되고 원활하게 운영된 것은 고대 서양의 페르시아인, 아랍인 및 기타 민족들이 동방으로 가는 길에 기울인 끊임없는 노력의 결과라고 하였다.[34] 왕진펑 「해상 교통과 "뗏목을 타고 바다를 떠다니겠네乘桴浮於海[역주] 『논어·공야장』 신론」은 공자시대 제齊와 노魯지역 민중의 해상 교통 능력에 대해 탐구하여, "뗏목을 타고 바다를 떠다니겠네"에서 '바다'는 바로 해외, 즉 조선을 의미한다고 주장하였다. 이 논문은 선진시기 해상 교통을 이해하는 데 참신한 시각을 제공하였다.[35]

주야페이는 「고대 해상 실크로드의 흥망성쇠에 대한 논고」에서 진한, 수당 시기에 북방 해로가 상대적으로 번영했다가 송원 이후 타격을 받아 연해 무역의 중심이 남쪽으로 이동하기 시작했지만 무역이 단절되는 일은 없었다고 주장하였다.[36] 웨이젠강은 당대 월요越窯의 '비색자秘色瓷' [역주] 당대(唐代) 월주(越州)에서 생산한 청자(靑瓷) 수출을 예로 들어 당대 해상 실크로드 개통 원인과 조건을 분석하였다.[37] 한춘셴·광샤오샤는 도자기와 동

32 石雲濤, 「魏晉南北朝時期海上絲路的利用」, 『國家航海』, 2014年 第1期.
33 李效傑, 「唐初的遼東之役與東亞的海上交通」, 『暨南史學』, 2018年 第3期.
34 餘軍, 「宋代"海上陶瓷之路"探研」, 『宋史研究論叢』, 2020年 第1期.
35 王進鋒, 「海上交通與"乘桴浮於海"新證」, 『中原文化研究』, 2021年 第9期.
36 朱亞非, 「論古代海上絲綢之路興衰變化」, 『山東師範大學學報』, 2019年 第6期.
37 魏建鋼, 「唐代: "海上絲綢之路"興起的原因分析－以越窯"秘色瓷"出口爲例」, 『世界地理研究』, 2019年 第5期.

기銅器로 대표되는 양저우의 대외 무역 교류 및 불교, 이슬람교 등 종교 문화 교류의 상황을 논하였다.[38] 전체적으로 보아, 실크로드 및 해상 교류에 관한 연구는 기본적으로 해양 정책, 경제, 문화 등 다방면을 포괄하고 있으며, 해양사 연구에서 인기가 높은 분야이다.

4) 新해양사학과 세계사

샤지궈는 「해양사 연구의 세계사적 전향」에서 신해양사의 특징을 육지 본위의 시각에서 해양 중심적 시각으로의 전환, 즉 육지에서 해양을 바라보는 것이 아니라 해양 공동체의 관점에서 사고하고 동시에 해양을 상호작용의 영역으로 본다는 데에 있다고 설명하였다.[39] 해양사의 발전에 관하여 장샤오민은 「중국 해양사 연구의 발전 및 추세」에서 중국의 해양사 연구는 부상 이후로부터 지금까지 전통적 해양사 연구 분야에 집중되어 있었고, 신해양사는 여전히 가끔 등장하는, 발전 초기의 단계에 있다고 보았다.[40] 해양 사회문화사 국내외 학자 모두 그다지 중시하지 않아서, 그 연구는 매우 부족하다고 하겠다. 한국의 강봉룡은 「해양사와 세계사 인식 체계」에서 세계사의 형성 과정을 지중해시대, 인도양시대, 대서양시대, 태평양시대의 네 단계로 나누고, 해역에 대한 우리의 인식 방식이 개별 해역 단위에서 시작하여 전 세계 해양을 하나의 전체로 인식하는 단계로 확장되었다고 하였다.[41]

최근 몇 년 동안 국내의 신해양사 연구 역시 세계사로 전환하고 있으

---

38 韓春鮮·光曉霞, 「唐代揚州海上絲綢之路的商貿與文化交流」, 『唐都學刊』, 2019年 第2期.

39 夏繼果, 「海洋史研究的全球史轉向」, 『全球史評論』, 2015年 第2期.

40 張小敏, 「中國海洋史研究的發展及趨勢」, 『史學月刊』, 2021年 第6期.

41 [韓]姜鳳龍, 「海洋史與世界史認知體系」, 『海交史研究』, 2010年 第2期.

나, 전체적으로 보자면 해외 학자와의 교류와 대화는 여전히 부족한 실정이다.

3. 해양문학 연구

1) 해양문학의 개념 정의

해양문학의 개념에 대한 논의는 해양문학 연구의 전제 조건이며, 전통적인 문학 연구와 구별하기 위해 필수적인 접근이다. 류우지柳無忌와 같은 초기의 해석가들은 "해양을 제재로 하는 일체의 문학작품"으로 개괄하였고, 주쉐수朱學恕는 문학 미학 차원에서 해양문학의 4대 특징을 '감정의 바다', '사상의 바다', '명상의 바다', '경험의 바다' 등으로 제시하였다. 취진량은 해양문학은 바다를 소재로 삼는 것에서 그치지 않고 해양 정신을 심층 구조에 두어야 한다고 지적하였다. 이후 룽푸龍夫, 양중쥐楊中舉, 돤한우段漢武, 장즈張陟 등은 해양문학의 개념에 대해 논하면서, 기본적으로 해양문학은 반드시 바다를 소재로 하고 주제는 해양과 밀접하게 관련이 있으며 해양의 특성이 뒷받침되어 인류 스스로 및 인류와 해양의 관계를 반영하는 문학작품이어야 한다고 하였다. 장루안張如安, 첸장판錢張帆, 니농수이倪濃水, 돤보段波 등은 해양문학의 판단 기준은 해양이 미적 주체인지, 인간과 해양의 가치 관계와 심미적 함의를 강조했는지 여부에 있다고 판단하였다.

최근에도 해양문학의 개념에 대한 논의는 계속되고 있다. 슈빈修斌은 일반적으로 해양문학은 해양을 배경과 무대로 하거나, 해양을 묘사와 서사 대상으로 하거나, 혹은 인간과 해양의 관계를 반영하는 것이라고 정의하며, 해양문학에는 종종 해양 공간, 해양 사회, 인간과 해양의 상호 작용, 해양 이미지, 해양 정신 등이 내포되어 있다고 하였다. 동시에 해양문학은 해양 문화의 주요 구성 요소로서 문학과 해양 문화의 이중적 속성을 지니고 있다고 지적하였다.[42] 자샤오루이는 「숨겨져 있는 현대 해양문학에 대한 초탐」에서 "해양문학은 해양 풍경이나 인류의 해양 활동을 중심에 두거나 주요 내용으로 삼아 해양과 인류 및 해양과 인간의 관계, 해양 문화를 드러내는 문학작품이다"[43]라고 하였다. 왕쑹린王松林에 따르면, 해양문학은 해양을 배경으로 하고, 해양·선원·섬·배 등을 주요 요소로 하여 해양을 주제로 하거나 해상체험을 바탕으로 인간과 바다, 인간과 자아, 인간과 사회, 인간과 인간 사이의 관계를 보여주는 문학작품을 말한다.[44] 해양문학 연구의 기초 작업에 주의를 기울여야 하는데, 과거부터 현재까지의 각종 해양문학, 특히 고전 해양문학 작품의 수집과 정리 및 연구를 진행해야 한다. 해양문학의 학제 간 연구, 분야 간 대화 및 지역 간 교류를 강화하고 해양문학의 학문 체계와 담론 체계를 구축해야 한다. 우수한 해양문학을 모범적으로 대중화해야 하는데, 대중 특히 어린이와 청소년이 환영할 만한 각종 방식을 통하여 우수한 해양문학 작품을 홍보하여, 대중의 해양의식을 제고해야 한다.[45]

전체적으로 보았을 때, 해양문학의 정의는 단순히 해양과 관련이 있는 것에서 그치는 것이 아니라 그 배후의 인문학적 색채 역시 강조하고

---

42 孫美娟, 「中國海洋文學研究正當時」, 『中國社會科學報』, 2022年 3月 25日 第002版.

43 賈小瑞, 「被遮蔽的中國現代海洋文學初探」, 『魯東大學學報』(哲學社會科學版), 2018年 第5期.

44 孫美娟, 「中國海洋文學研究正當時」, 『中國社會科學報』, 2022年 3月 25日 第002版.

45 孫美娟, 「中國海洋文學研究正當時」, 『中國社會科學報』, 2022年 3月 25日 第002版.

있으며, 동시에 서양 해양인문학의 정의와 기준을 답습하는 것에서 점차 벗어나 중국 해양문학의 독자적 담론을 드러내고 있다고 하겠다.

2) 중국 본토의 해양문학 연구

전문 서적으로는 양훙례楊鴻烈의 『해양문학海洋文學』, 류허융柳和勇 편 『중국 해양문학 자료와 연구총서中國海洋文化資料和研究叢書』, 니눙수이倪濃水의 『중국고대해양소설선中國古代海洋小說選』・『중국고대해양소설과 문화中國古代海洋小說與文化』・『중국 고대해양문학사中國古代海洋文學史』・『중국해양문학 16강中國海洋文學十六講』, 자오쥔야오趙君堯의 『천문・경세 – 중국고대해양문학天問・驚世 – 中國古代海洋文學』, 텅신셴滕新賢 『창해에서 찾아내다 – 중국고대해양문학연구滄海鉤沉 – 中國古代海洋文學研究』 등이 있는데, 이들은 해양소설, 시가, 자료집의 관점에서 해양문학을 개괄적으로 다루고 있다. 렁웨이궈冷衛國 『중국역대해양문학경전 평주中國歷代海洋文學經典評注』상・하, 쑨창쥔孫長軍 주편의 『중국고대해양문학작품 평석中國古代海洋文學作品評析』・『중국 현당대 해양문학작품 평석中國現當代海洋文學作品評析』 등은 해양문학 작품을 모아 비평을 시도하였다.

고대 해양문학 연구는 대체로 고대 해양의식의 변천과 해양문학과 시대 및 사회생활과의 관계를 탐구하고 있다. 예를 들자면, 왕링과 황핑성은 「중국 고대 해양문학 초탐」에서 해양문학 발전 과정은 문학과 시대, 작가와 생활, 제재와 장르, 현실주의와 낭만주의가 내재적으로 연결되어 있음을 보여준다고 하였다.[46] 자오쥔야오趙君堯는 「선진 해양문학의 시대적 특징 탐구先秦海洋文學時代特征探微」, 「한・위 육조의 해양문학에 대한

46　王淩・黃平生, 「中國古代海洋文學初探」, 『福建論壇』(文史哲版), 1992年 第3期.

추의漢魏六朝海洋文學芻議」, 「수당 해양문학론論隋唐海洋文學」, 「송원 해양문학의 시대적 특징宋元海洋文學的時代特征」 등의 논문에서 각 시대의 해양문학과 사회 생활에 대한 분석을 통하여 시기별 해양문학의 시대적 특징을 드러내었 다. 왕칭윈은 「중국 고대 해양문학의 역사 발전의 궤적」에서 중국 고대 초기부터 당송대의 해양문학을 시대적 발전의 순서에 따라 개괄적으로 분석하여 고대 해양문학은 바로 수많은 민중과 수많은 문인들의 중국 해양에 대한 관심, 열망, 정서적 투영의 매개체였다고 보았다.[47] 천커뱌오는 「한진漢晉 해양문학작품으로 본 한진인漢晉人의 해양의식 변화」에서 한진漢晉시대의 해양문학 작품에 대한 고찰을 통하여 한진漢晉 시기 사회 생활환경의 변화, 항해 기술의 진보 및 대외교류의 빈도 상승 등으로 인하여, 인류가 신화적이고 아름다운 상상에서 점차 벗어나 해양을 이해 하고 개발하게 되었다고 주장하였다.[48] 마오원쉬안은 「만청晚清 문인들의 바다소설 및 해양의식의 변천」에서 만청 문인들이 쓴 바다소설의 예술적 특징을 분석하고 만청 사회의 역사적 변천 및 해양관의 변화 궤적을 분석하였다.[49]

고대해양작품에 대한 연구 외에도 현·당대 해양문학 창작과 연구에 관한 논의도 이루어지고 있다. 장즈충은 「중국 현당대 해양문학 창작에 관한 몇 가지 생각」에서 해양문학 창작은 세계 해양문학의 영향을 무시할 수 없으며 동시에 중요한 문학 현상과 작가의 작품 및 특정 시대의 맥락에 특별한 주의를 기울여야 한다고 주장하였다.[50] 뤄웨이원은 「현

---

47 王慶雲, 「中國古代海洋文學歷史發展的軌跡」, 『靑島海洋大學學報』, 1999年 第4期.
48 陳克標, 「從漢晉海洋文學作品看漢晉人海洋意識的轉變」, 『華中學術』, 2016年 第4輯.
49 毛文軒, 「晚清文人涉海小說及其海洋意識的嬗變」, 海南大學 석사학위논문, 2022.
50 張志忠, 「關於中國現當代海洋文學創作的若幹思考」, 『南方文壇』, 2023年 第5期.

대적 관점에 따른 해양문학의 서사 패러다임 전환에 대한 논고」에서 해양문학 연구에서 인간 중심적 패러다임을 생태 패러다임으로 대체하기 위해서는 세 가지 방면 ─ 상호 주관성을 철학적 기반으로 삼고, 생태 미학을 새로운 이론적 형태로 삼아, 생태주의 세계관을 수립해야 한다 ─ 의 실현을 강조하였다.[51] 예란타오는 「중국 당대문학의 해양 이미지 변화」에서 당대 문학에서 해양 이미지의 변모는 혁명화, 인문화, 생태화 세 단계를 거쳤는데, 그 변천이 사람들의 해양 인식 수준의 향상을 반영한다고 주장하였다.[52]

지역의 해양문학 연구에 관하여 살펴보자. 고대 해양문학을 연구 대상으로 한 것으로는 톈뤄훙田若虹「영남 시사 속의 해양 문화 인상嶺南詩詞中的海洋文化印象」, 장펑姜鵬의 「청대 동해시가 연구清代東海詩歌研究」, 정쑹후이鄭松輝의 「차오산 해양문학 초탐潮汕海洋文學初探」, 시옌席妍의 「중국 고전문학에서 드러나는 타이완 바다 풍경 서사 및 그 심미특징 논고論中國古典文學中的臺海風景書寫及其審美特征」 등이 있다. 현대 해양문학을 연구 대상으로 한 것으로는 쑹젠宋堅의 「광시 북부만 문학의 지역적 특색과 생태 서사 논고 ─ 북부만 해양지역 문학시리즈 연구 논문 2論廣西北部灣文學的區域特色和生態書寫 ─北部灣海洋區域文學系列研究論文之二」, 자샤오루이賈小瑞의 「푸른 바다 물결 위의 기품 ─ 20세기 산둥 해양문학의 세속적 강인함에 대한 논의滄海浪尖上的風采 ─論20世紀山東海洋文學中的世俗硬漢」, 덩보鄧波의 「당대 광시 해양문학의 심미 특징 및 그 가치當代廣西海洋文學的審美特點及其價值」 등은 해양문학 창작 및 연구에서 드러나는 지역

---

51 羅偉文, 「論現代性視閱下海洋文學的書寫範式嬗變」, 『集美大學學報』(哲學社會科學版), 2019年 第2期.

52 葉瀾濤, 「中國當代文學的海洋意象嬗變」, 『當代文壇』, 2021年 第3期.

적 특색을 보여준다.

3) 해외의 해양문학 연구

해외의 해양문학에 대한 연구를 살펴보자. 츄야펀은「일본 해양문학 연구의 현황 및 전망」에서 일본 해양문학 연구의 현황을 개괄하면서 일본 학계가 세계 해양문학 연구 현황에 폭넓은 관심을 기울여야 하며 다양한 관점의 충돌과 융합 속에서 연구 영역을 더욱 확장해야 한다고 주장하였고, 또 식민지 확장의 배경 하의 "남진南進" 정책과 일본 해양문학 의식 구축 사이의 관계와 같은 민감한 주제도 회피하지 말아야 한다고 언급하였다.[53] 장원은 「미국 해양문학의 발전 과정」에서 미국 해양문학의 발전 과정을 정리하고, 미국 해양문학은 굴곡 많고 복잡한 발전 과정을 거쳤지만, 마침내 안정적인 전환을 완료하고 그 전통을 계승하고 확장했다고 평가하였다.[54] 가오옌리의 「영국 해양문학 속의 식민지 상상」은 영국의 해양문학 작품 속의 식민지 이미지가 제국의 건설과 더불어 성숙하고 다차원적으로 발전해 갔다고 주장하며, 많은 작가들이 무의식적으로 영국의 식민지 사업을 조장한 측면이 있다고 지적하였다.[55] 귀쉰즈와 쉬메이어의 「지리 환경과 영국 해양문학에 대한 소고」는 영국의 지리 환경의 각도에서 영국 해양문학의 발전 과정에 대해 탐구하며, 섬이라는 지리적 위치가 영국 문학에 미친 영향을 설명하였다.[56] 인쥐안殷娟의 「영미 해양문학 작품 속의 낭만적 정서와 현실주의 요소에 대한 소

---

53 邱雅芬,「日本海洋文學研究現狀及展望」,『外國文學動態研究』, 2018年 第5期.

54 張雯,「美國海洋文學的發展歷程」,『南通大學學報』(社會科學版), 2013年 第4期.

55 高麤麗,「英國海洋文學中的殖民地想象」,『懷化學院學報』, 2010年 第4期.

56 郭訊枝・徐美娥,「淺談地理環境與英國海洋文學」,『宜春學院學報』(社會科學), 2004年 第5期.

고「淺談英美海洋文學作品中的浪漫情懷和現實主義因素」, 허우제侯傑의 「미국 19세기 문학 지도가 미국 해양 공간 구축에 미친 영향美國19世紀的文學地圖對美國海洋空間建構的作用」, 왕진王金의 「유럽과 미국 해양문학 속 인간과 바다의 관계 변화에 대한 연구歐美海洋文學中的人海關系擅變研究」, 돤보段波의 「"신해양학"시각에서 본 유럽과 미국 해양문학의 연구 현황 및 추세"新海洋學"視域下歐美海洋文學的研究現狀及趨勢」, 샤오자쥔邵佳俊의 「영국 해양문학 작품 속 해양의식의 발전英國海洋文學作品中的海洋意識演進」 등은 유럽과 미국 해양문학의 발전 현황과 특성을 논의하여, 외국 해양문학 연구를 위한 참고자료를 제공하였다.

실제로, 외국 해양문학 작품에 대한 연구는 외국문학 연구 분야에서 중요한 부분이다. 연구의 양적으로는 보자면 주로 유럽과 미국의 작품이 많은데, 데포의 『로빈슨 크루소』, 울프의 『파도』, 『등대로』, 멜빌의 『모비딕』, 잭 런던의 『바다늑대』, 헤밍웨이의 『노인과 바다』, 콘래드의 『어둠의 심연』, 셰익스피어의 『폭풍우』, 쿠퍼의 『조타수』 등 고전 작품에 대한 분석이 주를 이룬다. 최근에는 해양문학 연구의 시각과 이론이 구체적인 작품 연구에 점차 적용되고 있다. 예를 들어, 두량杜梁의 「쥘 베른의 해양의식에 관한 논고」, 장룽張榮의 「『바다의 노동자』와 『노인과 바다』의 해양 이미지 비교 분석」, 리촨李川의 「『난파된 선원』에서의 해양문학 초기 탐색」, 야루雅茹의 「해양문학에서의 '해상 실크로드' 교유와 영향–『신밧드의 모험』을 중심으로」, 쑨샤오보孫曉博의 「푸시킨 작품에서의 '해양'이미지의 기원 연구–러시아 민속문학, 연대기, 서사시를 중심으로」 등이 있다. 그러나 이에 비해 한국과 일본 등 동아시아 국가의 해양문학 작품 연구는 많지 않아서 아직 구체화 되었다고 할 수 없다.

4. 해양 민속과 신앙 연구

1994년 마쉐량馬學良은 중국민속학회 제6차 학술연례회의의 축사에서 "해양 민속문화"라는 용어를 제안했다. 이후 해양 민속은 민속학의 학문으로서 점차 주목받으며 빠르게 발전했다. 2007년 천쥐룽陳鉅龍은 중국해양학회에서 발표한 「해양 민속문화」라는 글에서 해양 민속을 "연해지역과 도서 등 특정 지역 내에서 유행하는 민속문화로, 그 발생과 변이는 해양과 밀접한 관련이 있다"고 정의했으며, "해양 생산풍습, 어민 생활풍습, 해양 신앙 및 금기"를 포함해야 한다고 지적했다.[57] 이를 통해 해양 신앙이 해양 민속의 일부임을 알 수 있다. 왕신옌王新豔은 「중국 해양 민속 연구와 발전」에서 해양 민속의 발전 과정을 세 가지 주요 시점으로 요약했다. 첫 번째는 1998년 중국민속학회 및 관련 기관이 칭다오에서 해양 민속문화를 주제로 처음 개최한 학술 토론회, 두 번째는 2007년 이후 해양 민속의 내포와 외연에 대한 논의가 점차 심화된 시기, 세 번째는 2015년 이후 '해양 민속학'이라는 학문적 의식이 생겨난 시기이다.[58]

하지만 전체적으로 볼 때, 해양 민속에 관한 전문 저서는 많지 않다. 대중적 교양서적으로는 취진량과 지리전紀麗眞이 주편을 맡은 『해양 민속』이 있으며, 이 책은 연해지역 사람들의 의식주, 해상작업, 의례, 해신 신앙, 문예 오락 등의 관점에서 해양 민속의 구체적인 형태와 사회적 표

---

57 陳鉅龍,「海洋民俗文化」,『中國海洋學會2007年學術年會論文集』(下冊), 2007年12月.

58 王新豔,「中國海洋民俗研究與發展」,『中國海洋文化發展報告』(2016~2020), 北京 : 中國社會科學出版社, 2022年版.

현을 비교적 대중적으로 소개하고 있다.[59] 니눙수이의『중국 해양 무형 문화유산 16강』은 전통 민간문학, 희곡예술, 미술, 생산 기술, 생활풍습, 종교신앙 등 여러 방면을 소개하며, 해양 민속의 내용을 해양 무형 문화유산의 정의와 분류에 따라 초보적으로 정리하고 규정하였다.[60] 그 외에 진팅주金庭竹의『저우산군도 : 섬의 민속舟山群島 - 海島民俗』, 셰슈충謝秀瓊의『저장 어민속문화 연구浙江漁民俗文化研究』, 마오하이잉毛海瑩의『동해의 민속 : 저장 해양 민속문화에 대한 이야기東海問俗 - 話說浙江海洋民俗文化』, 산만山曼과 단원單雯이 편저한『산둥 해양 민속山東海洋民俗』등의 저서는 지역의 해양 민속을 체계적으로 개관하였다. 이에 비해 해양 신앙에 관한 전문서는 비교적 풍부하다. 왕룽궈王榮國의『해양 신령 : 중국 해신 신앙과 사회경제海洋神靈 - 中國海神信仰與社會經濟』, 취진량의『중국 전통 해양 종교와 민간신앙中國傳統海洋宗教與民間信仰』, 왕차오링王巧玲의『해양 문화의 신앙 연원 탐구海洋文化的信仰淵源探究』, 스핑時平과 천야쥔陳雅君이 편저한『중국 민간 해양 신앙과 해신제 문화 연구中國民間海洋信仰與祭海文化研究』, 민쩌핑閔澤平의『중국 해양 신앙 16講中國海洋信仰十六講』등은 해양 신앙의 발전사, 해신 형상 연구, 종교와 신앙의 관계, 신앙과 경제의 연계 등 여러 방면에서 비교적 심도 있는 연구를 진행하여, 최근 해양 문화 연구의 하나의 핫 이슈가 되었다고 할 수 있다.

논문 연구 측면에서, 해양 민속 연구는 강한 지역성을 띠고 있으며, 특히 하이난지역이 두드러진다. 예를 들어, 쩡팅曾婷의「하이난 해양 민속문화의 축적과 전승」은 하이난의 해양지역 문화, 생활풍습 문화, 축제 오락

---

59 曲金良・紀麗真 主編,『海洋民俗』, 青島 : 中國海洋大學出版社, 2012年版.
60 倪濃水,『中國海洋非物質文化遺產十六講』, 北京 : 海洋出版社, 2019年版.

문화, 건축 문화의 특징 등을 통해 하이난 해양 민속문화의 축적과 전승을 설명한다.[61] 주빙옌朱兵豔, 류스샹劉士祥, 리화웨이李華偉의 「하이난 해양 민속문화의 변천 : 과정 및 특징」은 하이난 해양 민속문화 발전 과정을 요약한 것을 기반으로 다양한 해양 민속문화의 현재 사회적 기능을 탐구하였다.[62] 류스샹과 주빙옌의 「하이난 민속문화의 해양적 특성 탐구」는 해양성이 하이난 민속문화의 전형적 특성임을 지적하였다.[63] 또한, 저장과 산둥의 해양 민속문화를 연구한 학자들도 있다. 예를 들면, 셰슈충의 「저장 해양 민속문화의 역사적 변천 및 그 특징」, 궁아이링宮愛玲의 「칭다오 구전 해양 민속문화의 가치 및 보호 전략 - 칭다오 해양 민간고사를 중심으로」 등이 있다. 그러나 장쑤, 허베이, 톈진, 랴오닝 등 다른 연해지역의 해양 민속 연구는 상대적으로 적은 편이다. 지역적 특성을 드러내면서도 학문 분야 발전의 불균형성을 보여주고 있다.

최근 들어, 해양 민속 활동에 대한 연구가 점차 주목을 받아, 해양 민속 스포츠 및 해양 민속 음악 등의 분야는 점진적으로 돌파구를 마련하고 있다. 장퉁콴張同寬의 「섬 민간 민속 스포츠 관광 자원의 개발과 대책 연구 - 저우산군도를 사례로海島民間民俗體育旅遊資源的開發與對策研究 - 以舟山群島為例」, 쉬펑잔許朋展 등의 「전업 융합 연구全域旅遊視角下河北海洋體育與旅遊產業融合研究」, 예샤오밍葉小明의 「장시 민속 스포츠 관광 자원의 장점과 개발 대책江西民俗體育旅遊資源的優勢與開發對策」, 안리나安麗娜의 「랴오닝 해양 스포츠 문화 조사遼寧海洋體育文化調

61 曾婷, 「海南海洋民俗文化的積澱與傳承」, 『湖北開放職業學院學報』, 2019年 第16期.
62 朱兵豔·劉士祥·李華偉, 「海南海洋民俗文化嬗變 : 歷程及特點」, 『湖北旅遊職業學院學報』, 2020年 第1期.
63 劉士祥·朱兵豔, 「海南民俗文化的海洋性特徵探討」, 『重慶科技學院學報』(社會科學版), 2016年 第3期.

虐」 등은 저장, 허베이, 랴오닝 등 여러 지역의 민속 스포츠 발전과 관광자원 개발 현황을 분석하고, 이에 대한 대응책을 제시했다. 또한, 장퉁 콴, 황융량黃永良, 황샤오둥黃曉東, 황링黃玲 등은 해양 스포츠 민속의 분류에 대해 논의하였으며, 이들의 연구는 점차 구체화되고 실용화되고 있다. 해양 민속 음악 중에서는 마조 해신제 음악과 어漁문화 음악이 가장 대표적이다. 예를 들어, 양치양楊奇陽의 「메이저우 마조제전 악무의 예술 특성과 문화적 함의 연구湄洲媽祖祭典樂舞藝術特征及文化內涵研究」, 탕리친唐麗欽의 「메이저우도 마조제전 악무의 무용 문화 연구湄洲島媽祖祭典樂舞的舞蹈文化研究」 등은 메이저우도 마조 조묘에서의 제전 노래, 음악, 춤에 대해 연구하였다. 쑨웨메이孫悅湄의 「샹산 해양 어문화 음악 형태 및 그 민속 표징象山海洋漁文化音樂形態及其民俗表征」에서는 샹산 해양 어문화 음악의 민속 표징이 주로 문화 기호의 '맥락' 관점, 해양 어획의 '생활' 관점, 민속 행사의 '문화 공연' 관점 등세 가지 측면에 반영된다고 보았다. 이 지역의 음악 활동은 다양성과 풍부함, 개방적인 자세로 인해 샹산 어민 문화의 지역적 특성과 스타일을형성했다.[64] 또한, 셰환謝歡과 레이위훙雷雨虹의 「산웨이 漁歌의 고찰 및 연구汕尾漁歌的考察與研究」, 류민劉敏의 「산웨이 어가의 전승, 혁신 및 발전에 대한간략한 논의淺談汕尾漁歌的傳承, 創新與發展」, 비수팅畢淑婷의 「광둥 산웨이 어가의진선미 탐구廣東汕尾漁歌眞善美探析」 등의 연구 역시 광둥 산웨이 어가의 해양문화적 특성을 나타내며, 음악과 해양 민속 간의 밀접한 관계를 반영하였다.

　해신 신앙 중에서는 특히 마조 신앙 연구가 가장 활발하다. 뤄춘룽羅春

64　孫悅湄, 「象山海洋漁文化音樂形態及其民俗表征」, 『藝術百家』, 2017年 第3期.

榮의『마조 문화 연구媽祖文化研究』, 쉬샤오왕徐曉望의『마조 신앙사 연구媽祖信仰史研究』, 마수톈馬書田과 마수사馬書俠의『전상 마조全像媽祖』, 런칭화任清華의 『마조 문화 입문媽祖文化導論』, 위먀오於淼의『마조 신속媽祖信俗』등의 저작은 마조의 생애와 그 이미지의 변천을 소개하면서도, 각기 다른 관점에서 마조 신앙의 함의, 전파, 사회적 기능에 대해 분석 연구하였다. 이들은 마조 신앙을 종교 문화와 비교하며, 마조 신앙의 전모를 그리려고 노력했다. 또한, 일부 논문은 마조 궁묘, 마조 도상, 마조 신상, 마조 비문 등 다양한 문화적 매체를 다루기도 하였다.

마조 연구에서는 몇 가지 새로운 중요한 접근이 등장하였다. 예를 들면, 예위의「민남 해신 신앙과 의식 공간 연구 – 마조 궁묘를 중심으로」는 해신 신앙 의식 공간에 대한 고찰을 통해 자연, 인간, 사물, 신이 구성하는 해신 신앙 세계를 전체적으로 보호해야만 민간 신앙의 문화적 가치를 진정으로 반영할 수 있다고 주장한다.[65] 쉬샤오후이의「변통과 견지 – 마조 신앙의 도상학 연구」는 마조 신앙 전파 과정에서 도상의 특징 변이와 그 원인을 분석하여, 마조 도상 아래 숨겨진 신앙과 민속적 함의를 설명했다.[66] 린쩌카이의「비문 문화를 통해 본 산웨이지역 마조 신앙 – 산웨이 마조 비문을 예로」는 산웨이지역 마조 비문의 내용과 특징을 조사하여, 마조 신앙 전파에서 그 기능적 가치에 대해 논의하였다.[67] 류팡위의「청대 마조 기록물을 통해 본 마조 사원의 건립 및 특징」은 청대 마조 기록물과 관련 문헌 사료를 통해 마조 사원의 분포, 건축

---

65 葉昱,「閩南海神信仰與儀式空間研究 – 以媽祖宮廟爲中心」,『福州大學學報』(哲學社會科學版), 2023年 第5期.

66 徐曉慧,「變通與堅守 – 媽祖信仰的圖像學研究」,『中國非物質文化遺產』, 2021年 第5期.

67 林澤凱,「以碑刻文化探析汕尾地區媽祖信仰 – 以汕尾媽祖碑刻爲例」,『中國故事』, 2023年 第10期.

설계와 특징, 그리고 건축 자금 측면에서 청대 조정의 마조 신앙 장려 조치와 중요도를 분석해냈다.[68] 류밍산의 「송명시대 민속 신앙 속 마조 이미지」는 형상 사학 관점에서 송명 시기 나무, 도자기, 구리 등으로 만든 마조 조각상을 해석하고, 마조 신격 상승의 궤적을 정리하였다.[69] 이 외에도, 마조 신앙과 유교 사상, 사회적 거버넌스, 문학작품, 군사 사상, 관광 상품의 관계 등에 대한 논의도 진행되고 있어, 해양 문화 연구에서 학문 간 교차 발전이 빠르게 이루어지고 있는 분야라고 할 수 있다.

5. 해역 문화 교류

동아시아 문화 교류는 동아시아 각국 간의 역사적 관계를 탐구하는 중요한 분야로, 국내에는 『중외문화교류사中外文化交流史』, 『중일문화교류사中日文化交流史』 등과 같은 저작이 많이 있지만, 대부분은 역사학적인 관점에서 다루고 있다. 반면, 동아시아해역 문화 교류는 동아시아 각국의 문화 교류에서 해양 요소를 강조하며, 특히 해양을 통한 교류를 부각한다. 대표적인 저작으로 꼽히는 궈완핑과 장제가 편찬한 『저우산 푸퉈와 동아시아해역 문화 교류』는 푸퉈 문화를 중심으로 경제, 정치, 종교, 민간 교류 등의 관점에서 중국·일본·한국 사이의 문화 교류를 정리하고 분석하였다.[70] 라이정웨이의 『동해해역 이민과 한漢문화의 전파-류큐

---

68 劉芳羽, 「從清代媽祖檔案看媽祖廟的興建及特點」, 『蘭台内外』, 2022年 第36期.
69 劉明杉, 「宋明之際民俗信仰中的媽祖形象」, 『殷都學刊』, 2021年 第4期.
70 郭萬平·張捷 編, 『舟山普陀與東亞海域文化交流』, 杭州 : 浙江大學出版社, 2011年版.

중국 해역인문학 연구의 현황 79

민인閩人 36성姓을 중심으로』는 36성姓의 민인閩人 및 쿠미무라久米村에 대한 고찰을 통해 중국과 류큐 간의 문화 교류 및 류큐의 중국문화 수용을 분석하였다.[71] 류샤오둥과 치산의 『마조 문화와 명말 조선 사신』은 천계 원년1621부터 숭정 9년1636까지 매년 중국에 파견된 조선 사절단이 마조 문화의 영향을 받은 사례에 대해 연구하여, 마조 문화와 명말 중국과 조선 간의 문화 교류를 탐구하였다.[72]

논문 분야에서 마조 문화의 해외 전파는 여전히 뜨거운 주제이다. 왕샤오레이의 「아시아해역에서의 마조 신앙의 전파와 유포 - '해양 아시아'론을 시각으로 한 고찰」은 '해양 아시아'론의 시각에서 마조 신앙의 성격, 전파 경로 및 사회적 기능을 분석하고, 마조 문화가 아시아해역 문화 교류에 미친 영향을 논하였다.[73] 쉬이화徐以驊와 가이한웨蓋含悅의 「마조 신앙의 해외 전파와 중·일 인문 교류 고찰」, 린밍타이林明太와 롄천시連晨曦의 「한국에서의 마조 문화 전파와 발전」은 마조 문화가 일본과 한국에서 전파된 경로 및 발전 현황을 정리하고 분석하는 동시에 교류를 강화하는 방안을 제안하였다. 이 외, 민인 삼십육성閩人三十六姓에 대한 연구로는 두싸이난의 「동해해역 이민의 해외 한漢문화 재구성과 파급 영향에 대한 연구」는 해역 이민의 시각에서 종족宗族, 정치, 경제, 사회 등의 측면에서 "민인 삼십육성"과 그 후손이 류큐에서 한문화를 재구성하고 전파한 과정에서 미친 영향을 정리하였다.[74] 장친란과 라이정웨이의

---

71 賴正維, 『東海海域移民與漢文化的傳播 以琉球閩人三十六姓爲中心』, 北京 : 社會科學文獻出版社, 2016版.
72 劉曉·祁山, 『媽祖文化與明末朝鮮使臣』, 青島 : 中國海洋大學出版社, 2019年版.
73 王小蕾, 「媽祖信仰在亞洲海域的傳播與流布 - 以"海洋亞洲"論爲視域的考察」, 『南海學刊』, 2016年 第2期.
74 杜賽楠, 「東海海域移民對漢文化在海外的重構與影響硏究」, 『河南圖書館學刊』, 2023第9期.

「명청 시기 민인과 류큐 교류 고찰」은 민인 삼십육성과 류큐 사회, 민인과 류큐 책봉, 민인과 류큐의 중국 방문 사절단, 민인과 류큐 학생, 민인과 류큐 표류민 구조 등 여러 측면에서 민인이 중국과 류큐 교류에서 중요한 위치를 차지했음을 검토하였다.[75] 한편, 견당사遣唐使 연구에서 딩위치는 「일본 견당사단이 당대唐代 문명 전파에 미친 역할」에서 일본 견당사와 학문승學問僧이 당나라에 가서 학문을 탐구하고 불법을 구한 일이 두 나라의 문화 교류를 크게 풍부하게 했는데, 이것은 중국 문명이 외부로 전파된 전형적인 사례라고 주장하였다.[76] 스멍차오의 「중국 서적의 일본 동방 전파 경로 분석 – 일본 견당사의 당 궁정 서적 수집 활동을 중심으로」에서는 견당사가 당 궁정의 서적을 수집했던 활동을 조사하여, 당나라 예법, 역사서, 율령 등이 일본 문화에 미친 영향을 분석하였다.[77] 이 밖에도 견명사遣明使에 대한 연구도 소량 있는데, 주로 외국 사신들의 교류 행적, 중국관 등의 방면에 초점을 맞추고 있다.

최근 해외 학자들의 해역 문화 교류에 관한 논문도 주목할 만하다. 일본 간사이대학의 마쓰우라 아키라 교수는 '해양'의 시각에서 중일 무역, 항로 등의 문제를 고찰하는 데 매진해왔다. 그의 『명청시대 동아시아해역의 문화 교류』, 『해상 실크로드와 아시아해역 교류 – 15세기 말~20세기 초』 등 여러 저서는 모두 국내에 번역본이 나왔으며, 중국, 일본, 조선, 류큐 등 동아시아 각국의 방대한 사료를 바탕으로 동아시아해역

75 張沁蘭·賴正維, 「明淸時期閩人與琉球交往考論」, 『福州大學學報』(哲學社會科學版), 2018年 第3期.

76 丁雨琪, 「論日本遣唐使團在唐代文明傳播中的作用」, 『唐都學刊』, 2022年 第6期.

77 石孟橋, 「漢籍東傳日本之路探析 – 以日本遣唐使對唐朝宮廷典籍的搜集活動爲中心」, 『日語學習與硏究』, 2023年 第3期.

에서 중국 범선을 매개로 한 문화 교류 상황을 고찰하여 동아시아해역 문화 교류의 번영과 다양성을 보여주었다.[78] 일본의 유명한 사학자 하마시타 다케시 교수는 '아시아 경제권' 이론을 제시하였다. 그는 '해역 모듈' 연구는 연안 문제, 바다 건너 문제, 바다와 바다 사이의 세 가지 측면을 포함해야 한다고 주장하였고, 유교의식과 해양의식의 관계는 해역 문화 교류에서 주목할 만한 가치가 있다고 보았다. 또한 일본의 저명한 학자 하타다 마사시는 해양 지역사와 세계사의 관계를 여러 차례 강조했는데, 그의 신작 『해양에서 본 역사 : 동아시아해역 교류 300년』에서는 동아시아해역 간의 인적 교류, 항구와 해양 무역, 기술, 신앙, 문화의 전파 등을 개괄적으로 정리했다. 이를 통해 해양이라는 새로운 관점으로 동아시아 역사의 다른 면을 조망하였다.[79]

전체적으로 보자면, 동아시아해역의 문화 교류 연구는 대부분 해양사 연구나 중국과 외국의 문화 교류사 연구에서 특정 분야로 다루어지고 있지만, 동아시아 연구에서 해양인문학의 중요성이 높아짐에 따라 점점 더 많은 학자들이 관심을 기울이기 시작했음을 분명히 느낄 수 있다.

78 (日) 松浦章, 『明清時代東亞海域的文化交流』, 南京 : 江蘇人民出版社, 2020年版, 松浦章著 · 孔穎 編譯 : 『海上絲綢之路與亞洲海域交流15世紀末~20世紀初』, 鄭州 : 大象出版社, 2018年版.

79 (日) 羽田正 編, 張雅婷 譯, 『從海洋看歷史 東亞海域交流300年』, 北京 : 民主與建設出版社, 2023年版.

참고문헌

淩純生, 「中國古代海洋文化與亞洲地中海」, 『海外』第3卷10期, 1954年, 第7~10頁.

楊國楨, 「論海洋人文社會科學的概念磨合」, 『廈門大學學報』(哲社版), 2000年 第1期.

楊國楨, 「論海洋人文社會科學的興起與學科建設」, 『中國經濟史研究』, 2007年 第3期.

張傑, 「整體把握中國海洋文化研究−訪中國海洋大學海洋文化研究所所長曲金良」, 2019年1月18
　　日版.

藍達居·呂淑梅, 「中國海洋人文的發現與研究評介」, 『廈門大學學報』(哲社版), 1998年 第1期.

李國强, 「關於中國海洋文化的理論思考」, 『思想戰線』, 2016 年 第6 期.

張紓舒, 「中國海洋文化研究歷程回顧與展望」, 『中國海洋大學學報(社會科學版), 2016年 第4期.

張麗·任靈蘭, 「近五年來中國的海洋史研究」, 『世界歷史』, 2011年 第1期.

李紅岩, 「"海洋史學"淺議」, 『海洋史研究』, 2012年 第三輯.

萬明, 「海洋史研究的五大特點」, 『國家航海』, 第七輯.

李尹, 「20世紀80年代以來中國海洋史研究的回顧與思考」, 中國社會經濟史研究, 2019年 第3期.

張小敏, 「中國海洋史研究的發展及趨勢」, 『史學月刊』, 2021年 第6期.

楊斌, 『徐福東渡之謎』, 長春 : 吉林文史出版社, 1989年.

羅其湘, 『徐福考論』, 慈溪市徐福研究會, 2000年.

朱亞非, 『徐福志』, 濟南 : 山東人民出版社, 2009年.

陳喆燁·周泉根, 「鑒真和尚與海南佛教文化」, 『西安社會科學』, 2009年 第1期.

楊曾文, 「唐鑒真大和尚東渡和日本律宗」, 『揚州大學』(人文社科版), 2011年 第2期.

謝術福, 「唐風東渡−鑒真和尚與日本寺院建築−以唐招提寺爲中心」, 『法音』, 2022年 第1期.

趙魯傑·丁濤·喻江, 「秦漢王朝經略海洋考論」, 軍事歷史, 2018年 第4期.

丁濤, 「隋朝經略海洋的歷史啓示」, 『農村·農業·農民』, 2019年 第7期.

李魏巍, 「元朝南海海洋經略新探」, 『牡丹江大學學報』, 2013年 第9期.

李欣, 「清代中國海疆經略對構建周邊海上安全秩序的啓示」, 『國際安全研究』, 2021年 第6期.

聶德寧, 「明代隆, 萬年間的海寇商人」, 『廈門大學學報』(哲學社會科學版), 1992年 第2期.

古鴻廷, 「論明清的海寇」, 『海交史研究』, 2002年 第1期.

陳波, 「海運船戶與元末海寇的生成」, 『史林』, 2010年 第2期.

馬光, 「開海貿易, 自然災害與氣候變遷−元代中國沿海的倭寇及其原因新探」, 『清華大學學報』(哲學
　　社會科學版), 2018年 第5期.

馬光, 「面子與裏子−明洪武時期中日"倭寇外交"考論」, 『文史哲』, 2019年 第5期.

李玉昆, 泉州歷史文化中心 編, 『泉州海外交通史略』, 廈門 : 廈門大學出版社, 1995年版.

杜瑜, 『海上絲路史話』, 北京 : 中國大百科全書出版餘軍『宋代"海上陶瓷之路"探研』, 2000年版.

潘茹紅, 『海洋圖書變遷與海上絲綢之路』, 廈門 : 廈門大學出版社, 2017年版.

章深·劉正剛 等, 『海上絲綢之路斷代史研究』(五卷本), 北京 : 世界圖書出版公司, 2020年版.

石雲濤, 「魏晉南北朝時期海上絲路的利用」, 『國家航海』, 2014年 第1期.

李效傑, 「唐初的遼東之役與東亞的海上交通」, 『暨南史學』, 2018年 第3期.

餘軍, 「宋代"海上陶瓷之路"探研」, 『宋史研究論叢』, 2020年 第1期.

王進鋒, 「海上交通與"乘桴浮於海"新證」, 『中原文化研究』, 2021年 第9期.

朱亞非, 「論古代海上絲綢之路興衰變化」, 『山東師範大學學報』, 2019年 第6期.

魏建鋼, 「唐代－"海上絲綢之路"興起的原因分析－以越窯"秘色瓷"出口爲例」, 『世界地理研究』, 2019年 第5期.

韓春鮮·光曉霞, 「唐代揚州海上絲綢之路的商貿與文化交流」, 『唐都學刊』, 2019年 第2期.

夏繼果, 「海洋史研究的全球史轉向」, 『全球史評論』, 2015年 第2期.

張小敏, 「中國海洋史研究的發展及趨勢」, 『史學月刊』, 2021年 第6期.

(韓) 姜鳳龍, 「海洋史與世界史認知體系」, 『海交史研究』, 2010年 第2期.

孫美娟, 「中國海洋文學研究正當時」, 『中國社會科學報』, 2022年3月25日 第002版.

賈小瑞, 「被遮蔽的中國現代海洋文學初探」, 『魯東大學學報』(哲學社會科學版), 2018年 第5期.

孫美娟, 「中國海洋文學研究正當時」, 『中國社會科學報』, 2022年3月25日 第002版.

孫美娟, 「中國海洋文學研究正當時」, 『中國社會科學報』, 2022年3月25日 第002版.

王淩·黃平生, 「中國古代海洋文學初探」, 『福建論壇』(文史哲), 1992年 第3期.

王慶雲, 「中國古代海洋文學歷史發展的軌跡」, 『青島海洋大學學報』, 1999年 第4期.

陳克標, 「從漢晉海洋文學作品看漢晉人海洋意識的轉變」, 『華中學術』, 2016年 第4輯.

毛文軒, 「晚清文人涉海小說及其海洋意識的嬗變」, 海南大學, 2022年碩論.

張志忠, 「關於中國現當代海洋文學創作的若幹思考」, 『南方文壇』, 2023年 第5期.

羅偉文, 「論現代性視閾下海洋文學的書寫範式嬗變」, 『集美大學學報』(哲學社會科學版), 2019年 第2期.

葉瀾濤, 「中國當代文學的海洋意象嬗變」, 『當代文壇』, 2021年 第3期.

邱雅芬, 「日本海洋文學研究現狀及展望」, 『外國文學動態研究』, 2018年 第5期.

張雯, 「美國海洋文學的發展歷程」, 『南通大學學報』(社會科學版), 2013年 第4期.

高艷麗, 「英國海洋文學中的殖民地想象」, 『懷化學院學報』, 2010年 第4期.

郭訊枝·徐美娥, 「淺談地理環境與英國海洋文學」, 『宜春學院學報』(社會科學), 2004年 第5期.

陳鉅龍, 「海洋民俗文化」, 『中國海洋學會2007年學術年會論文集』(下冊), 2007年12月.

王新豔, 「中國海洋民俗研究與發展」, 『中國海洋文化發展報告』(2016~2020), 北京:中國社會科學出版社, 2022年版.

曲金良·紀麗真 主編, 『海洋民俗』, 青島:中國海洋大學出版社, 2012年版.

倪濃水, 『中國海洋非物質文化遺産十六講』, 北京:海洋出版社, 2019年版.

曾婷, 『海南海洋民俗文化的積澱與傳承』, 『湖北開放職業學院學報』, 2019年 第16期.

朱兵豔·劉士祥·李華偉, 「海南海洋民俗文化嬗變－歷程及特點」, 『湖北旅遊職業學院學報』, 2020年 第1期.

劉士祥·朱兵豔, 「海南民俗文化的海洋性特征探討」, 『重慶科技學院學報』(社會科學版), 2016年 第3期.

孫悅湄, 「象山海漁文化音樂形態及其民俗表征」, 『藝術百家』, 2017年 第3期.

葉昱, 「閩南海神信仰與儀式空間研究－以媽祖宮廟爲中心」, 『福州大學學報』(哲學社會科學版), 2023年 第5期.

徐曉慧, 「變通與堅守－媽祖信仰的圖像學研究」, 『中國非物質文化遺産』, 2021年 第5期.

林澤凱, 「以碑刻文化探析汕尾地區媽祖信仰－以汕尾媽祖碑刻爲例」, 『中國故事』, 2023年 第10期.

劉芳羽, 「從清代媽祖檔案看媽祖廟的興建及特點」, 『蘭台内外』, 2022年 第36期.

劉明杉, 「宋明之際民俗信仰中的媽祖形象」, 『殷都學刊』, 2021年 第4期.

郭萬平·張捷 編, 『舟山普陀與東亞海域文化交流』, 杭州 : 浙江大學出版社, 2011年版.

賴正維, 『東海海域移民與漢文化的傳播 以琉球閩人三十六姓爲中心』, 北京 : 社會科學文獻出版社,, 2016版.

劉曉·祁山, 『媽祖文化與明末朝鮮使臣』, 青島 : 中國海洋大學出版社, 2019年版.

王小蕾, 「媽祖信仰在亞洲海域的傳播與流布－以"海洋亞洲"論爲視域的考察」, 『南海學刊』, 2016年 第2期.

杜賽楠, 「東海海域移民對漢文化在海外的重構與影響研究」, 『河南圖書館學刊』, 2023第9期.

張沁蘭·賴正維, 「明清時期閩人與琉球交往考論」, 『福州大學學報』(哲學社會科學版), 2018年 第3期.

丁雨琪, 「論日本遣唐使團在唐代文明傳播中的作用」, 『唐都學刊』, 2022年 第6期.

石孟橋, 「漢籍東傳日本之路探析－以日本遣唐使對唐朝宮廷典籍的搜集活動爲中心」, 『日語學習與研究』, 2023年 第3期.

(日) 松浦章, 『明清時代東亞海域的文化交流』, 南京 : 江蘇人民出版社, 2020年版. 松浦章著·孔穎 編譯, 『海上絲綢之路與亞洲海域交流15世紀末~20世紀初』, 鄭州 : 大象出版社, 2018年版.

(日) 羽田正 編·張雅婷 譯, 『從海洋看歷史 東亞海域交流300年』, 北京 : 民主與建設出版社, 2023年版.

중국 해양인문학의 학술계보와 패러다임 전환

샤먼대학 해양사 관련 논저를 중심으로

장칸

1. 들어가며

중국은 대륙국가이자 해양국가이다. 그러나 중국의 정치·문화 중심이 중원지역에 집중되어 있어, 문명사는 주로 황허黃河와 창장長江 유역을 중심으로 기록되고, 육지 요소를 중심으로 논의되었다. 이러한 역사적 인식의 영향으로 해양 문명은 효과적으로 설명되지 못했다. 20세기 말부터 샤먼廈門대학의 양궈전楊國楨 교수는 해양사 연구에 전념하기 시작하여, 중국의 해양과 육지를 연결하기 시작했다. 중국 해양지역과 해외 국가지역 간의 경제, 사회, 문화 상호 작용을 탐구함으로써, 역사학과 다른 해양 분야의 연구를 새로이 개척하였다. 이후 중국에는 해양사 연구 전문 기관이 차례로 설립되었으며, 해양사 및 해양인문사회과학에 관한 연구가 시작되었다. 많은 대학이 해양 문화 연구소를 설립했다. 예를 들어, 1997년에 중국 해양대학은 해양 문화 연구소를 설립하였으며, 2009년에는 광둥廣東 사회과학원은 광둥 해양사 연구 센터를 설립하였다. 해양사는 점차 중국의 주류 역사학의 담론 체계에 편입되었다. 한편으로는 중국 역사의 진전이라는 장기적인 관점에서 해양 경제, 해양 사회, 해양 문화, 해양 통치 등을 다시 정의하여 중국 해양사의 전문 연구 분야를 확장했다. 또 다른 한편으로는 세계 해양사 연구 모델을 참고하여 중국 해양을 중심으로 한 역사 서술 및 담론화 체계를 구축하여 시간 구조와 공간 구조를 재설정하고 왕조 국가 시각에서의 육지 중심 편향을 바로잡았다. 동시에 개혁 개방과 세계화라는 국내외 추세에 따라, 현재 중국 정부가 추진하는 해양 개발을 위한 역사적 사유의 근거를 제공하고 있다. 현재 해양사 연구는 중국 학계의 '뜨거운 이슈'가 되었다. 한 연구자는 다음과 같이 요약하고 있다.

① 학제 간 융합이 해양사 분야에 새로운 활력을 불어넣었다. 일부 연구는 다른 학문 분야의 이론, 방법 및 내용을 충분히 활용하였다. 해양사를 세계사와 결합하는 학술 사례들이 등장하여 해양사 연구의 깊이와 폭을 확장하였다.

② 현실적인 관심이 해양사 연구에 새로운 공간을 개척했다. 해양사 연구는 중외 관계사에 과도하게 집중되었던 과거의 모델을 벗어나, 국제 지정학적 관점에서 해양 경제, 해양 주권, 해양 개발, 해역 관리 등 다양한 분야를 심층적으로 탐구하였다.

③ 역사 자료의 발굴로 해양사 연구에 새로운 자료를 제공했다. 학자들은 중외 공식 문서, 민간 자료, 뉴스 보도 등의 역사 자료를 충분히 발굴하고 활용하였으며, 이 중 해양 생물 이동 루트, 해양 문화 변천, 해양 사회 집단의 번성과 몰락, 해양과 인간관계 등과 관련된 자료는 연구를 더욱

심화시키고 새로운 방향을 개척하는 데 기여했다.

양궈전 교수는 서양 역사학 연구 흐름을 참고하여, 해양사 연구는 연안 국가와 섬나라들이 해양 권리를 구축하고 자국의 해양 역사 자원을 다시 발굴하고 자국의 해양사를 재구성하는 것과 직접적으로 연계되어야 한다고 주장한다. 그는 유럽을 중심으로 하는 모델에서 벗어나, 해양 역사, 해상 사건, 해양 이주사, 해양 경제사, 해양 문화사, 해양 역사 인문 지리, 해양 고고학, 해양 기술사 등의 주제 분야가 형성되고 있으며, 해양사의 다양성이 국제적인 연구 흐름으로 나타나고 있다고 말한다. 이를 통해 해양사 연구의 흐름에서 '해양인문학'이라는 개념을 제안하고, 종합적 학술 체계를 구축해야 한다고 주장한다. '해양인문학'과 유사한 개념으로는 '해양문화학'이 있다. 해양문화학은 역사적 과정에서 해양 문화의 물질적 발굴과 증명뿐만 아니라, 해양 문화가 사상적인 관념에서 어떻게 축적되고 전승되었는지에 관한 연구를 진행한다. 그리고 중국 해양 문화와 서양 해양 문화가 접촉하는 과정에서 어떻게 변화했는지, 특히 해양 문화의 새로운 관념이 사회 발전을 촉진하는 데 어떤 역할을 하는지에 대해 탐구한다.

'해역인문학'은 종종 '해양인문학'과 '해양문화학'이 함께 얽혀 있는 개념이다. '해역'은 일본 학자와 한국 학자가 더 많이 사용하는 개념으로, '지역 사회'의 분석 단위를 모방한 것이다. 예를 들어, 비나카 다쓰시는 중국 동부, 일본, 한국의 동해를 하나의 해역으로 간주하고, 남중국해지역과 동남아시아를 하나의 해역으로 간주한다. 해양은 단순히 격리된 지역이 아니라 여러 지역을 연결하는 중심지역이며, 지역 간 교류의 매개체이다. 아시아지역 모델은 네트워크 모델, 해역 모델 및 지역 모델로 구성된다. 해역인문학과 해양인문학은 겹쳐지고 교차하며, 때로는 지역사 및 미시사 관점에서도 중복된다. 차이점을 찾는다면 두 가지 측면에서 요약할 수 있다. 첫째, 공간 단위로 볼 때, 해양인문학은 전 세계의 해양을 포괄하며, 각 해역, 도서, 해안지대 등을 포함하여 인간 활동, 문화, 역사 및 사회 현상에 주목한다. 해양과 인간의 상호작용뿐만 아니라, 해양 탐험, 개발, 이용 및 보호에도 관심을 가진다. 반면 해역인문학은 특정 해역 또는 해당 해역의 인간 활동과 문화 현상을 탐구한다. 두 번째로, 문화적 의미로 보면, 해양인문학은 주로 전체 해양을 인식하는 것에 중점을 두며, 해양이 인간 문명에 미치는 영향과 기여를 강조한다. 이에 비해 해역인문학은 특정 해역 내 고유한 문화적 특성과 전통에 중점을 두며, 해당 해역 내 인간의 생활 방식, 가치관 및 사회 구조를 반영한다.

해양인문학, 해양문화학, 해역인문학은 모두 해양사 연구의 심화와 확장을 위한 출발점으로 볼 수 있다. 중국의 해양사 연구는 샤먼廈門대학의 해양사 연구의 성장과 밀접한 관련이 있다. 샤먼대학이 중국의 해양사 연구의 중심지가 되었는데, 이는 해양지역이란 이점과 '해양 중심주의'의 학문적 전통과 직접적으로 관련이 있다. 해양의 역사는 육지의 역사와 비교하여 세 가지 측면을 포함한다. 첫째, 연안 문제이다. 예를 들어 세관, 이주, 무역, 항구, 연안 도시 간의 관계, 연안 도시와 항구 간의 관계, 연안지역의 종교적 신앙, 민간과 정부 간의 교류 및 갈등 문제 등이 있다. 둘째, 해상을 통한 이주 문제이다. 예를 들어 해상 이주 상인 집단, 해상 이주 집단이 정착한 도시 간의 관계, 해상 이주민과의 경제 및 무역, 해상 이주민의 통화 흐름, 해상이민과 노동, 동해를 넘어선 역사적 역할 문제 등이 있다. 셋째, 바다와 바다 사이의 문제이다. 예를 들어 동해와 남해 사이의 문제, 광저우廣州와 동해 사이의 교류, 광저우와 싱가포르 사이의 관계 등이 있다. 이에 따라 본 논문은 샤먼대학 해양사의 내재 발전 과정을 탐구하고 중국의 해양인문학의 학술 계보를 설명하여, 다양한 시기에 나타나는 학술 내용과 연구 패러다임을 설명하고자 한다.

2. 중서 교통사의 발전과 해양사의 초보적 탐색

1921년에 설립된 샤먼대학은 '천풍해도天風海濤'라는 시 구절이 떠올리게 하는 샤먼섬에 자리 잡고 있다. 어부들의 고기잡이배, 어촌 시설, 그리고 바다 신을 모신 사당 등이 조화를 이루고 있어 독특한 해양 문화를 느낄 수 있게 한다. 1922년 첫 번째 재학생이었던 천쓰쑨陳泗孫은 「방과 후 해변 관광기課餘觀海記」를 썼다. "수업이 끝나면 친구들과 함께 해변을 산책하였다. 조수가 밀려 나가면 잔디처럼 부드러운 고운 모래밭이 펼쳐졌으며, 그 사이에 오색으로 반짝이는 작은 돌들이 우리의 눈을 즐겁게 하였다. 해안가 절벽에는 향기로운 풀들이 우거져 있고 기암괴석이 솟아 있었다. 바닷가에는 '용궁'이라 불렸던 서까래가 세 개밖에 안 되는 작은 사당이 있었다. 잡초가 어지러이 자라고, 지붕의 띠는 들쭉날쭉 정돈되어 있지 않았다. 벽과 기둥은 비바람에 쓰러져가고 있었고, 이마저 벌레와 쥐가 갉아 먹고 있어 금방이라도 무너질 것 같았다. 안에는 용왕 조각상 하나가 모셔져 있었는데, 남루한 옷에 얼굴에 때가 잔뜩 껴 있었고 수염도 듬성듬성 빠져 있었다. 신령도 사람이 정성을 들여야만 빛이 나는 법인가 보다! 용궁을 빠져나오면 바로 앞에 한 척이나 되는 큰 바위 하나가 솟아 있는데 마치 사람이 엎드리고 있는 것 같았다. 우리는 칡넝쿨을 잡아가며 산꼭대기에 올랐는데, 시야가 넓어지고 마음이 상쾌해졌다. 천마봉을 바라보니 우뚝 솟아 있고, 울창하며, 기상이 만천하에 뻗어 있었다. 먼 곳에서는 루쟝鷺江과 구랑동텐鼓浪洞天이 보이며, 녹색의 숲 사이로 높은 건물들이 언뜻언뜻 보였다."

샤먼대학의 학술 발전사에서 1926년 국학원의 설립은 중요한 전환점이 되었다. 당시 북경 국학원에 있던 교수가 대거 초빙되어 새로운 학술적 분위기를 창출했다. 천완리陳萬里가 기록한 것처럼, 그들은 매일 해변에서 조개를 줍는 일을 했다. "오후 5시 이후, 언제나 해변으로 가서 조개를 줍는다. 이 활동은 나와 전위振玉가 시작했고, 며칠 후 다른 선생님들도 경쟁에 참여했다. 해변을 거닐며 지팡이로 조개를 뒤졌는데, 마음에 들지 않으면 큰 걸음으로 앞으로 나아가 다른 수확을 기대했다. 나는 뒤를 따라가면서 발견한 것들을 주워 담는 역할을 했다. 전위는 항상 꼼꼼하게 찾았으며, 좋은 물건을 놓치지 않으려 했다. 종종 한 지점을 반복해서 뒤지곤 했으며, 해가 저물 때까지 가득 채워야만 돌아갔다. 저녁 식사를 서둘러 마친 후에, 조개를 씻고, 진흙을 털어내었는데 약 한 시간 정도 걸렸다. 그런 다음 접시에 차례로 나열하여 서로 자기 것이 좋다고 자랑하였다. 이렇게 습관이 되었다"라고 기록했다. 그들은 민남閩南 남부지역의 해양 문화와 밀접하게 접촉하였다. 예를 들어 구제강顧頡剛, 린여우林幽, 쑨푸위안孫伏園, 룽자오주容肇祖 등과 함께 풍속조사회를 조직하여 민남 남부 해양 문화의 핵심을 깊이 있게 연구했다. 1926년 구제강과 천완리 등이 취안저우泉州로 시찰 갔다가 돌아와 「취안저우의 토지신泉州的土地神」을 집필해 『厦大国学研究院周刊』 1, 2호에 연재하였고, 그 후 「천후天后」라는 글을 썼다. 천완리는 『민남유기閩南遊記』를 출판했는데, '취안저우 1차 여행기', '장저우漳州 여행기', '취안저우 제2차 여행기', '취안저우 3차 여행기', '샤먼 여행 잡기' 등 다섯 부분으로 구성되어 있다. 여기에는 취안저우의 해양 사회 활동과 관련된 다양한 유적 또는 유물 사진이 포함되어 있다. 1927년, 국학원에서는 지역 전설과 관련된 사료를 모집한다는 공고를 내었는데, 그중에는 해양인문학과 관련된 것들이 많이 있었다. 예를 들어 해신海神, 정성공鄭成功, 정회鄭和(三寶公), 왜구와 관련된 이야기와 유적 등 모든 기록이 포함되어 있었다.

국학원의 연구 계획에서 중외 교통사는 해양사와 관계가 가장 밀접하다. 해상 실크로드는 초기 세계화의 주요 통로였다. 19세기 독일 지리학자 리히호펜이 '해상 실크로드'를 제안한 이후로 중서 교통사는 학계의 주목을 받게 되었다. 1920년대와 1930년대에 천위안陳垣, 장싱랑張星烺, 팡하오方豪, 펑청쥔馮承鈞 등은 이 분야를 점차 독립적인 학문으로 탈바꿈시켰다. 장싱랑은 샤먼대학교 국학과 교수로 부임하기 전에 영국 학자 위어玉爾가 번역한 『마르코 폴로 여행기』를 번역하여 많은 양의 서양 교통 사료를 수집하기 시작했다. 1926년 5월 『中西交通征信錄』 이후 『中西交通史料彙編』으로 개칭을 편집했다. 주로 전대 문헌을 참조했으며, 현장 실지 조사 자료는 없었다. 이에 "과거 서양 교통 역사를 연구한 결과 취안저우가 중세 동서 문명이 교류한 장소였고 국내외 상품 수출 및 수입의 중심이라는 것을 알게 되었다. 지금 직접 조사할 기회를 얻게 되어 참으로

기쁘다"라고 말했다. 1926년 10월 말부터 11월 초까지, 시박사 제독을 지냈던 아라비아인 포수경蒲壽庚의 후손을 조사하기 위해 취안저우를 방문했으며, 정화가 취안저우를 경유하여 서양으로 가는 길에 남겼던 유적, 이슬람어로 새겨진 석각, 주괴궁奏魁宮 내 십자가 모양의 비석 등을 발견했다. 11월에는 국학원에서 개최된 첫 번째 학술 강연에서 장싱랑은 '중세의 취안저우'를 주제로 강연하였다. 강연의 내용은 취안저우의 설립, 경제발전 및 외국과의 통상 역사, 취안저우의 결혼, 교육, 종교, 사회세력 및 이들의 동화 등이 포함되어 있었다. 이 강연의 발표문은 「취안저우 고적 탐방기泉州訪古記」로 정리되었다. 장싱랑 교수는 샤먼대학에서 가르칠 때 '남양사지南洋史地'와 '화교사' 등의 과목을 개설했으며, 관련 자료를 수집하여 관련 주제에 대한 연구를 수행했다. 그는 「근 삼백 년 필리핀 화교 상황近三百年菲律賓華僑狀況」, 「삼백 년 전의 필리핀과 중국三百年前的菲律賓與中國」, 「삼백 년 전의 필리핀군도三百年前的菲律賓群島」 등의 논문을 발표했으며, 「스페인인의 필리핀 상업문화와 종교와의 관계西班牙人在菲律賓商業文化及其宗教上的關係」『南洋研究』 1권 1-4호까지 연재, 「당나라 시기 아프리카 흑인 노예 중국고唐時非洲黑奴人中國考」『輔仁學志』 1권 1호 등의 글을 발표해 『南洋史地』 강의록상하 2권을 작성했다.

국학원의 연구 활동을 통해 알 수 있듯이, 당시 샤먼대학이 선도적으로 해양사 연구를 시작했으며, 그 내용은 중서 교통사를 중심으로 전개되었다. 첫째로 해외 교통 유적의 현지 조사와 유물 보존을 진행하고, 둘째로는 남양화교와 남해사南海史의 유적을 역사적으로 고찰했다. 그 후 이러한 내용은 샤먼대학의 역사학과 학생들이 연구를 수행하는 데 중요한 주제가 되었다. 예를 들어, 푸이링傅衣凌은 학생 시절에 실지 조사를 회상하며 다음과 같이 말했다.

우리는 취안저우 탐방조를 조직하였고 린후이샹林惠祥 선생님이 팀을 이끌었다. 샤먼에서 배를 타고 안하이安海까지 가서 스징향石井鄕과 정성공의 유적을 방문한 다음, 차를 타고 취안저우로 가서 카이위안사開元寺, 청진사淸眞寺 및 정화 행향비鄭和行香碑를 참관했다.

'중서교통사'의 내용을 살펴보면, 이는 넓은 의미의 학문적 개념이며, 해외 교통사, 중외 무역사, 중외 관계사, 중외 문화 교류사 등의 분야를 포함한다. 해외 교통사가 계속 확장되면서, 샤먼대학과 푸젠지역의 학자들은 아랍어 석각, 송원시대의 시박市舶 제도, 정화의 대항해, 명나라 후기의 민간 무역, 해적과 왜구, 조공 체제와 해금 정책 등에 대한 연구를 수행했으며, 이러한 것들은 해양사 연구의 주요 주제가 되었다. 아랍 석각 연구는 우원량吳文良이 가장 큰 역할을 했다. 1944년에 『취안저우 고대 석각집泉州古代石刻集』을 편집했고, 1957년에는 『취안저우 종교 석각泉州宗教石刻』을 편집하여 이슬람교, 기독교, 마니교, 힌두교 및 불교 관련 비석을 수록했다. 이밖에 '푸젠 문화 연구회福建文化研究會'가 발간한 『푸젠 문화福建文化』는 해양사 관련 논문을 게재하고 번역했다. 장싱랑이 취안저우에서 영산성묘靈山聖墓와 정화 행향비를 발견한 후, 정화의 대항해 활동은 푸젠 해양사 연구의 핫이슈가 되었다. 1937년, 푸젠 문화연구회는 '정화 특별호'로 원고를 모집했다. 진원밍金云銘은 『정화 7차 대항해 연대 고증鄭和七次下西洋年月考證』을 저술하여 관련 분야의 고전이 되었다. 사스우薩士武는 이전에 정화의 7차 서양 항해 고증을 썼지만, 이번에는 「정화가 푸젠 문화에 끼친 영향鄭和對于福建文化的影響」을 주제로 논문을 제출했다.

항일전쟁이 전면적으로 발발하기 전, 푸이링은 일본 유학 후 귀국하여 푸젠성 시에허대학교協和大學에서 강의를 맡으며 푸젠 문화연구회에 가입했다. 그의 해양사 연구 논문은『푸젠문화』에 발표되었다. 예를 들어 일본 학자 다나카 아라키田中荒己의『청 초기 민월 연안고 – 천계遷界를 중심으로 한 연구清初的閩粤沿海考–以遷界爲中心的一個研究』를 번역하여 발표하였는데, 주제는 정씨 집단에 관한 것이었다. 푸이링은 사회경제사에서 출발하여 해양 활동 상인에 관심을 두었고, 이를 통해 그는 명청시대 자본주의의 싹이 텄다는 자신의 견해를 뒷받침하려 했다.「송원 시기 강회해상 고宋元之際江淮海商考」,「중국 해외 무역 경영지와 출생지에 대한 간단한 고찰 中國海外貿易經營地出生地小議」1948,「명대 푸젠 해상明代福建海商」1946,「청대 전기 푸젠 양행清代前期福建洋行」,「푸젠 류큐 통상 사적 조사기福州琉球通商史蹟調査記」 등의 논문들은 이론 전제 아래에서 작성되었으며, 이후 푸젠 사회과학 연구소가 편찬한『푸젠 대외 무역사 연구福建對外貿易史研究』사스우와 공동 저술에 수록되었다.『푸젠문화』에 게재된 해양사 관련 논문으로는「명말청초 푸젠의 해양 방어明末清初福建的海防」鼓山樵,「명대 푸젠 연해지역 간상奸商 고찰明代福建沿海奸商考」사스우,「명대 푸젠 왜란倭亂 초고明代福建倭患初考」張一純,「하이난다오의 역사 고증海南島之史的考證」張一純 등이 있다. 푸이링 등의 영향을 받아 당시 푸젠 시에허대학 학생이었던 한전화韓振華는「당대남해무역지唐代南海貿易志」,「오대 남해무역지五代南海貿易志」,「이븐 쿠타이바Ibn Qutaybah의 기록에 따른 당대 제3 무역항 Djiafou伊本柯达贝所记唐代第三貿易港之Djiafou」 등의 논문을 쓰게 되었다. 그 중에서「당대남해무역지」는 한전화가 발표한 첫 학술 논문이다. 1946년, 한전화는 천중미엔岑中勉 교수의 지도하에 석사 과정을 듣기 위해 중산대학에 왔으며, 남해 제도의 역사와 지리에 집중하여 「부상국 신고증扶桑國新考證」, 「8세기 인도 페르시아 항해고第八世紀印度波斯航海考」, 「베트남반도 고사 발굴越南半島古史구鉤沉」 등의 글을 써, 그는 남양 연구 전문가로서의 기초를 다졌다.

3. 냉전대치와 해양사 연구의 시대적 특징

제2차 세계 대전 종료 이후, 미국과 소련을 중심으로 한 두 진영이 형성되었고, 각각 자신의 이익을 찾고 보호하기 위해 노력했다. 이러한 과정에서 해양은 냉전의 주요 무대가 되었다. 1949년 신중국이 성립된 후, 장제스蔣介石 정권은 대만으로 후퇴했다. 1950년 6월 한국전쟁이 발발하자 미국 제7 함대가 대만해협을 봉쇄하여 중국의 남북 해상 통로를 차단하였고, 해협은 두 해안을 구분하는 경계가 되었다. 이로 인해 해양 개방 활동은 역사적으로 최저 수준으로 떨어졌으며, 해양 문화와 해양 인식도 점차 퇴색됐다. 이러한 상황 속에서 해양사는 역사학의 주류에서 완전히 벗어나 철저히 소외되었다. 샤먼대학은 특별한 지리적 위치와 화교 문화 전통을 갖고 있었기 때문에, 해양사 연구는 계속되고 있었다. 한편으로는 샤먼대학교 학생들이 취안저우의 해양 유적을 조사하고 다양한 민간 문헌을 계속해서 수집하였다. 예를 들어 천성밍陳盛明, 좡웨이지庄爲璣, 한전화 등은 1954년에 푸젠 대사大寺를 방문하여 김씨 일가로부터 족보를 대여받아 행장行狀, 묘지 기록 등을 복사하여 토론하였으며, 힌두교 등의 종교와 관련된 해상 교통사 유적을 연구했다. 1959년에는 취안저우에 푸젠 해외 교통사 유적 박물관이 설립되었으며, 샤먼대학의 교수와 학생들의 교육과 연구 활동은 이와 밀접한 관련을 맺었다.

1956년, 중앙 정부는 '동남아 화교를 대상으로, 바다를 대상으로'라는 샤먼대학교의 발전 방향을 확정하고 '남양 연구소'를 설립했다. 한전화는 역사학부에서 남양 연구소로 이직하여 남해의 역사와 지리를 중심으로 한 연구를 계속하면서 해양사 연구에서 중요한 성과를 거두었다. 1977년 5~7월, 한전화, 린진즈林金枝, 우펑빈吳風斌, 황둔잉黃循英 등은 원창文昌과 츙하이瓊海의 어부로부터 『경로부更路簿』 4부를 획득하였다. 그리고 수더류苏德柳가 필사한 것을 정리한 『경로동更路潼』, 쉬훙푸許洪福가 필사한 『경로부更路簿』, 위위칭郁玉清이 소장하고 있는 『정라경침위定羅經針位』, 천용친陳永芹이 복사한 『서남경사부西南沙更簿』 등의 문헌을 입수하였다. 그리고 경험이 많은 어민 수십 명을 방문하여 구술자료로 정리하여 발표했다. 하이난海南 어민들의 구술자료가 처음으로 공개되었고, 하이난 어민들이 시사군도西沙群島와 난사군도南沙群島에서 주권을 행사하는 과정이 밝혀졌다. 남해 제도는 결코 '주인 없는 곳'이 아니며, 결코 쪼갤 수 없는 신성한 중국 영토의 일부인 것이다.

냉전 대립이 고조되는 가운데, 샤먼대학 해양사 연구의 또 다른 학문적 성장 포인트는 정성공 연구에 있었다. 1920년대에는 정성공과 정씨 집단은 국학원의 연구 계획에 포함되었으며, 후속 학자들도 지속적으로 연구를 이어왔다. 정성공의 타이완 수복은 명·청사 연구뿐만 아니라 대만사와 푸젠 타이완 관계사 연구의 중요한 주제였다. 특히 양측 간 군사적 긴장이 심했을 때, 정성공의 연구는 현실적인 상황과 밀접히 관련되어 있었다. 1961년, 샤먼대학에서 정성공의 타이완 수복 연구를 시작했다. 1962년은 정성공이 타이완을 회복한 지 300주년으로, 기념의 의미가 컸다. 샤먼대학 총장인 왕야난王亞南은 직접 편지를 써서 뤼전위呂振羽, 류다니엔劉大年, 젠보짠翦伯贊, 덩퉈鄧拓, 리주黎澍 등의 역사 학자들을 초청했다. 이 회의에서 푸이링은 정성공과 시랑施琅 등을 명나라와 청나라 해상 상인 집단에 포함시켜 해양의 공통점을 논의했다.

정성공 연구 과정에서 시랑에 대한 평가도 논쟁이 된다. …… 이런 표면적인 현상을 보면, 정성공과 시랑은 항상 상반되는 것처럼 보인다. 그러나 역사의 발전은 인간의 의지에 따르지 않고, 그 반대로 각자의 역할을 수행하도록 하여, 그들이 역사적 법칙을 따르고, 시대적 흐름에 순응하게 만든다. 정성공과 시랑은 모두 명나라 중후기에서 청나라 초기에 계급 갈등과 민족 갈등이 격심했던 동남 연안지역에서 태어났으며, 모두 취안저우 출신이다. 정확히는 한 명은 남안南安에서 태어나고, 나머지 한 명은 진강晉江에서 태어났다. 이 시기 서양의 신생 자본주의 세력이 동쪽으로 확장되고 있었다. 타이완과 푸젠은 지리적인 관계로 인해 그들의 목표가 되었다. 서양 식민주의자들의 도래는 필연적으로 명나라 중기 이후의 푸젠 해상 상인들의 이익을 방해하였고, 그들은 자신들의 이익을 보호하기 위해 반발해야 했다. …… 시랑과 정성공의 경력 대부분은 대동란, 격변기, 대개조의 시대에서 이루어진 것이었다. 동시에, 정성공과 시랑은 모두 연해지역 인민, 특히 해상 상인 집단과 밀접한 관련이 있었으며, 당시 외국 세력의 침입에 민감했고, 그들은 국가 영토의 완전성을 보호하려는 의지를 품고 있었다. 그들 둘의 상황과 시작점은 다르지만, 하나의 공통점은 있다. 그들은 모두 단언했다. 타이완은 중국의 영토이다. …… 타이완에 대한 두 사람의 인식을 볼 때, 우리는 시랑이 정성공의 배신자가 아니라는 것을 말할 수 있다. …… 그래서 이 한 점에서, 정성공과 시랑의 주장은 일치한다. …… 정성공의 타이완 회복과 시랑의 타이완 회복은 모두 중화민족주의의 위대한 대의를 감추고 있으며, 일가의 사적인 원한이 아니다.

푸이링은 중국 해양 사회 민간의 입장에서 객관적으로 분석했으며, 명청시대 국제 해양 사회의 변화를 고려하여, 상업 집단이 가진 자본주의의 싹을 진보적인 것으로 해석했다. 이러한 견해는 그가 『문회보文滙報』에 발표한 「한 편의 사료로 본 17세기 중국 해상 무역 상인의 성격從一篇史料看十七世紀中國海上貿易商性質」에서도 계속되었다. 정성공 연구를 통해, 샤먼대학 역사학과는 타이완 연구의 중요한 기지로 발전했다. 1976년에는 타이완 역사 연구 그룹이 설립되었고, 1978년에는 타이완사 연구실로 확장되었다. 타이완 역사는 중국 해양사의 일부이며, 타이완사 연구실의 다양한 주제들이 당시 중국 해양사의 확장을 이끌었다.

1973년 8월에, 샤먼대학 역사학과 교수들인 좡웨이지, 쑤추이창苏垂昌, 신투청辛土成은 여름 방학을 이용하여 해외 교통사에 대한 전시 제안을 작성하기 위해 취안저우로 갔다. 8월 말, 귀교를 앞두고, 그들은 취안저우만 허우주后渚항으로 이동하여 고대 작은 돌탑에 대한 기록을 조사하고 싶어했다. 그래서 10여 명이 취안저우만 허우주항으로 가서 해외 교통사 유적을 조사했고, 해양 점토층 아래에 잠긴 나무배를 발견했다. 노출된 선체를 부분적으로 관찰한 후, 그것을 고대 해상용 선박으로 판단하였다. 이후 전 세계의 주목을 받는 허우주항 침몰선을 발굴했다. 샤먼대학 역사학과는 이를 바탕으로 「취안저우 항구의 지리적 변천과 송·원시대 해외 교통泉州港的地理變遷與宋元時期海外交通」을 발표하였으며, 이는 해외 교통 사 연구를 크게 발전시켜, 중국 해양사 연구의 이정표가 되었다.

4. 개방적 상호작용과 해양사 연구의 시각 전환

1982년, 제3차 유엔 해양법 회의에서 유엔 해양법 협약이 채택되었다. 이는 전 세계 해양 지형이 중대한 변화를 맞이하게 되었음을 의미하며, 인류 사회가 '새로운 해양시대'로 진입하게 된 것을 상징한다. 이는 '해양 중심'의 역사 연구가 등장하는 것을 의미한다. 학계에서 해양에 대한 새로운 이해와 중요성에 대한 재인식이 촉발되었으며, 해양 역사 연구에 새로운 추세가 등장하게 되었다. 1983년, 타이완의 '중앙연구원' 중산 인문 연구소옛 삼민주의 연구소로서 1990년 중산 인문 사회과학 연구소로 개칭되었다. 2002년 '차이위안페이(蔡元培) 인문 사회과학 연구 센터'로 전환되었으며, 2004년 '인문 사회과학 연구 센터'로 명명되었다가 중국 해양 발전사 연구 계획을 추진하기 시작했으며, 중국 해양사 연구의 시작을 알렸다. 1984년부터 2년마다 열리는 학술회의를 거쳐『중국 해양사 발전 논문집中國海洋史發展論文集』으로 묶었다. 이 '논문집'은 총 10집 11권으로 발간됐으며 134편의 논문이 발표됐다. 이 논문집은 중국어권 해양사 연구의 최고 성과를 어느 정도 대표하고 있다. 특히 명·청 해양사 연구가 다수를 차지하고 있다. 예를 들어 차오용허曹永和의 「명 태조의 해양교통정책 시론試論明太祖的海洋交通政策」, 장빈춘张彬村의 「16세기 저우산군도의 밀무역十六世紀舟山群島的走私貿易」, 「16~18세기 중국해 무역관의 변화十六~十八世紀中國海貿思想的演進」, 황푸싼黃富三의 「청말 타이완 외국상사의 경영문제 - 메리스 양행을 예로清季臺灣外商的經營問題-以美利士洋行爲例」, 장쩡신張增信의 「16세기 전기 포르투갈인의 중국 해안 무역거점十六世紀前期葡萄牙人在中國沿海的貿易據點」, 「명말 동남 해적과 해안지역의 분위기(1567~1644)明季東南海寇與巢外風氣(1567~1644)」, 주더란朱德蘭의 「청초 천계령 시기 중국 선박 무역 연구清初遷界令時中國船海上貿易之研究」, 「청의 개해령開海令 이후의 중일 나가사키 무역상과 국내 연안 무역(1684~1722)清開海令後的中日長崎貿易商與國內沿岸貿易 (1684~1722)」, 「일본 점거 시기 나가사키 타이베이 무역 - 나가사키 화상 '태익호泰盎號'와 세 타이완 상인을 예로 들어日據時期長崎臺北貿易-以長崎華商'泰盎號'與三家臺商爲例」, 장중쉰张中训의 「청 가경 연간 민절閩浙 해적 조직 연구清 嘉慶年間閩浙海盜組織研究」, 랴오펑더廖風德의 「해적과 해난 - 청나라 민대閩臺 교통문제 초탐海盜与海難-淸代閩臺交通問題初探」, 천궈둥陈国栋의 「청나라 중엽 샤먼의 해상 무역(1727~1833)淸代中葉廈門的海上貿易(1727~1833)」, 치우셴위邱玄煜의 「중국 해양 발전사에서 '동남아' 용어의 기원 연구中國海洋發展史上'東南亞'名詞溯源的研究」 등은 모두 학술적 영감을 크게 제공하였다.

샤먼대학은 지리적 인접성으로 인해 양안 학술 교류에서 선도적 역할을 해 왔다. 타이완의 해양사 연구와 샤먼대학의 해양사 연구는 서로 영향을 주고받았으며, 『중국 해양 발전사 논문집中國海洋發展史論文集』에는 샤먼대학의 린런취안林仁川 교수의 「청나라 후난 상업 항구의 개방과 이웃지역에 미치는 긍정적 영향淸代福建通商口岸的開放及其對鄰近地區的正面影響」과 리진밍李金明 교수의 「명나라 중기 장주 월항漳州月港의 성장과 푸젠의 해외 이주明朝中葉漳州月港的興起與福建的海外移民」 등이 수록되어 있다. 1978년의 개혁 이후, 샤먼대학의 해양사 연구는 점차 국제 학술 연구와 같은 궤를 달리기 시작하였다. 이때, 푸이링 선생은 일본과 미국에서의 강의 기회를 활용하여 계속해서 대량의 해상 상업 자료를 조사하고 편집했다. 푸이링의 푸젠과 광둥 해상의 성격에 대한 이해를 이어받은 린런취안은 사경제私經濟와 시민사회의 관점에서 해외무역을 분석하여 『명말 청초 개인적 차원의 해상 무역明末淸初私人海上貿易』상하이 화동사범대학 출판부, 1987을 저술하여 학계의 주목을 받았다. 리진밍은 한전화의 박사생이었으며, 그의 학위 논문은 「명대 관방의 해외 무역 통제明代官方對海外貿易的控制」였다. 그 후 『명대 해외 무역사明代海外貿易史』로 출판되었으며, 이 책에는 조공무역, 정화 대항해, 명대 시박사市舶司, 가정嘉靖 연간의 왜란 발생, 명대 광동십삼행廣東十三行 등의 문제가 다루어졌다. 한전화는 또한 이 책에 대한 소개를 직접 썼다. 학술적 관점에서 보면, 위 두 권의 저작은 샤먼대학의 사회 경제사의 학술 전통을 유지하며, 해외 무역을 중심으로 중국 봉건 사회의 연속성 문제에 초점을 맞추고 있다. 1980년대 후반부터 1990년대 초반까지, 푸이링, 한전화 등 교수들의 지도 아래, 샤먼대학은 사회경제사와 중외 관계사 두 분과 학문을 기반으로 해양사 연구의 전문 인재를 양성하였다.

〈표 3-1〉 샤먼대학 해양사 연구 주요 논문

연도	학위	성명	학위논문 제목
1988	박사	랴오다커 廖大珂	송대 관방 해외 무역 제도 연구 宋朝官方海外貿易制度研究
1989	박사	천시위 陳希育	청대 중국의 원양 범선업 淸代中國的遠洋帆船業
1992	박사	위창선 喩常森	원대 해외 무역 元代海外貿易
1985	석사	첸장 錢江	1570~1760 중국과 루손의 무역 1570~1760中國和呂宋的貿易

연도	학위	성명	학위논문 제목
1985	석사	랴오다커 廖大珂	송대의 해외 무역 상인 宋代的海外貿易商
1985	석사	네더닝 聶德寧	명대 해금 시기의 해외 밀수 상인 明代海禁時期的海外貿易私商
1986	석사	셰비전 謝必震	융만 이전 류큐를 중개한 명대 해외 무역 隆萬以前以琉球爲中介的明代海外貿易
1987	석사	리진밍 李金明	명대 관방의 해외 무역 통제 明代官方對海外貿易的控制
1988	석사	위윈핑 俞云平	18세기에서 19세기 전기까지의 중국과 시암(태국) 간 해상 무역 十八世紀到十九世紀前期中暹海上貿易

주목할 만한 점은『중국 해양사 발전 논문집中國海洋史發展論文集』이든 샤먼 대학의 학위 논문이든 주제의 중심이 여전히 해외 무역 분야에 중점을 두고 있다는 것이다. 샤먼대학 역사 연구소가 주관한『중국 사회경제사 연구中國社會經濟史研究』를 살펴보면, 1982년부터 1989년까지 발표된 논문 들 중 해양사 연구 비중은 상대적으로 적고 주제도 비교적 단순하다. 이 러한 현상은 해양사 연구가 역사학적 전환의 특징을 가지고 있지만, 여 전히 전통적인 역사학으로부터의 연속성과 계승성이 강조되고 있다는 것을 보여준다. 이는 학문적 축적의 시간 비용과 학문적 전환의 지연 특 성을 반영한다. 그러나 이러한 논문 저자들은 중국 학술 전환의 큰 배경 속에서 빠르게 해양사 연구의 패러다임 혁신에 진입했다.

5. '학제 간 융합"과 해양사의 패러다임 혁신

전통적으로 해양사 연구는 대체로 세 가지 주제를 중심으로 전개되었다. 해상 탐험, 해전, 그리고 해상 경제 활동조선, 해외 무역, 상업 어업. 제2차 세계대전 종료 이후, 서양 역사학은 중심이 이동하며, 경제사, 사회사, 문화사가 점차 정치사를 대체하여 역사 연구의 주류가 되었다. 그 결과로, 사회경제적 배경을 갖춘 학자들은 해양사 연구의 학문적 건설을 적극적으로 추진하였다. 프랑스 연감학파年鑑學派, the annals school historiography의 제2대 대표인 브로델은『지중해와 필리프 2세의 지중해 세계地中海與菲利普二世的地中海世界』를 출판하여 해양지역을 연구 대상으로 삼은 고전작으로 인정받았다. 동시에 파리대학의 미셸 모라스는 1950년대부터 '국제 해양사 심포지엄'을 개최하여 유럽과 미국의 학자들을 모아 토론에 참여시켰다. 1960년대, 국제 역사학 회의에서 국제 해양사 위원회가 설립되었다. 현재 형성된 국제 해양사 연구의 기본 패러다임은 몇 가지로 요약할 수 있다. 첫째, 주류 역사학의 문제의식과 단절보다는 대화를 지속하는 것이다. 둘째, 해양을 중심으로 역사를 기술하지만, 이는 해양과 육지의 대립이 아니라 해양을 통해 육지를 관찰하는 것을 강조한다. 셋째, 국제 연구와 세계사 연구에서 해양 공간의 중요성을 강조한다. 넷째, 비공식 문서가 더 많은 주목을 받고 있으며, 역사 자료의 출처는 서면 자료에 국한되지 않는다.

1996년부터 유엔 해양법 협약이 중국에서 발효되었는데, 이는 중국의 현대 해양국가 지위의 확립을 상징한다. 이 협약에 따르면 중국에는 약 3백만 제곱킬로미터에 해당하는 해양지역이 중국 관할 해역으로 지정되어 있으며, 이는 일반적으로 '해양 영토'로 알려져 있다. 중국은 영해, 인접구역, 대륙붕, 배타적 경제수역 내에서 해양 주권이나 다양한 수준의 권리를 행사하고 있으며, 이는 중국의 중요한 국가 이익이다.

현실과 역사학의 새로운 패러다임의 변화가 상호작용하였는데, 샤먼 대학의 양궈전 교수는 1990년대 후반부터 '해양의 상실'에서 벗어나야 한다고 주장했다. 따라서 농업 문명의 관점에서 벗어나 해양 활동을 관찰하고 '학제 간 융합' 방법을 통해 해안선, 육지, 섬, 해역을 연구하고 중국 해양 역사의 기억을 재발견해야 한다고 강조하였다. 양궈전은 해양사 연구의 '학제 간 융합'의 의미를 다음과 같이 설명했다.

역사 연구에서는 해양 관련 학문의 연구 개념을 차용하여 역사학과 관련된 학문 개념을 조화시키고 상호 관련성을 형성하여 활용할 수 있다. 예를 들어, 역사학에서의 연안지역 연구는 육지를 중심으로 진행되며, 바다는 부차적인 것으로 여겨진다. 이제 우리는 해양학의 개념을 차용하여 지역사 연구에서 해양지역을 특별히 구분하고, 해역을 중심으로 하여 해양 내의 육지섬와 해안선해안선을 가진 현과 도시상의 지역을 포함한 해상지역을 설정할 수 있다. 또한, 해양경제학의 개념을 활용하여 바다와 관련이 있는 경제를 농업, 산업, 상업, 교통 등의 부문 경제에서 분리하여 해양 경제 시스템을 재구축할 수 있으며, 사회학의 개념을 차용하여 바다에 주목하는 사회 집단, 사회 조직을 통합하여 해양 사회 시스템을 구축할 수 있다. 그리고 종교학, 문화학의 개념을 활용하여 해양 문화 시스템을 재구축할 수 있다. 이러한 접근은 해양 지역사 연구의 요구에 부합하는 것으로 보인다. 해양 경제사, 해양 사회사, 해양 사상 문화사 등의 연구에도 다른 학문 분야에서 비슷한 개념이 있다. 우리는 구체적인 연구 대상과 주제에 따라 다양한 '학제 간 융합' 방법이 있음을 잘 알고 있다. 이러한 방법은 장기적인 학술 실천을 통해 반복적으로 보완되어야 하며, 해양 전체 역사에 부합하는 개념 내용을 탐색하여 최종적으로 역사학계에서 인정받고 역사학의 학술적 표준으로 수용되어야 한다.

해양사 연구 패러다임 변화를 실현하기 위해 양궈전 교수는 해양사학 박사 연구 방향을 정해 해양사 연구를 전문적으로 수행하는 박사 과정 학생을 모집했다. 이러한 박사 학위 논문은 1998년부터 차례로 출판되었으며, 주로 다음과 같은 주제를 다루고 있다. 『해상 사람들 – 해양어업 경제와 어촌 사회海上人家 – 海洋漁業經濟與漁村社會』, 『해양 무역 지대로 향하며 – 근대 세계 시장 상호 작용 중의 중국 동남 상인 행동走向海洋貿易帶 – 近代世界市場互動中的中國東南商人行爲』, 『동양 항로 이민자 – 명청 해양 이민, 대만과 필리핀의 비교 연구東洋航路移民 – 明淸海洋移民臺灣與菲律宾的比較研究』, 『황제의 남쪽 창고 – 청 전기 광저우 제도 하의 중서 무역天子南庫 – 淸前期廣州制度下的中西貿易』, 『소란스러운 바다 시장 – 푸젠 동남 항구 도시 흥망과 해양 인문喧鬧的海市 – 閩東南港市興衰 與海洋人文』, 『해양 미스터리 – 중국 해양관의 전통과 변화海洋迷思 – 中國海洋觀的傳統與變遷』, 『육지와 섬의 네트워크 – 대만 해항의 발전陸島網絡 – 臺灣海港的興起』, 『동해의 자연환경 – 동남 중국의 해양 환경과 경제 개발東溟水土 – 東南中國的海洋環境與經濟開發』, 『환중국해 침몰선 – 고대 범선, 선박기술과 화물環中國海沉船 – 古代帆船, 船技與船貨』, 『해양 신령 – 중국해 신앙과 사회 경제海洋神靈 – 中國海神信仰與社會經濟』, 『바다를 건너 다시 고향을 세우다 – 싱가포르 중국 사회 문화 연구越洋再建家園 – 新加坡華人社會文化研究』 등의 저작이 있다. 이 연구들은 '학제 간 융합'이라는 개념을 실현하여 해양을 중심으로 다양한 역사 현상을 분석했다. 해류 현상, 해양 경제 활동, 연안지역 사회, 왕조의 해양 관리 제도, 해양 사상 문화, 해양 환경, 해양 고고학 등을 포함하고 있으며, 이는 해양사 연구의 전반적인 틀을 형성했다.

21세기 이후에는, 샤먼대학의 '역사와 문화유산 연구원옛 역사학부', '남양연구원옛 남양연구소', '타이완 연구원옛 타이완 연구소' 등 학술 기관들이 해양사 연구 분야에서 더 많은 노력을 기울이고 있다. 해양사 연구는 번창하고 있으며, 박사 학위 논문의 주제로도 그 흔적을 찾을 수 있다.

〈표 3-2〉 샤먼대학 산하 학술기관의 주요 해양사 연구 논문

시기	성명	학위논문 제목
2023	장쯔위 張智鈺	바다를 향해 태어나다－명대시대 구룽강 하류의 해안지역 사회 向海而生－明淸時期九龍江下游的濱海地域社會
2023	차이창밍 蔡滄銘	명청 이래 마카오 화교 사원과 사회 네트워크 明淸以來澳門華人廟宇與社會網絡
2022	후슈양 胡舒揚	시장과 사람들－명나라 말에서 청나라 중기까지의 푸젠과 광둥－장시지역 도자기 육상과 해상 여정 市場與人群－明末至淸中期閩粤贛瓷器的陸海旅程
2020	예위룬 葉育倫	17~19세기 타이완 해안지역의 사회경제적 변천 17~19世紀台灣濱海地區的社會經濟變遷
2019	타오런이 陶仁義	해세동천과 명청회안부 민생생계에 관한 연구 海勢東遷與明淸淮安府民眾生計研究
2019	천천리 陳辰立	명청 대동해 어업 사회와 해양 권력의 경쟁 明淸大東海漁業社會與海洋權力的博弈
2018	주친빈 朱勤濱	청대 전기 범선 출항 관리에 관한 연구 淸代前期帆船出海管理研究
2018	왕샤오둥 王小東	만명 샤먼만 해상 상인과 해적 비교 연구 晚明廈門灣海商與海盜的比研究
2018	리광차오 李廣超	정지룽 해양 활동 연구(1621~1635) 鄭芝龍海洋活動研究(1621~1635)
2016	리우루루 劉路璐	명말 시기 해향 상황－하교원(何喬遠)의 해양 근심(1558~1632) 明季海象－何喬遠的海洋憂思(1558~1632)
2015	왕원퉈 王文拓	마한의 해양 권력론과 근대 중국 馬漢海權論與近代中國
2015	판루훙	중국 전통 해양 도서의 역사 변천

시기	성명	학위논문 제목
	潘茹紅	中國傳統海洋圖書的歷史變遷
2015	왕리민 王麗敏	근대 베트남 화상 연구(1860~1940년대) 近代越南華商研究(1860~1940年代)
2014	왕펑쥐 王鵬擧	중국 해양 문명의 이론적 탐구 中國海洋文明的理論探討
2014	왕창 王昌	정성공과 동아시아 해권 경쟁 鄭成功與東亞海權競逐
2014	왕충양 王重陽	서양 해양 문명이 중일 양국의 문화발전에 미친 충격과 영향 －문화의식의 관점 西方海洋文明對中日兩國文化發展的衝擊與影響－文化意識的觀點
2014	투단 塗丹	향산약해－향약무역과 명청중국사회 香山藥海－香藥貿易與明清中國社會
2013	류쥔타오 劉俊濤	중국-베트남 무역관계 연구(1600~1840년) 中越貿易關係研究(1600~1840年)
2012	천쓰 陳思	타이완의 해양 문화와 대륙 台灣傳統海洋文化與大陸
2011	장야쥐엔 張雅娟	청나라 가경 연간 해적 문제 연구 清代嘉慶年間海盜問題研究
2011	펑리쥔 馮立軍	중국과 동남아시아의 한의약 교류와 그 영향(진한~청말) 中國與東南亞的中醫藥交流及其影響(秦漢~清末)
2010	리빙 李冰	청대 해양 재난과 사회적 대응 清代海洋災害與社會應對
2010	저우즈밍 周志明	16~18세기 중국 역사 해도 연구 16~18世紀中國歷史海圖研究
2010	스웨이 史偉	청대의 교외 상인과 해양 문화 清代郊商與海洋文化
2009	장구어쉐 蔣國學	베트남 남하 응우옌씨 정권 해외무역 연구(1600~1774) 越南南河阮氏政權海外貿易研究(1600~1774)
2009	자오원홍 趙文紅	17세기 전반 유럽 식민지 개척자와 동남아시아의 해상 무역 17世紀上半葉歐洲殖民者與東南亞的海上貿易
2008	저우징타오 周驚濤	해양사의 관점에서 본 명청 민-타이완지역의 교육발전과 사회변천 海洋史視野下明清閩台區域的教育發展與社會變遷

시기	성명	학위논문 제목
2008	황쑤팡 黃素芳	무역과 이민－청대 중국인의 시암 이민 역사에 관한 연구 貿易與移民－淸代中國人移民暹羅歷史研究
2008	위샹동 於向東	고대 베트남의 해양의식 古代越南的海洋意識
2008	루민 蘆敏	송나라와 고려의 해상 무역 연구 宋麗海上貿易研究
2007	옌차이친 閆彩琴	17세기 중기에서 19세기 초 베트남 화상 연구(1640~1802) 17世紀中期至19世紀初越南華商研究(1640~1802)
2007	위펑 余豐	19세기 중엽 이전 샤먼만의 역사 변천 十九世紀中葉以前廈門灣的歷史變遷
2007	허펑 何鋒	중국의 바다－명나라 해상 군사력 건설 고찰 中國的海洋－明朝海上力量建設考察
2006	쑨셩 孫晟	청나라 초기 천계와 사회변천－푸젠 싱화 지구를 중심으로 한 연구 兩朝之間：淸初遷界與社會變遷－以福建興化地區為中心的研究
2006	리더샤 李德霞	17세기 전반 동아시아해역에서의 상업 경쟁 17世紀上半葉東亞海域的商業競爭
2006	탄셔우웨이 覃壽偉	청대 전기 동남부 총독과 해안 사회 통치 淸代前期東南督撫與海疆社會治理
2005	양창 楊強	발해 황해지역 해양 경제의 역사 연구 渤黃海區域海洋經濟的歷史研究
2005	추이라이팅 崔來廷	명나라 수보(首輔) 엽향고(葉向高)와 해양 사회 明代首輔葉向高與海洋社會

2013년 중국 정부가 제안한 '일대일로'와 샤먼대학의 해양사 연구의 지속적인 활약은 밀접한 관련이 있다. '일대일로'는 육지 역사관과 해양 역사관을 융합시켜 새로운 영역을 개척하고 있다. 2018년에는 왕르건王 日根이 총편집한 『해상 실크로드 연구 시리즈海上絲綢之路研究叢書』전12권가 출판 되었고 해양 정책, 해상 무역, 해운, 해양 사회 인구, 해양 사회 조직 형태, 해양 지도, 항구 등 다양한 측면을 다루었다. 구체적인 주제는 다음과 같 다. 중국과 남양 간의 고대 무역의 오랜 역사와 그 변천, 명·청 공식 해양

정책의 조정 및 그로 인한 사회적 효과, 류큐・후이안 등 해외 중국인 공동체와 해양 문명의 상호 작용, 범선과 수로・해역과의 관계, 명・청시대 해상에서 활약한 '해적' 역할의 다면성, 무역항으로서 월항月港이 합법화된 이후 연안 각계각층의 변화 등을 다룬다. 천즈핑陳支平은『해상 실크로드 : 선조의 발자취와 문명의 조화海絲之路 - 祖先的足跡與文明的和鳴』라는 제목으로, 해양사 학술 토론회 논문을 연속으로 발간하고 있다. 제1권에는「세계 해양 문명의 지역적 차이와 접속 - 양궈전 교수의 중국 해양사에 대한 깊은 사색世界海洋文明的地域差異與對接 - 楊國楨教授對中國海洋史的深邃思索」,「마조 신앙의 사회적 기초와 세계 문화 의의媽祖信仰的社會基礎與世界文化意義」,「16세기 서양 경험 속의 마조 신앙과 명대 해상 실크로드16世紀西方經驗中的媽祖信仰與明代海上絲綢之路」,「민간 문화와 현대화 - 진강晉江 위두圍頭 마조궁의 개별 연구民間文化與現代化 - 晉江圍頭媽祖宮的個案研究」,「대항해시대의 네덜란드의 타이완 종교 식민大航海時代下的荷蘭對台宗教殖民」,「서양인과 원나라 중서 해상 교통의 확장西域人与元朝中西海上交通的拓展」,「푸젠의 해양 발전, 해외 이민자와 해상 실크로드福建的海洋發展, 海外移民與海上絲綢之路」,「만청 싱가포르 상민의 흥학활동과 유학의 전파 - 진금성陳金聲, 추숙원邱菽園, 임문경林文慶을 중심으로晚清新加坡閩籍商人的興學活動與儒學傳播 - 以陳金聲, 邱菽園, 林文慶為中心」,「청대 중외무역에서의 남경포清代中外貿易中的南京布」,「송원 이후 민남해 상인의 이미지 형성에 관한 간단한 논의略論宋元以來閩南海商形象的塑造」,「민절대閩浙臺 도서 양민 이주의 종교 관찰閩浙台島嶼漁民遷移的宗教觀察」,「명대 초기의 도서 통치 논점 :『명실록』을 중심으로明代初期的島嶼治理議題 - 以『明實錄』為中心」,「남송시의 북송시 해양 서술의 새로운 주제 계승과 변화 - '해민관회', '해양 무역', '해양 생활'을 중심으로南宋詩對北宋詩海洋書寫新興主題的承與變 - 以『海民關懷』『海洋貿易』『海洋生活』為考察」 등의 논문이 포함되어 있다.

해양 문헌의 발굴과 외국 문헌의 정리는 샤먼대학교가 지속적으로 유지해온 학술적 관심사였다. 2017년부터는 저우닝周寧과 루시치鲁西奇가 편집한『해상 실크로드 핵심 외국어 문헌 모음海上絲綢之路精要外文文獻彙刊』이 차례로 출간되었다. 총 4권으로 계획되어 있으며, 제1권은 해상 실크로드 중국어 문헌의 서양어 번역본, 제2권은 영어 문헌, 제3권은 일본어 문헌, 제4권에는 프랑스어, 네덜란드어 등의 문헌으로 구성되어 있다. 현재 1~3권이 출판되었다. 2023년에는 천즈핑이 편집한『해상 실크로드 문헌 통합海上絲綢之路文獻集成』이 출간되었다. 이 책은 공식 문헌과 민간 문서, 전통적 역사서와 지역 기록, 중국어 기록과 외부 자료를 통합하여 해상 실크로드의 역사 문화의 입체적인 구조를 전면적으로 보여주려고 노력하고 있다.

6. 역사학 본위의 해양인문학 발전 추세 결론을 대신하여

샤먼대학 해양사 연구의 백 년 역사를 보면, 해양인문학의 학문적 기반은 역사학이었다. 역사학의 접근과 학술적 변화가 해양인문학의 발전 흐름에 영향을 미쳤다. 먼저, 학문적 전환에서 역사적인 관념 변화가 핵심적인 역할을 하였다. 20세기 말부터 양궈전 교수 등이 '해양 본위'를 주장하며 해양사 연구를 촉진하였으며, 이는 '해양'의 관점에서 경제 사회 발전을 관찰하고, 전통 역사학의 국가사, 중외관계사, 해외 교통사 등의 연구 패러다임을 깨고 학문적 혁신을 촉진하였다. 오늘날 새로운 해양사는 '글로벌 역사관전체 역사관'의 영향을 받아 '해양 중심'의 학술 내용이 점점 더 명확해지고 있다. '해양'은 단순히 통로(즉, '네트워크 라인')로만 보는 것이 아니라, 통로와 해안 항구 도시 및 섬으로 이루어진 빈번한 교류 상호작용의 '세계'로도 인식된다. 이러한 맥락에서 개인 또는 집단이 해양 세계 상호작용 네트워크의 형성과 운영에 발휘하는 역할에 전례 없는 관심이 쏟아지고 있다. 어부, 난민, 선원, 해상 상인, 해적, 승려, 순례자, 통역사, 사업가, 군인, 표류자 등의 개인적 생활의 변천이 미시사 방식으로 서술되고 있다.

학제 간 융합은 샤먼대학 해양사 연구의 방법론적 기반으로, 일정한 정도로 해양인문학 연구를 진전시켰다. 예를 들어, 서양 해양 환경사는 종합적인 특성을 갖춘 하위 학문으로 발전하고 있다. 앞으로 중국의 해양인문학 연구는 해양 환경의 자연 변화에 관한 역사, 인간 활동과 해양 환경 상호작용의 역사, 그리고 인간의 해양 환경에 대한 문화 인식의 역사를 논의해야 할 것이다. 해류, 조류, 계절풍 등 해상 활동에 미치는 영향에 주목해야 하며, 해안, 항구, 해변, 섬, 하구 등 해양과 육지가 교차하는 지역의 생태계와 환경 변화에 관심을 기울여야 한다. 어업 자원, 해양 오염, 해양 재난 및 인간 활동과의 관련에 관한 연구에는 다양한 학문적 이론과 개념 체계를 도입해야 한다.

해양사 자료는 너무나 파편화되어 있고 분산되어 있으며, 텍스트 형식으로 보존된 것은 매우 드물다. 침로부針路簿, 항해일지, 해도, 계약서, 회계부, 편지 등과 같은 자료는 현재까지 남아 있는 것이 드물며, 시스템적으로 자료를 정리하는 것은 여전히 해양사 연구의 중요한 기초이다. 공식 문헌, 국가 기록, 지방 역사 기록, 항해 일기 등에서 자료를 선별하는 것 외에도, 민간 문헌은 중요성을 인정받아 충분히 연구되어야 한다. 예를 들어 음식 메뉴는 소비자의 식습관과 다양한 시기의 해산물 소재에 대한 시장 수요를 반영한다. 해산물 메뉴를 이용하여 시장 및 소비 행동을 관찰하는 것은 식습관이 어떻게 어로 활동에 영향을 미치는지, 이로써 환경에 어떤 영향을 미치는지를 파악할 수 있다. 또한 소설, 다큐멘터리, 영화 등을 연구 자료로 활용하여 인류의 해양 환경에 대한 문화적 이해를 분석할 수 있다.

이상으로 샤먼대학교 해양사 연구의 발전 과정을 통해 해양인문학의 학술 계통과 패러다임 전환을 살펴보았다. 샤먼대학교의 해양사 연구는 역사학을 기반으로 하여 해양인문학의 발전에 기여하였으며, 학문적 통합과 학제 간 연구를 통해 해양사 연구의 새로운 패러다임을 제시하였다. 앞으로도 샤먼대학교는 해양사 연구를 지속적으로 발전시키며, 중국 해양인문학의 심화와 확장을 위해 노력할 것이다.

제국 프론티어의 성립

식민지도시 다롄의 도시 공간과 문화 생산

류젠후이

1. 들어가며

아편전쟁 이후 열강의 거듭된 침공으로 중국의 도시, 특히 연안부의 도시에는 기존의 전통적인 형태 외에, 두 가지 새로운 형태가 생겨나게 되었다. 하나는 기존 도시현성(県城) 등의 성城 밖교외에 이른바 조차지租借地가 설치되고, 그것의 발전과 함께 신시가지와 구시가지가 팽팽히 대립하면서 융합해 나가는 유형으로, 이를테면 상하이上海나 톈진天津, 또는 선양瀋陽 등을 그 예로 들 수 있다. 다른 한 가지는 원래는 그저 한 촌락에 지나지 않았으나 공교롭게도 그곳에 새로운 역이나 항구가 만들어지면서 별안간 출현한 도시로, 예를 들면 칭다오靑島나 다롄大連, 하얼빈 등이 여기에 속한다. 그리고 만약 전자의 도시에서 전개된 것이 일종의 이문화 내지는 이문명의 충돌과 융합의 드라마라면, 후자의 공간에서 연출된 것은 바로 열강, 즉 각 제국의 일방적인 문화권력 및 그 욕망의 쇼show라고 할 수 있을 것이다. 그런 의미에서 양자는 같은 식민지 도시이지만 그 성격이 극히 다르고, 또한 중국 근대사에서 수행해 온 역할도 크게 구분된다고 할 수 있다.

이 글에서는 후자의 도시 중에서도 가장 전형적인 형태를 지닌 다롄을 사례로 도시공간의 성립과 변천의 과정을 더듬어 보면서, 서양의 도시문명 내지는 도시문화가 어떻게 중국에 이식되고, 또한 그러한 이식의 '기억'이 어떻게 이후의 지배자들에 의해 계승되었는지에 대해 중국 근대도시 중 하나의 유형을 살펴보면서 조금이나마 밝혀내고자 한다.

2. 부락 '칭니와青泥窪'시대의 다롄

랴오둥遼東반도 남단에 위치한 다롄지역이 처음으로 중국 사서에 등장하는 것은 아득한 전국시대로 거슬러 올라가야 하지만, 소위 중앙권력이라 불리는 권력이 침투하면서 확실하게 이 지방을 통제하기 시작한 것은 대략 명나라 초기로 알려져 있다. 명나라의 랴오둥 통치는 랴오양도 지휘사시遼陽都指揮使司 아래 중-좌-우-전-후의 오위五衛와 동닝위東寧衛, 쯔짜이주自在州를 랴오양에 두고, 또한 랴오둥반도에는 하이저우위海州衛, 가이저우위蓋州衛, 푸저우위復州衛, 진저우위金州衛를 설치하고, 진저우위에 뤼순커우旅順口와 다롄만의 수비를 맡게 하였다. 그리고 이 시기에 진저우성을 보수하였을 뿐만 아니라, 왜구 내습에 대비하기 위해 아직 칭니섬青泥島이라 불리던 다롄에 방어를 위한 성보대대城堡鐵台를 구축한 기록도 확인되고 있다.

그리고 이 칭니섬이 청나라시대에 들어 칭니와青泥窪라고 불리게 되면서 오랫동안 역사의 무대에서 사라졌다가, 제2차 아편전쟁 때 그 이유는 알 수 없으나 영국군의 상륙지점이 되었고, 2만 명에 달하는 영국군의 주둔으로 인해 일약 주목을 받는 장소가 된 것이었다. 한편 영국군의 주둔을 계기로 비로소 중국측도 다롄의 지리학적 중요성을 깨닫게 되었으며, 이후 양무운동 속에서 리훙장李鴻章 등에 의해 뤼순의 군항 건설과 함께 다롄만 각지에서 많은 포대 건조가 급속하게 이루어지게 되었던 것이다.

원래 다롄의 전사前史를 다룰 때, 흔히 그곳을 외진 마을인 '한촌寒村'으로 취급해 왔다. 그러나 앞에서 설명하였듯이 적어도 19세기 후반 단계에서는 이미 인근에 뤼순이라는 거대한 신흥 군항을 가지게 되었으며, 또한 주위에는 많은 서양식 신축 포대가 산재하는 큰 '촌락'이 되어 있었다. 물론 정확한 인구통계가 존재하지는 않지만 60여개 부락에 1,000여 가구가 채 안 되는 주민들이 반농반어의 삶을 살아가고 있었다고 한다. 그리고 이 부락은 분명히 당시의 정치 및 군사적 통치기구인 진저우 지방정부에 예속되어, 그 행정적 관할하에 놓여 있었다. 그런 의미에서 훗날 러시아 통치하에서 진저우가 역으로 다롄에 종속되어 다롄의 행정구의 하나가 된 것은 실로 '이문명'의 침공으로 인한 지정학적인 '전도'를 상징하는 전형적인 사례라고 할 수 있겠다.

3. 러시아 제국 조차지로서의 달리니

1897년 11월 15일, 독일은 두 명의 독일인 선교사가 산둥성에서 살해되었다는 이유로 산둥반도의 자오저우膠州만을 점령했다. 이 갑작스러운 사태로 청나라 정부는 1896년 9월에 체결된 '러청밀약'에 따라 급히 러시아에 독일 철병을 의뢰했다. 그리고 러시아는 이러한 중국측의 의뢰를 대의명분으로 삼아 자오저우만 독일군에 압력을 가하기 위함이라 하며, 일찍이 몇 번이나 손에 넣으려다 끝내 실현하지 못한 극동의 부동항인 뤼순과 다롄에 같은 해 12월 19일 시베리아 함대를 파견하여 현지 주둔을 실현시켰다.

그 후 러시아는 이러한 주둔 '실적'을 근거로, 우선 1898년 3월 청나라 정부에 뤼순과 다롄의 조차 내용을 골자로 한 '여대 조지 조약旅大租地条約. 파블로프 조약'을 맺게 하고, 같은 해 4월과 7월에 각각 조차지의 확대를 내용으로 한 '속정 여대 조지 조약續訂旅大租地条約'과 동청철도東淸鉄道 남만주지선支線의 건설을 위한 '동성철도공사 속정 합동東省鉄道公司續訂合同'을 강요했다. 그리고 이 일련의 조약 체결로 다롄 일대 대부분은 완전히 러시아의 지배하에 들어가게 되어 버렸다.

여대旅大 조차지를 손에 넣은 당초, 러시아는 먼저 뤼순에 최초의 식민 정권인 군정부를 설치했으나, 이후 1898년 8월 정식으로 주州 행정을 부여해 조차지 행정청을 성립했다. 그리고 1년 뒤인 1899년 8월 황제 니콜라이 2세의 이름으로 '잠행 관동주 통치규칙暫行関東州統治規則'을 배포해, 조차지를 일방적으로 '관동주'로 개명하여, 관동주청을 아무르 총독의 관할하에 두었다. 동시에 니콜라이 2세는 칙령을 내려, 다롄만에 러시아어로 '먼 곳'을 뜻하는 도시 달리니Dalini를 건설하여, 그곳을 자유무역항으로 만들 것을 대내외에 선언했다. 러시아가 기존의 군항인 뤼순과 함께 다롄에 자유무역권이 있는 무역항을 만들고자 한 첫 번째 이유는 자오저우만을 점령한 독일의 칭다오 경영에 대항하기 위함이고, 두 번째 이유는 당시 중국 북방 최대 항구인 잉커우^{營口}항을 어떻게든 견제하겠다는 사정이 있었던 것으로 보인다. 그리고 이 제국의 권익과 위광^{威光}에 관련된 두 가지 요소는 후에 이른바 다롄의 경영방식, 나아가 그 도시형태의 형성에까지 실로 큰 영향을 끼치게 된다.

'잠행 관동주 통치규칙'에 따라 주내 행정구역은 크게 뤼순, 다롄, 피쯔워^{貔子窩}, 진저우의 4개 도시와, 그 밖의 5개 행정구로 나뉘었다. 그 중에서 다롄의 행정 관할 구역으로는 스제구^{市街区}, 라오후탄구^{老虎灘区}, 사허커우구^{沙河口区}의 3개 구가 설치되었고, 스제구 이외의 2개의 구가 교외구로 정해졌다. 이로써 일단 행정상의 구분은 성립되긴 하였으나, 다만 이 시기 다롄 시정^{市政}은 아직 본격적으로 가동할 단계에는 이르지 못하였다. 그 이유는 칙령 반포로 인해 현실적으로 다롄이 하나의 신흥도시로 탄생하기는 하였으나, 그 후 3년 가까이 시청은 물론 시장조차 존재하지 않았기 때문이다. 때문에 초기 다롄 시정은 사실상 거의 동청철도회사가 운영했을 뿐만 아니라, 무역항 도시로서의 기반을 이루는 항만건설 및 도시계획 등도 모조리 이 철도회사에 일임되었던 것이다. 그 형태는 예를 들면 러일전쟁 후 일본에 의한 '만주 경영'이 한때 남만주철도에 대부분 위임되었던 상황과 매우 유사하며, 이러한 점에서 양 '국책' 회사를 잇는 일종의 제국적 '기억'과 같은 것을 찾아볼 수 있다.

일대 자유무역항을 목표로 하는 다롄의 건설을 맡게 된 동청철도회사는 그 전체 사업의 책임자로 당시 해당 회사의 기사장^{技師長}, 일찍이 블라디보스토크의 에겔리세릴드 부두 축조 경험을 가진 사하로프를 임명했다. 그는 페테르부르크에서 약 반 년의 준비를 마치, 1899년 봄, 러시아 제국의 위신이 걸린 장대한 건설 플랜을 가지고 다롄에 부임했다. 그리고 그 후 1902년 5월 칙령에 의해 다롄의 특별시제가 실시되자 그대로 시장으로 승진하여 러일전쟁 중 다롄 함락까지 약 3년 동안이나 그 지위를 지켰다.

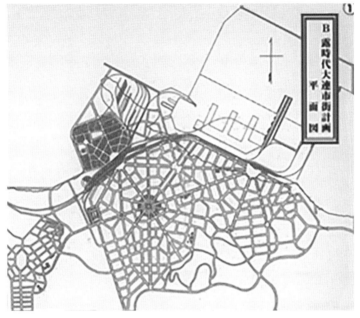

〈그림 4-1〉 러시아 통치시대의 다롄 시가지 계획도
자료 : 일본문화연구센터 소장

사하로프를 중심으로 작성된 다롄항 축항과 시구 건설의 종합도시계획은 1899년부터 4년간 총 투자액이 약 1400만 루블이 투입되는 제1기 사업과, 제1기 사업의 4배 규모로 확대되어 추가 투자도 3000만 루블이 필요한 제2기 사업으로 구성되는 2단계의 것이었는데, 공교롭게도 제1기 공사가 거의 완료된 시점에 러일전쟁이 발발하여, 사하로프의 대건설 계획은 도중에 좌절되고 말았다.

시구 건설에 대해서만 언급하자면 제1기 공사는 우선 시가지와 부속 설비 용지로서 동서 양쪽 칭니와와 그 외 25개 촌락 토지 약 5만 4000 무畝, 3300ha, 그리고 가옥을 45만 루블이나 들여 강제로 매수해 정비하였다. 나아가 그 유명한 조르주 외젠 오스만이 개조한 파리의 도시를 모범으로 삼아, 중심부에서 빈민중국인을 배제하여, 대로와 공원, 광장 등을 통해 근대적 도시공간 연출을 실현시키기 위해 시가지 전체를 유럽 거리와 중국 거리, 그리고 행정 거리의 3개의 구역으로 나누어, 도시기능의 분리와 주민의 '구분'을 진행했다.

3개의 시가지 중에서 중심적인 위치를 차지한 것은 단연 유럽 거리이지만 그 당시 규모는 남산 북쪽 자락에서 무역항까지 약 4평방 킬로로, 북쪽은 철도를 사이에 두고 행정 거리와 인접해 있었으며, 서쪽은 예전 칭니와 마을의 소재지에 신설된 니시西공원후의 중앙공원을 경계로 삼았다. 시가지 내에는 다수의 도로가 정비되어 그 총 길이는 약 4만 7000미터에 달했다고 알려져 있다.

중국 거리는 니시공원에서 서쪽 방향으로 더 들어간 곳에 넓게 자리하였는데, 제1기 공사에서는 니시공원 부근후의 후시미다이(伏見台)의 토지구획은 거의 완료되었으나, 그 전체 시가지 구역 설계에 대해서는 완전히 확정되지 않았던 것 같다.

위의 2개 시가지에 비해 행정 거리는 면적이 약 0.45평방 킬로로 다소 작고, 서쪽과 북쪽은 바다에 면해 있으며, 동쪽은 공장과 화물 정거장에 인접하고, 남쪽은 철도 선로를 사이에 두고 유럽 거리와 마주보고 있었다. 이 지구는 매각이나 대여에 이용하지 않고 오로지 시청 기관, 동청철도 관계자의 주택이나 숙소 건축용 용지로만 이용됐기 때문에,

시청후의 자원관(資源館)이나 시장관사(후의 만주관(滿洲館)), 동청철도기선회사후의 다롄구락부(大連倶楽部) 등, 후에 소위 러시아 거리의 주된 건축물들이 이 시기 이미 차례대로 완성되고 있었다.

파리를 모델로 삼은 다롄 시가지, 특히 유럽 거리의 가장 큰 특징은 시가지에 여러 개의 큰 광장을 만들고, 거기서 대로가 사방팔방으로 방사형을 띠고, 나아가 그 대로를 환상도로로 연결시킴으로써 각 광장을 중심으로 거리가 겹겹이 원형을 이루고 있다는 점에 있다. 그 중에서도 시가지 중심에 위치한 가장 큰 광장은, 직경 700 피트213m나 되고, 거기서부터 동서남북으로 10개의 간선도로를 방사형으로 뻗어나가게 하는 한편, 그 주변을 관청, 사원, 은행, 극장 등 다양한 공공건축물들이 둘러싸고 있다.

〈그림 4-2〉 후에 완비된 대광장 공원(파노라마 그림 엽서)

당시 러시아 황제 니콜라이 2세의 이름을 딴 니콜라예프스카야 광장으로 불린 이곳은 이른바 러시아 제국의 지배를 상징하는 가장 '권력'적인 도시 공간이었는지도 모른다.

유럽 거리의 또 하나의 큰 특징은 마을 전체의 도시 기능의 분리를 그 내부에서 한층 더 철저하게 하여, 이른바 상업구 / 시민구 / 저택구의 3개의 구역을 각각 시내 지형에 맞춰 마련한 점에 있다. 예를 들어 상업구는 약 6500평방미터 넓이에 북쪽으로는 철도선로, 남쪽으로는 후에 니시도리西通와 야마가타도리山縣通가 되는 곳이 경계가 되었으며, 이 토지가 비교적 평탄했기 때문에 주로 회사나 은행, 상점 등의 용지로 이용될 예정이었다. 또한 시민구는 면적이 약 5500평방미터로 북쪽은 상업구와 인접하고, 동쪽은 후에 도사초土佐町와 아사히초朝日町가 되는 곳이 경계가 되었다. 구내 토지의 경우 다소 경사가 많고 굴수구가 곳곳에 보이지만 관공서나 은행, 상사 등의 하급 직원 및 중류층 이하의 일반시민들의 주택 예정지로 사용될 계획이었다. 그리고 저택구는 3개 구역 중 가장 작은 약 4100평방미터 남짓한데, 훗날 도사초와 아사히초를 경계로, 마을 동부에 있는 산기슭 경사에 위치하여 조용하고 품위있는 공간으로서 정원이 달린 대규모 저택 등의 건설에 이용될 예정이었다.

한편 제1기 공사에서는 시내 가로街路도 크게 정비되어 광장을 비롯해 대로, 가로수 거리, 일반 거리, 골목길의 5개 종류로 세분화 후 빠르게 건설 작업이 진행되었다. 주요 작업으로는 예컨대 모스크바 대로후의 니시도리와 야마가타도리, 키예프스키 대로후의 간부도리(監部通)와 데라우치도리(寺内通), 자코로드누이 대로후의 니시코엔초(西公園町), 상트페테르부르크 해안 대로후의 쓰얼거우(寺児溝)에서 동쪽 광장을 거쳐 하마초에 이르는 도로, 사무슨스키 가로수 거리후의 나가토초(長門町)와 시키시마초(敷島町)의 5개 간선가로를 들 수 있는데, 이 중에서 모스크바 대로의 폭은 113 피트34m에 달하고 그 외 다른 대로도 85피트26 미터에 넓이를 지니고 있다. 그리고 폭 85m를 가진 가로수 거리에는 후에 다롄 상징이 되는 아카시아가 남러시아에서 수입되어 심어졌다.

가로와 동시에 공원 정비도 단기간에 추진되었다. 가장 규모가 컸던 것은 니시공원후의 중앙공원으로, 마침 중국 거리와 유럽 거리 중간에 위치해, 과거 서부 칭니와 마을이 있었던 토지 전체와 비슷한 광대한 면적을

〈그림 4-3〉 남만주철도 인계 당시 다롄항과 시가지
자료 : 일본문화연구센터 소장

차지하였다. 이 공원은 당시 시市공원이라고 불리며 일종의 공공성을 지
니고 있는 것처럼 보이나, 실질적으로는 중국 거리와 유럽 거리를 분리
하는 역할도 수행하고 있었다고 보는 것이 타당하다. 이 니시공원에 맞
서, 옛 동부 칭니와 마을의 땅을 정비해서 건설한 게 이른바 후의 히가
시東공원인데, 이 공원 내의 굴수구를 이용해서 2개의 큰 저수지가 만들
어져, 전자와 마찬가지로 시 공원으로서의 기능을 수행하는 한편, 물을
공급하는 등의 실용적인 역할도 맡고 있었던 것으로 보인다. 그리고 이
니시공원과 히가시공원 외에도 다른 3개의 작은 공원이 있었으며, 하나
는 옛 중국인 묘지를 철거한 자리에 위치해, 후에 마츠松공원이 되었다.
그리고 남은 2개는 각각 저택구 내의 정교사원正敎寺院 부근과, 행정 거리
에 있으며, 훗날 전자는 아사히朝日광장(부근), 후자는 기타北공원이 된다.

또한 제1기 사업에서는 시가지 외 교외 제반 시설로서, 예를 들어 푸
자좡付家庄 부근에 육군 소속 요양병원 및 시립 요양병원, 마란강馬欄河 하

류 염전 부근에 경마장, 라오후탄老虎灘과 방추이섬棒垂島에 해수욕장과 별장 등의 계획도 세워졌으나, 모두 착공에 이르지 못한 채 러일전쟁을 맞이하게 되었다.

이처럼 소위 러시아 통치 하의 다롄은 아직 미흡하기는 하나, 이미 훗날 볼 수 있는 도시공간의 윤곽이 거의 완성되었다고 할 수 있다. 이것은 단지 위에서 언급했던 여러 용지의 구획이나 도로, 공원 등의 정비뿐 아니라, 예를 들면 당시 이미 완성한 주된 공공시설의 건축물, 시청과 시장관사, 동청철도기선회사이상 앞에서 설명, 남녀 중학교내장 공사는 미완성, 후의 남만주철도 본사사무소, 수상 경찰서후의 동양호텔, 동청철도 병원후의 공업 박물관, 러청은행후의 정금은행, 유럽 시장후의 제일시장 등을 봐도 그 일단을 엿볼 수 있다. 그리고 뒤에서 검토하겠지만 이와 같은 윤곽은 말하자면 러시아 제국의 하나의 '유산'으로서 대부분이 그대로 새로운 통치자인 제국일본에 계승되어, 그 후 수십 년에 걸쳐 마치 일종의 '기억'처럼 오랫동안 기능하게 되는 것이었다.

4. 제국일본에 계승되어 완성된 모던도시, 다롄

1904년 2월 한반도와 '만주'의 권익을 둘러싼 일본과 러시아의 오랜 외교 교섭이 결렬되고 발발될 수밖에 없었던 러일전쟁이 드디어 막을 올렸다. 그리고 일본은 전쟁이 시작된 지 약 넉 달 후인 5월 30일에 이미 러시아군과 러시아 시민들이 뤼순으로 철수한 후의 다롄을 거의 피를 보지 않고 제압하고, 이후 50년에 걸친 '만주' 진출의 교두보를 획득하였다.

다롄을 점령하자마자 일본군은 즉시 군정서軍政署를 설치하여, 한때 완전한 군정을 세웠으나, 그 후 신설된 랴오둥 수비군 사령부 아래, 우선 1905년의 기원절에 맞추어 러시아식 이름이었던 달리니를 다롄으로 개명하고, 또 같은 해 6월 23일에 정식으로 민정기관인 관동주 민정서関東州民政署를 두었다. 그리고 9월 7일에 러일 강화조약포츠머스 조약이 체결됨에 따라 일본은 이른바 처음으로 '합법'적으로 관동주의 권익을 계승하고 경영에도 본격적으로 나서게 된 것이다.

그 중에서도 아직 군정시대였던 1905년 4월 당시 군정서는 이미 '다롄 전관지구 설정규칙大連専管区設定規則'을 공포해, 러시아 통치하의 '구분' 정책을 답습하는 형태로 시내를 군용 지구와 일본인 거주 지구, 그리고 청나라 사람들의 거주 지구로 구분 짓는 한편, '다롄 시가 가옥 건축 단속 임시규칙大連市街家屋建築取締仮規則'의 반포 등을 통해 도시계획을 실행하였으나, 1905년 9월부터 일반 일본인 자유 도항 개시에 따른 일본인 인구 급증에 따라 우선 단계적으로 군용 지구를 민간에 제공하였으며, 1년 뒤인 1906년 9월 1일에 관동총독부 관제 설립에 따른 다롄민정서大連民政署라는 완전한 민정기관이 설립되자, 다롄은 그야말로 일본의 민정 통치 아래에서 유일한 자유항이자 그리고 국제 도시로서의 면모를 갖추기 시작했다.

새로운 통치형태 아래에서 재출발한 다롄은 도시계획의 핵심이 되는 시가 건설과 항만건설을 각각 관동총독부와 갓 설립된 남만주철도 주식회사가 담당하기로 하였다. 구체적으로는 우선 1907년 1월에 러시아 치하의 시가계획을 기초로 중앙공원 동쪽 지역의 다롄시구계획을 결정하

〈그림 4-4〉 1905년 다롄 시가 설계도
자료 : 관동주 민정서, 일본문화연구센터 소장

고, 그 이듬해 8월에 만철 사허커우구沙河口 공장 동방철도 선로 이남지역의 377,500평을 공장 지구로 지정하였다. 그 후 같은 해 9월에 후시미다이伏見台 약 10만 4천평, 1911년 5월에 샤오강쯔小崗子와 리가툰李家屯 33만평, 1913년 5월에 사허커우구 일대를 순차적으로 시구계획에 편입하여 개척 및 정비를 거듭하게 된 것이었다. 그리고 1915년 9월에 관동총독부의 '다롄 및 뤼순시 규칙大連及旅順市規則' 제정에 의거, 같은 해 10월부터 양 시에서 특별시제市制를 실시하였다. 이후에는 1924년 5월 관동주 시제関東州市制 공포에 따라 이른바 지방자치제도하에서 본격적인 시제를 시작하게 되는데, 그 사이 우선 1919년 6월에 시구계획 및 지구 구분과 가로 등급을 정하고, 또한 공장과 주택, 상업지구로서 샤오강쯔, 후시미다이 이남의 사허커우구, 마란강에 이르는 지역에서 새롭게 약 205만평의 시가 대확장 계획을 세우는 한편, 이에 맞게 전 계획 구역에 주택, 혼합, 공장, 상업용지의 4종류 구분까지 결정했다. 이윽고 1924년에 사허커우구회沙河口会의 일부, 시산툰회西山屯会, 1928년에 서산회의 일부, 라호후탄회, 쓰얼거우툰 등의 인접지를 차례대로 시구계획에 편입하여, 훗날 이른바 '대다렌'으로서의 기초를 일찌감치 만들어낸 것이다.

이렇게 주변 확장이 진행되는 한편에서, 재래 시가지의 경우 기본적으로 러시아 통치시대의 설계를 답습하기는 하나, 그보다 더 완성된 모습을 갖추기를 원했다. 다만 신 정복자의 위광을 나타내기 위해 마을명 등은 철저하게 그에 걸맞는 것으로 변경하였다. 예를 들어 중심부와 대로에는 출정한 육해군 장군이나 군아軍衙에서 그 이름을 따왔으며, 그 밖 가로는 일본 국내의 지명을 따서 이름을 지었다. 간부도리監部通, 오야마도리大山通, 니시도리西通, 야마가타도리山縣通, 데라우치도리寺内通, 고다마도리児玉通, 노기도리乃木通, 도고도리東郷通, 미노초美濃町, 히다초飛驒町, 이세초伊勢町, 시나노초信濃町, 하리마초播磨町, 나니와초浪速町, 나가토초長門町, 시키시마초敷島町 등이 해당이 된다. 그 후 시가확장이 진행되면서 신개지新開地에는 각각 그 지역 성격에 맞는 마을 이름이 붙여지는데, 그것 또한 내지内地의 '권력'과 식민지 특유의 모던성을 보여주는 일례라고 할 수 있을 것이다. 예를 들어, 문화 주택가의 남쪽 산록 마을 이름은 야나기초柳町, 사쿠라초桜町, 가쓰라초桂町, 아사히초朝日町라고 붙여졌으며, 해안가 휴양지나 주택가의 마을 이름은 고요다이向陽台, 분카다이文化台, 고후다이光風台, 쵸슌다이長春台, 세메이다이晴明台, 메이카쿠다이鳴鶴台, 슈게츠다이秀月台, 사쿠라바나다이桜花台, 아오구모다이青雲台, 도겐다이桃源台, 가료다이臥龍台, 헤이와다이平和台 등으로 명명되었다. 한편, 러시아시대의 중국 거리였던 베이강쯔北崗子와 시강쯔西崗子를 샤오강쯔小崗子로 개명하여, 그 마을명에는 중국 거리를 본떠 홍지가宏濟街, 융안가永安街, 푸더가福德街, 핑순가平順街 등과 같이 중국이름을 붙였으나, 서쪽의 공장 신개지에는 마가네초真金武町, 시로가네초白金町, 오곤초黃金町, 쿄마치京町, 나카초仲町, 도모에초巴町, 모토초元町, 니시초西町 등과 같은 일본식 마을 이름을 붙인 것이다.

러시아 제국의 '유산'을 계승해 그 '위광'을 한층 더 찬란하게 만들려는 흔적은 일찍이 러시아 치하에서 이미 정비에 힘을 썼던 공원과 광장 등의 대규모 개조 및 보수 작업에서도 확인할 수 있다. 예를 들면 1926년에 관동청関東庁에서 이관 받은 구 니시공원에 대해서 다롄시는 1928년부터 10개년 계속 사업으로 공사비 30만 엔을 들여 보수공사에 착수하였다. 그 후 일단 중단되기는 하나 1933년부터 다시 21만 엔 예산을 편성해 7개년 계속 사업으로 진행하여, 공원 내 화단 및 수영장, 일본식 씨름장, 아동 놀이시설 등을 차례대로 신설했다. 또한 러시아시대부터 다롄의 중심이었던 대광장의 경우, 1914년에 광장 중앙에 초대 관동총독인 오시마 요시마사大島義昌 육군대장의 동상을 세우고, 또한 그 전후로는 그 주변에 다롄 민정서, 시청, 야마토 호텔, 조선은행, 체신국, 정금은행 등의 '권력'을 대표하는 시설을 잇달아 완성하여 이른바 제국적 공간을 보란 듯이 세운 것이다.

한편 일본 내국과 '대항'하는 형태로, 후에 '모던 다롄'이라 불리는 이유가 되었던 다양한 도시 '장치'들도 이 때부터 하나하나 완성되기 시작했다. 예를 들어, 1909년에 남만주철도가 우선 덴키유원電気遊園을 구 중국 거리의 후시미다이에 건설하고, 이윽고 호시가우라유원星ヶ浦遊園을 약 10만평의 토지에 수 십만 엔의 거액을 들여 대대적으로 만들어낸 것이다.

그림 〈4-5〉 나쓰메 소세키에게도 찬사를 받은 다롄 덴키유원의 야경(그림 엽서)

이처럼 이른바 일본 통치하의 다롄은, 주변 확장 및 재래 시가 개조, 공원 및 광장 재정비, 그리고 마을 이름 변경 등 실로 많은 도시계획사업을 진행하며 그 모습을 변화시켜 왔지만, 그러나 이미 살펴본 것처럼 그 프레임은 기본적으로 제국 러시아의 '유산'을 답습하고, 이를 '확대 재생산'을 한 것에 불과하다. 여기에는 '제국'이라는 권력 형태는 일종의 모더니즘의 '기억'으로서 도시공간 속에 표현되어, 두 통치자 간의 지배 계승관계가 결코 단순한 외교조약이 아닌, 오히려 도시의 '몸통' 속에 깊이 새겨져 있었다고 할 수 있다.

5. 제국 프론티어로서의 문화 생산

그런데 오랫동안 지속된 청나라 왕조의 봉금정책封禁政策으로 주위에 비해 눈에 띄게 개발이 더뎠던 만주의 대지에 홀연히 나타난 근대도시 다롄, 그 존재는 내지 일본에게 과연 어떤 의미를 지녔던 것일까. 여러 의미를 생각해 볼 수 있겠으나, 굳이 한마디로 말하면 그것은 팽창하는 제국일본의 프론티어로서의 첨단성에 지나지 않는다. 이 첨단성은 단순히 앞에서 설명한 선진적 도시 인프라의 정비뿐만 아니라, 학교 교육 및 오락 시설, 주거 환경 등도 포함되어 이른바 문화 생산과 소비 면에서도 '내지'의 평균 수준을 훨씬 뛰어넘었다. 그리고 이러한 경향은 일본 각지에서 온 이민자의 증가1930년 현재 다롄 및 남만주철도 속지의 일본인 인구는 21만 5천여 명로 인해 더욱 가속화되어, 1930년 전후의 다롄은 그야말로 '외지外地' 중에서 일본의 최대 '문화도시'가 되었다.

다롄의 문화 생산에 대해 다룰 때 쉽게 떠올릴 수 있는 것은 일본 모더니즘 시운동의 선구적인 존재인 안자이 후유에安西冬衛, 기타가와 후유히코北川冬彦 등 시인들의 활동일 것이다. 그러나 실제로는 문학에만 머무르지 않는 상당히 국제성이 높은 개항도시였기 때문에, 음악 및 스포츠, 라디오 방송 등의 분야도 상당히 전개 및 발달하였으며 일부는 '내지' 수준을 넘어설 정도였다. 그 주제에 대해서는 다른 기회에 논하기로 하고 여기서는 잘 알려진 모더니즘 시의 발생, 특히 안자이 후유에의 작품에 대해, 다롄의 공간성과의 관계를 조금 정리해보고자 한다.

전혀 연결이 안 될 것 같은 이미지와 그것을 표현하는 말의 대치와 당착이 모더니즘 시의 가장 큰 특징이라고 한다면, 사실은 모던 도시 다롄과 그 배후에 펼쳐진 유구한 대지 만주의 양자 배열은, 이미 훌륭한 '모더니즘 시'라고 말할 수 있을 것이다. 즉, 홀연히 출현한 근대 도시 다롄이 항상 마주하고 있는 것은 다름아닌 바로 수천 년의 역사를 지닌 광대한 유라시아 대륙이면서, 양자는 틀림없이 '문명적'으로 대치하는 이질적 존재 그 자체이다. 그리고 대체로 이 둘 사이의 '대치'관계가 시 잡지『이亞』1924년를 만든 시인들에 의해 내면화되거나 혹은 신체화된 시점에 진정한 모더니즘 시가 탄생한 것이 아닌지 생각해 볼 수 있다. 말하자면, 그들은 다롄이라는 특수한 '지위'에 동화함으로써 '내지' 시인 누구도 도달하지 못했던 창조력을 손에 넣을 수 있으며, 그 '대치'와 '당착'을 자유자재로 자신의 시를 만드는 데 활용할 수 있었던 것이다.

> 벼랑의 집은 도로를 사이에 두고 민둥산에 면해 있으며, 장대한 형용을 시도한다면, 유럽에서 시작된 대륙의 기복이, 그 포트 크로델이 칭송하는 '대지 중의 대지'라고 불리는 아시아 대륙으로 이행해, 단절하고 황해에 몰입하는 최후의 순간─그 낭떠러지를 짊어지고 있는 지형을 밟고 있다고도 해도 무방한 자세 속에 서 있었다.
> 실제로 나의 뒷산은 오카다이아사桜花台亞社의 뒤에서 솟아올라 일단 규암의 노두한 민둥산이 되어 갑자기 눈사태가 일어나 그것은 다롄의 항구를 장악하는 낭떠러지가 되어 아시아대륙 이곳에서 끝나 있으니 대단한 곳이라고 할 수 있겠다. 사실 나 또한 밤낮으로 이 대륙의 파동의 끝을 밟아 견뎌내고 있다는 자세 속에서 앙연하게 정신을 부여잡고 스스로에게 바라고 있었던 것이다.

— 안자이 후유에 『군함말리의 일대』[1]

---

1 『安西冬衛全集』別卷, 宝文館, 1986.8.

〈그림 4-6〉 1930년대 다롄의 문화 주택가(그림 엽서)

다롄에 있는 자택 소재지를 소개하는 안자이의 회상 글인데 다롄과 자신의 대륙의 '지위'를 상당히 의식하면서 작성한 글이라고 볼 수 있다.

실제로 안자이는 바로 이 오카다이라는 새로운 문화주택가에 거주하면서 다롄시내 덴키유원과 백화점, 그리고 교외 유락지에 나가서는 가슴 속으로 북쪽의 타타르해협, 남쪽의 샤먼廈門, 서쪽의 울란바토르를 종횡무진하며 대륙을 형상화하여 일련의 '내지'의 시단詩壇을 뒤흔드는 모더니즘 시를 지어낸 것이다.

공간만이 아니다. 1933년 5월 16일 일기엔 "「중국 만리장성의 역사에 관한 연구中国長城沿革攷」, 「몽골 동부 요왕조의 옛 도시 탐험東蒙古遼代旧城探考記」을 읽음"[2]이라고 쓰여져 있는 것처럼 안자이는 대륙에서 전개된 중국 및 몽골 역사에도 많은 관심을 나타냈으며, 항상 세로 축의 시간 이미지와 말의 '대치' 및 '당착'에 주목하고 있었다.

---

2   『安西冬衛全集』第7巻, 宝文館, 1979.12.

여기서 안자이의 당시 작품을 예로 들면서, 본인이 얼마나 조차지 다롄이라는 제국 프론티어, 그리고 유라시아 대륙의 공간과 시간을 내면화 또는 신체화하면서, 자신의 표상세계를 만들어냈는지에 대해 구체적으로 살펴보도록 하자.

먼저 조차지 다롄을 둘러싼 일련의 단시와 산문시이다.

① 흐린 날씨와 정거장, 불독을 데리고 있는 부인

육상 세관

시나 관리支那官吏

일등 급행권

육교 보랑 전망차

부인의 휴대품

아코디언 크기의 불독. 모랑의 「아크 등」. 그리고 조선 수원의 검은 비단 부채

전망대 여성과 수소雄牛

드디어 내려준다. 곧장 카페트 위를 돌아다니다. 그리고는 무언가 있는 듯

도서고図書庫 앞에서 맡아본다ー재채기

재채기. 재채기와 함께 대소변을 본다. 극소량. 카페트를 더럽힌다.

꾸중을 듣는다.

개를 꾸중 짓는 사이, 당사자는 이미 아무렇지도 않은 듯 체크의

데크 판넬에 나와 있다.

ー한심한 사람.

보랑 앞으로 재촉하는 모자

ー어머님 거북이가.

-그렇네요, 거북이. 곁눈질하지 마.

10분 후, 급행열차는 흐린 날씨 속에 접혀 들어갔다.

—『군함말리』1929년 4월[3]

② 즐비한 거리 풍경과 문명

선구적 문명을 가져온 사진관이, 풍경 속에서 낡아 있다.

(이 황색 거리에 벌써 '시구 개정'이 도래했다)

—『군함말리』

③ 육교 풍경

후덥지근한 양산을 쓴 노부인 그 특이한 옷자락에서 벌어진 일그러진 거리

인력거

저기는 매연이 끊기질 않다.

—『군함말리』

①은 열차 출발 직전의 다롄역 풍경을 그린 것인데, 여기에는 조차지 다롄의 성격을 나타내는 사상이 훌륭하게 기호화 되어 있다. 육상세관, 시나 관리, 일등 급행권, 부유층 부인, 불독, 프랑스 작가 모랑의 소설, 조선산 비단 부채, 역 부속 도서실, 바로 이와 같은 전혀 무관한 사상들의 '당착'이, 역 앞의 혼잡함을 생동감 있게 표현했으며, 그리고 근대문명의 상징인 급행열차도 흐린 날씨 속, 이곳에서 '접혀' 들어간 것이다.

---

3 『安西冬衛全集』第1卷, 宝文館, 1977.12.

②은 불과 한 줄이지만, 과거 문명의 최첨단이었던 사진관이 어느새 그 당시의 영광을 잃고 이제는 그저 거리 풍경으로 후퇴하고 있는 모습을 단적으로 포착하고 있다. 빠르게 교체되는 문명 장치, 이것 또한 프론티어 도시 다롄의 리얼한 모습이었던 것이다.

③은 다롄역 육교의 지극히 일상적인 풍경이지만, 시인은 마치 화가처럼 철저한 인상파적인 터치를 가했다. 즉, 육교를 건너는 노부인의 양산이 그저 평범하게 씌워지는 것이 아니라, 몸에 휘감겨 있는 것처럼 표현되고, 그리고 일그러진 거리도 그 특이한 치맛자락에서 퍼져나간 형태로 시인의 감각적인 가공이 덧붙여졌다. 다롄의 도시공간을 완전히 내면화하지 않았다면, 결코 이런 추상적인 데포르메를 만들 수 없었을 것이다.

다음으로 유라시아 대륙의 공간을 둘러싼 시인의 풍부한 상상력을 살펴보자.

④ 신장의 태양

신장 태양이 나를 빼앗았다.

이미 죄악적인 성성省城은 대륙사 저편, 지평선에 출현하기 시작했다.

재현의 세계에서, 신랄하게 오페라만이 가지고 있는, 이것은 무상의 접대이다.

일찍이 내가 던지는 좁은 세계, 하나의 기억이 스멀스멀 후퇴한다.

신속한 대륙사를 끊는 고달픔 속에서,

흙 내리는 새벽 속에.

　　　　　　　　　　　　　　　　　　　　　　　　—『군함말리』

⑤ 황허의 일

이슬람교는 콘크리트를 발명했다.

로로족은 파리 경시 총감보다도 아름답다.

간쑤성甘肅省이란 글자는 건축군의 구축을 암시한다. 나는 매장된 도시의 발굴을 시나 정부에 건언한다.

둔황敦煌의 등불의 집중을 보아라. 지구개발회사에 투자하라.

Yangtsekiang Bagdad Express는 납리拉里, 델리 사이의 tube를 요한다.

주로 장지藏地에서 이끼류가 작용하는, 궤도의 준열한 부식을 피하기 위해서.

황허는 지구를 깎고 있다.

Catalyser를 불러일으켜라.

미시시피와 강바닥을 공산共産시키기 위해.

—『군함말리』

①~③과 다소 다르게, ④와 ⑤는 분명히 시인 자신이 거주하는 지리적 위치, 즉 유라시아 대륙의 종단과 제국일본의 전선이 교차하는 공간점을 이용하여 그 시적 이미지를 부풀리고 있다. ④의 신장위구르, 다류사大流沙 그리고 배후의 성성은, 혹은 대륙 서쪽에서 온 문명의 상징으로, 그것이 영광과 죄악을 동반하고 내습해, 일찍이 시인이 기대고 있던 세계를 고달픔과 혼돈 속으로 후퇴시키고 있다. 이에 반해, ⑤에 나타난 황허, 간쑤, 둔황, 장지 등은 중국 또는 동양의 전통의 대표로 이해할 수 있으며, 시인이 매장된 도시의 발굴, 둔황의 등화에 대한 주목을 호소한 것은, 말하자면 그러한 동양 전통의 잠재력을 높게 평가하고 있으며, 동시에 그와 통하는 또 하나의 고대 문명의 발상지인 미시시피와의 '공산'

도 기대하고 있었을 것이다.

마지막으로 유라시아 대륙에 흐르는 유구한 시간에 대한 시인의 관찰이다.

⑥흥망

머위꽃 밑에 파란 타타르가 죽었다. 고양이 꼬리의 소용돌이 속에서 먼지투성이의 이슬람교가 탄생했다.

—『군함말리』

⑦두 개의 강 사이

우리 아시아에서는 첫 번째 바닥을 두 개의 강 사이에 둡니다.

인도에서는 VYomaganga 아래, Ganges 위에서. 시나는 Kiang과 Ho 사이에 껴서.

몽골에서는 흐르는 비단의 면사와 비단의 면사를 덮는 흐름에

모습을 감추어. 조선에서는 규방에 있는 강—Jordan의 물을

따르면서……

—『아시아의 함호』1933년 1월[4]

⑥도 불과 한 줄의 단시이지만, 중국 서북 고원에 펼쳐진 천 년이 넘는 역사의 흥망을 훌륭하게 포착하고 있다. 북방민족 타타르의 소멸이나 이슬람교의 동방진출이 여기서 지극히 구상적이고 독특하게 묘사되

---

[4]　『安西冬衛全集』第1卷, 宝文館, 1977.12.

고 있으며, 그 생생한 언어의 표현은 그 동안의 장대한 역사적 변천을 둘러싼 시인의 깊은 관찰이 응축되어 있다.

⑦은 아시아 각국의 문명의 발상을 말하는 것으로, 인도의 문명은 VYomaganga 아래와 Ganges 위에서 탄생하였으며, 중국 문명은 Kiang^{양쯔강}과 Ho^{황허} 사이에 생겨났고, 몽골은 흐르는 비단의 면사와 비단 면사를 덮는 흐름에 근원을 가지며, 조선 기원은 규방 강-Jorda의 물에 있다고 한다. 시인은 여기서 일종의 독특한 시각과 언어로 시공간 모두 매우 광대하게 아시아 문명의 탄생을 개괄하고 있다. 그 상상과 표현은 그야말로 지묘의 경지에 이르렀다고 하지 않을 수 없다.

반복되는 말이 되겠지만, 이상의 예에서 알 수 있듯이 안자이와 그의 동료들이 이른바 내지의 당시 시인들을 능가하는 시적 이미지를 가질 수 있었던 것은, 그들이 머물렀던 다롄이라는 제국 프론티어로서의 특수한 지리적 위치에 있다. 바로 이들이 신구문명 '대치'의 땅인 식민지 도시를 철저히 내면화, 신체화했기 때문에 그동안 내지에서는 생겨나지 않았던 새로운 모더니즘 시를 창출할 수 있었던 것이다.

그리고 안자이나 기타가와만큼 임팩트는 없었지만 시 잡지『亞』종간 이후, 그 정신을 계승한 다롄 거주 시인도 적지 않게 있었다. 그들이 만들어 낸 잡지『정크戎克』1929년나『엔진가이燕人街』1930년 등을 무대로 시마자키 쿄지島崎恭爾, 가토 이쿠야加藤郁哉, 이나바 쿄지稲葉享二, 후루카와 켄이치로古川賢一郎 등이 활약하여,『사이가이 시집塞外詩集』혼케 이사오(本家勇)편, 사이가이시사(塞外詩社) 출판, 1930년과 같은 수작을 세상에 내보냈다.

이처럼 다롄은 처음에는 어디까지나 '식민지'로 경영되기 시작했지만 이후 제국간의 경쟁이라는 역학 속에서 급속하게 프론티어로서의 첨단성을 더했고, 그리고 그것이 문화 영역에까지 반영되어 일부나마 '내지'를 능가하고 견인하는 입장으로까지 치닫게 되었다. '제국'발 모더니즘이 바로 여기서 반대방향으로 반전된 것이다.

제2부

동북아해역 도시 공간과 이동

우에다 다카코_ 제2차 세계대전 이후
동북아시아의 산동山東 동향 집단과 그 역할

공미희_ 간사이국제공항 건설 후 배후도시와
어촌지역의 지속가능 발전 사례 연구

이상원_ 사세보佐世保시의 근대화 유산과
경관으로 본 지역 아이덴티티

최민경_ 해역도시는 이민을 어떻게 '기억'하는가
일본 요코하마를 중심으로

제2차 세계대전 이후 동북아시아의
산둥山東 동향 집단과 그 역할

우에다 다카코

1. 들어가며

　　20세기 후반 아시아의 경제성장 속에서, 중국계 이민의 동태에 따른 지역 활성화를 다룬 논의는 동남아시아에서 선행되었다. 아시아에서는 기러기가 날고 있는 모습의 안행형雁行型 경제 발전, 동남아시아국가연합 ASEAN의 성장, 아시아의 네 마리 소룡小龍 등 전후 아시아 경제의 융성을 다루는 가운데 화교의 존재가 이야기되었다. 이에 비해 동북아시아에서는 중화인민공화국과 소련이라는 양대 사회주의 국가의 물리적 거대함 때문에, 동남아시아처럼 민간 주도의 경제가 지역 간 네트워크의 발달과 함께 화려하게 성장한 사례가 주목받지 못하였다. 오히려 정치적 긴장으로 인해 수면 아래에 제한된 형태의 인적 네트워크가 형성되었고, 거기서 살아간 사람이 존재하기 때문에 어떠한 네트워크가 있다는 것은 관계자들 사이에서 확실히 인식되고 있지만, 수면 위에서의 활발한 논의는 아직도 꺼려진다.

제2차 세계대전에서 일본이 패전하기 이전 동북아시아에는 일본이 식민지 정책을 전개하면서 지역별 사회의 잠재력이 억압되었지만, 지역 간 왕래를 위한 교통 인프라는 설치되었다. 오사카상선大阪商船에 의한 다롄大連을 허브로 하여 황해를 넘는 항로와 화베이華北에서 중국 둥베이東北 지역으로의 철도망 외에, 이와 연결되는 조선의 철도망이 존재하였고, 조선, 산둥반도, 일본열도, 중국 둥베이, 러시아 연해주로 확산 되는 사람의 이동이 있었다. 그중 중국계 인사들의 이동도 큰 비중을 차지하고 있었다. 그러나 일본이 패전한 후 중국 둥베이지역에서 중국공산당이 기반을 다지면서 사회주의 정권이 성립되고, 나아가 한국전쟁 이후 한반도가 분단됨으로써 동북아시아의 교통 인프라는 국경에 의해 단절되었다.

콜로니얼리즘하에서 이동한 사람들의 재이동은, 국민 국가의 틀 속에서 보면, 귀속되어야 할 국가로의 회귀라고 할 수 있을 것이다. 그러나 2차 세계대전 이후 각각의 국가는 재편 과정에 있었고 국제 정세도 안정되지 않았기에 정착하려고 했던 국가를 떠나는 사람들도 있었다. 연구자들은 이 점을 당연한 것으로 인식하고 있다.[1]

이 글에서는 동북아시아의 중국계 이민 가운데, 산둥인山東人을 다룰 것이다. 산둥인들의 근대사 속에서의 활동과 전후戰後의 활동을 비교 검토하면서, 동향 단체의 기능에 관해 분석할 것이다. 단, 사정이 복잡하므로 개인이 특정되는 구술 사례는 피하기로 한다.

---

1 아라라기 신조(蘭信三) 등에 의해 전후 사람의 재이동에 대한 연구가 축적되고 있다. 蘭信三 編, 『帝国以後の人の移動－ポストコロニアリズムとグローバリズムの交錯点』, 勉誠出版, 2013; 蘭信三·川喜多敦子·松浦雄介 編, 『引揚·追放·残留 : 戦後国際民族移動の比較研究』, 名古屋大学出版会, 2019 등.

2. 산둥 출신자 동향 집단

1) 동북아시아에 거점을 둔 동향 집단

광둥廣東, 푸젠福建, 산장三江의 화상 상권은 상하이·홍콩을 중계지로 하면서, 북쪽으로는 중국 둥베이지역 남부 및 조선, 일본열도까지 그 활동 범위가 펼쳐져 있었다.[2]

중국 둥베이지역으로의 전개 흔적은 회관會館의 분포에서 엿볼 수 있다. 광둥·푸젠계 회관은 가이핑현蓋平縣과 같은 항만, 펑톈성奉天省과 같은 정치·경제의 중심도시에 한정되어 있었고, 북부나 내륙으로의 확산은 보이지 않는다上田, 2018, pp.24~25. 1860년 베이징조약 이후, 잉커우營口의 개항을 계기로 광둥계의 무역상도 활동을 넓혀갔다. 서의순西義順처럼 1920년대까지는 큰 세력을 자랑하던 상점도 있었는데, 점차 그 세력이 약화되었다.[3]

일본에서는 1858년 미일화친통상조약 이후, 홋카이도의 대외 무역항으로서 하코다테函館의 지위가 향상되어, 1867년에는 나가사키長崎에 가게를 가지고 있던 산장계 화상 성기호成記號가 하코다테에 진출하였다. 그러나 1920년대에 산장계 무역상은 하코다테에서 점차 철수한다.[4]

조선에서는 동순태同順泰를 비롯한 광둥계 무역상이 활약하였다. 이들은 주로 조선과 상하이, 홍콩, 일본을 연결하는 네트워크 활동을 했는데

---

2 조선의 화상에 관해서는 이시카와 료타(石川亮太), 이정희(李正熙), 강진아(姜抮亞), 송오강(宋伍強) 등에 의해 일본어로도 많은 성과들이 나오고 있다. 이 글은 이러한 여러 연구자의 성과를 참조하였다.

3 서의순(西義順)에 관해서는 다음을 참조할 것. 松重充浩, 「営口–張政権の地方掌握過程」, 安冨歩·深尾葉子 編, 『満洲の成立–森林の消尽と近代空間の形成』, 名古屋大学出版会, 2009.

4 「函館と中国の関係年表」, 函館外国人居留地研究会, 『はこだてと外国人居留地–外国編』, 2010.

그 정점은 1920년대였다.[5]

이와 더불어 북부로도 세력이 확대되어 블라디보스토크·옌타이煙臺·다롄·인천·오사카·상하이가 산둥계 네트워크의 결절점이 되었다.

2) 산둥을 떠나는 사람들의 이동의 특징

산둥을 떠나 이동하는 산둥인들은, 수적으로는 노동력 이동이 압도적으로 많았다上田, 2008, p.320. 그 경향을 소개하면 다음과 같다. 『산둥통사현대권山東通史現代卷』1994에 이른 시기 해외 교민에 관한 사무로서 기재되어 있는 것은 1840년 이후 중국 여러 항의 개항으로 발생한 유럽으로의 노동력 이출이다. 가장 빠른 기록은 1864년부터 74년에 걸쳐 프랑스의 상사商社가 옌타이에서 노동자의 이출을 시행한 것이었다. 또 1870년에는 러시아가 시베리아 개발을 위한 기술자 모집을 칭다오靑島에서 하였다. 그 이후에도 1891년에는 천여 명의 노동자를 모아 블라디보스토크로 이송하였다. 1906년부터 10년에 걸쳐 러시아는 극동지역 개발에 50만 명이나 되는 노동자를 모집했다고 한다. 독일은 서사모아 식민지 개발에, 영국은 남아프리카 금광 개발을 위해 산둥에서 노동자를 모집하였다. 이처럼 중국인 노동력에 기댄 지역으로서 비교적 규모가 큰 것은 제1차 세계대전 시기 유럽이었다. 주로 영국, 프랑스, 러시아 등 협상국 측이 중국인 노동자를 모집했으며, 23만 명을 넘는 중국인이 유럽으로 건너갔다. 그 가운데 90%는 산둥인이었다고 한다安, 1994, p.665.[6]

---

5 조선의 광둥계 화상에 관해서는 다음을 참조할 것. 姜抮亞, 「朝鮮華僑と国民党 - 在京粵商同順泰号を糸口に語る忘れられた歷史」, 孫文研究会·神戸華僑華人研究会 編, 『東アジア世界と共和の創生 - 辛亥革命110周年記念国際学術シンポジウム論文集』, 汲古書院, 2023.

6 진삼정(陳三井)에 의하면 17.5만~20만의 노동자 중 80~90%가 산둥인이었다고 한다(陳,

게다가 일본이 중국 둥베이지역에서 광산, 항만, 철도 개발을 실시했을 때는 산둥성 및 즈리성直隸省에서 인적 자원노동자을 모았다. 특히 노동자를 아우르는 바터우把頭라고 불린 존재는 향리의 인적 네트워크를 이용해 노동자를 모집하였다.[7] 중일전쟁 시기가 되면서 화베이가 일본군의 세력하에 놓이게 되자, 산둥으로부터의 노동자 이동은 점차 강제적인 것이 되어 갔다. 바터우가 중개한 이동에는 이동하는 측이 선택할 여지가 있었지만, 전쟁 중의 이동은 군사력을 배경으로 한 모집기관에 의해 조직적, 비인도적인 노동력 이동으로 전개되었다上田, 2008, pp.330~331.

이처럼 중국 둥베이지역의 노동자로서 산둥 출신자의 존재가 두드러짐에 따라, 일본은 조사보고서에서 이들을 '산둥쿠리山東苦力'라 부르며 주목하였다. 한편 산둥성에서도 자오둥膠東 지구의 항구에서 둥베이로 향하는 사람들은 상업을 목적으로 이동하는 경우가 많았다. 1930년에 룽커우龍口에서 행해진 추출 조사에서 1,758명 중 660명이 상업 목적으로 둥베이로 향한다고 회답하였다滿鐵調査課, 1931, 統計43. 또 황현黃縣, 현재의 룽커우시에서 둥베이로 돈을 벌러 가는 목적은 '경상經商', 즉 상업에 종사하기 위한 것으로 간주되고 있었다上田, 2008, p.315. 자오둥 지구 출신자로서 외지에서 상업에 종사하는 돈벌이 문화를 가진 이 사람들은 동북아시아에서의 산둥인의 확산에 중요한 존재였다.

1986, pp.34~35).

7 바터우는 일본어로는 쿠리토(苦力頭)라고 불린다. 바터우 중 여러 바터우를 거느리고 많은 노동자를 수배할 수 있는 존재는 대(大) 바터우로 알려졌는데, 이들은 노동자 알선업자이기도 해서 일본의 건축업자 등도 주목하고 있었다(上田, 2008, pp.321~326).

3) 산둥인 동향 조직

중국 국내 및 조선, 일본으로 나아간 산둥인들은 산둥회관, 산둥동향회, 북방공소北帮公所 등의 동향 조직을 형성하였다.

(1) 중국 둥베이지역 산둥인의 동향 조직

둥베이지역에서는 청나라 시절 산둥에서 이동한 상인이 점포를 개설하여 상권을 형성한 지역에서 '회관'을 볼 수 있다. 이보다 늦은 중화민국 시기 이후, 새로 설립된 동향 단체에는 '산둥동향회'라는 이름이 붙어 있다. 산둥에서 이동한 상업 자본의 경우, 빠른 것은 강희康熙 연간에 펑톈성에 개설된 점포들로서上田, 2008, p.317, 펑톈성의 산둥회관은 건륭乾隆 57년1792 펑톈성 밖에 설립되었다. 회관은 내부에 천후궁天后宮을 가지고 있었고, 뒤에는 의총義塚을 가지고 있었다. 건륭 시기에 펑톈성 내에는 팔기八旗가 거주하고 있었기 때문에 설치 장소가 성 밖인 것은 당연하다고 할 수 있다. 그 후 산둥 자본이 성 내에 점포를 설치하면서 성황묘城隍廟 터를 거점으로 산둥동향회가 활동하게 되었다枝村, 1933, pp.2·5~6. 게다가 펑톈에는 현 단위의 황현동향회나 자오위안현招遠縣동향회도 존재했다上田, 2018, p.25.

또 슈옌현岫岩縣, 하이청현海城縣 현지에서도 산둥회관의 존재가 확인된다. 슈옌현 산둥회관의 설립연도는 알 수 없으나 병설된 의총은 도광道光 20년1840에 설치되었다岫岩縣志, 1928, 卷3, p.15. 하이청현의 산둥회관 중수비 기록에 의하면 건륭기에 건립되어 천후를 모셨다고 한다海城縣志, 1937, pp.11~12.

동향회의 경우, 퉁화현通化縣 산둥동향회가 1921년 성립되었다通化縣志, 1935, 卷2, p.110. 푸쑹현撫松縣의 동향 조직도 '동향회'이다. 설립연도는 불분명하지만 1928년 동향회 내에 직로直魯난민구제수용소가 설치되었다고 한다撫松縣志, 1930, 卷4, p.30. 푸쑹현 자체가 1909년에 설치된 현으로, 퉁화현보다 개발이 늦은 점에서 보아도 동향회 설립이 청나라 시기로 거슬러 올라간다고 생각하기 어렵다塚瀨, 1993, pp.211·214~215.

(2) 상하이 산둥회관

상하이에서 산둥인의 커뮤니티 형성을 확인할 수 있는 것은 순치順治연간 둥베이와 산둥에서 온 사람들이 공동으로 설립한 '관산둥공소關山東公所'이다. 이곳은 1825년 관산둥공소 의총에 만들어진 비문에도 쓰여있어, 이 시기에도 관산둥공소의 활동이 있었음을 알 수 있다上海博物館圖書資料室, 1980, p.194. 구성원은 주로 둥베이에서 대두를 운반하던 해운업자라고 생각된다郭, 2003, p.42. 관산둥공소는 건물 없이 의총의 운영 유지를 중심으로 한 조직이었다. 태평천국군의 상하이 공격 이후에는 의총을 유지할 수 없어 관산둥공소의 활동은 중단되었다.

그 후 1896년에 산둥 예현掖縣 출신 여해환呂海寰이 상약대신商約大臣으로 상하이에 부임했을 때, 산둥인들 사이에서 회관 설립의 기운이 높아져, 1906년 그 결실을 보았다. 산둥회관의 구성원은 개인 자격이 아니라 상점 단위였고, 게다가 동업자, 거래지, 연호聯號 단위로 구분되어 있었다. 업종으로는 관세, 공구公估, 서양잡화洋貨, 잡화, 제사업絲業, 은전銀錢, 철물鐵貨등이 있었으며, 거래지로는 황현, 칭다오, 지모即墨, 자오저우膠州, 웨이현濰縣 등 산둥성 내의 장소뿐만 아니라 사허沙河·구산孤山·잉커우 등 둥베이의 각 항구와 인천, 원산, 부산 등 조선의 개항지, 블라디보스토크 등이 있었다. 즉 외지에 거점이 있는 상점의 상하이 출장소도 회관의 구성원으로 간주되었음을 알 수 있다彭, 1995, pp.887~888.

(3) 북방공소의 전개와 오사카 북방공소

중국 각지에서 객상으로 활동하는 산둥인들이 만든 동향 단체는 산둥의 이름을 딴 것인데 반해, 한반도나 일본에 설립된 것에는 '북방北幇'이라는 이름이 붙어 있다. 산둥 출신자를 중심으로 한 동향 단체에서 북방이라는 이름을 사용한 조직은 한반도에서 성립된 것이 가장 빠르다. 1884년 인천에 인천산둥동향회가 성립된 후 서울에도 1885년경 경성북방회관이 들어섰다한반도화교사전, 2019, pp.31~32·354~355. 1884년 갑신정변 때 조선으로 진출한 청일 양국은 아이러니하게도 청일 및 조선 사이에서 사람·사물·돈의 움직임을 활성화했다.

1894년 청일전쟁으로 인해 일본의 영향력이 강화되면서 산둥 출신 상인들의 눈은 일본으로 향하게 되었다. 1895년 산둥성에 적을 둔 무역상이 오사카에 대청북양大淸北洋 상업회의소를 설립하였다. 이것이 지금까지 전해져 오는 오사카 중화북방공소의 시작이다. 이듬해에는 회원의 대상 범위를 허베이성河北省, 둥베이 3성으로 확대하여 대청북양 상업회의소에서 대청북방大淸北幇 상업회의소로 개칭하고 1916년에는 사단법인 자격을 얻었다.[8] 이때 2층 벽돌 건물을 세우고, 여기에 오사카 중화총상회 사무소와 고베神戸 중국총영사관 분관도 설치하였다大阪市役所産業部, 1982, pp.29·33. 이 공소 건물에서 국민당 오사카분회 설립대회가 실시되는 등 이곳은 동향 단체를 초월하여 오사카 화교의 사회 활동의 장소가 되었다.[9]

---

8 社団法人大阪中華北幇公所,「北幇公所沿革簡介」,『1981年会員名簿』, 神戸華僑歴史博物館所蔵, 1981.

4) 산둥계 화상의 전개 러시아로의 전개 사례

러시아에서의 산둥인의 경제 활동은 기록이 있지만, 동향 단체의 존재에 대해서는 향후 과제로 남아있다. 그래서 이 글에서는 20세기로의 세기 전환기에 러시아에서의 경험을 이야기한 산둥 상인의 사례를 살펴볼 것이다. 이 사례들을 통해 정치적 혼란기를 어떻게 극복했는지 유추해 볼 수 있을 것이다.

(1) 기봉대紀鳳台

기봉대는 황현 출신으로 러시아 국적을 취득했으며 러시아 사료에도 기록이 남아있다. 1873년 하바롭스크에서 노동자의 통역으로 활동한 것이 확인된다. 하바롭스크를 거점으로 화성리호和成利號라는 이름으로 상업 활동을 하였다. 일찍부터 러시아 국적 취득에 의욕적이었던 그는 러시아 정교로의 개종과 변발을 자른다는 요구 조건만 갖춘 채 1893년 러시아 국적을 취득하였다麻田, 2008, pp.297~299. 쑹화강松花江 무역에도 적극적으로 관계하여, 하얼빈이 개발된 이후인 1902년 하얼빈에도 점포를 차렸다麻田, 2008, pp.301~302. 1898년 러시아가 요동반도를 조차하자 이곳에도 사업을 확장하였다. 러시아 및 러시아 세력 하의 둥베이 북부의 물산과 랴오둥遼東이나 자오둥膠東의 물산 판매로 큰 이익을 얻었다. 특히 다롄 화상 상회의 협리協理였던 류조억劉肇億과 손잡고 다싱안링大興安嶺의 목재를 랴오둥 및 화베이에 판매하였다王勝利 外, 1999, pp.101~103. 동시에 근로자 모집사업을 벌였다. 뤼순旅順에 거점을 두고 동청철도 부설공

---

9 『張友深関係文書』에는 중국 국민당 오사카분회 설립대회 기념사진을 비롯해 오사카 화교 사회의 활동에 관한 기념사진이 다수 수록되어 있다(蔣, 2020, pp.48~49・51).

사에 필요한 노동자 모집을 도급받았다. 또 1901년 중국인이 주도한 푸순撫順 탄광개발에도 출자하였다. 이듬해에 탄광주들 간의 분쟁을 틈타 러시아가 이 탄광의 이권을 획득했는데, 그때 중개자로서도 이름을 드러냈다蜷川, 1937, pp.91~93.

뤼순과 다롄에 극장을 건설하는 등 상당한 투자를 했지만, 러일전쟁 이후에는 일본 측으로부터 러시아 측에 전시 협력을 했다는 추궁을 받아, 일본 측에 재산을 몰수당했고 사형까지 선고받았다. 러시아 국적자에 대한 이 판결은 정당성을 결여했기 때문에 그는 러시아 정부를 통해서 자산 반환 요구 활동을 실시했지만, 일본 측은 이에 응하지 않았다麻田, 2008, pp.307~308. 러일전쟁 이후 사업 회복을 위해 분주한 가운데 1910년 상트페테르부르크에서 사망했고 하얼빈에 매장되었다麻田, 2008, p.309.

(2) 양선당梁善堂

1900년 옌타이에 복순덕은행福順德銀號을 개업한 양선당도 블라디보스토크에서 활동한 경험이 있었다. 블라디보스토크에서 노동자로 일하다가 옌타이에 돌아가 객잔복순덕客栈福順德을 경영하였다. 객잔은 숙소인 동시에 교통수단의 티켓 구입 대행 등도 하는 곳이었다. 또 동향인이 경영하는 객잔끼리는 서로 네트워크로 연결되어 있어, 외지로 돈 벌러 나가는 사람의 이동을 지원해주는 존재였다上田, 2008, p.328. 복순덕은 사업의 확대에 따라 금융업을 하게 되었고, 이것이 주요 업무가 되었다. 둥베이 각지 및 산둥성 내에 분점를 설치하여 노동자나 소규모 상인을 대상으로 한 사업을 실시하였다煙臺市文化局, 2002, pp.279~282.

(3) 왕일령王日玲

룽커우龍口 출신의 바터우로서 블라디보스토크에서 활동하였다. 1889년 16세에 블라디보스토크로 건너가 노동자로 일하며 두각을 나타냈고, 26세 무렵에는 바터우로서 노동자를 모으는 사업을 벌였다. 조카에게 베이징에서 러시아어를 배우도록 하여 사업을 돕게 하였다. 그러나 1909년경부터 블라디보스토크에서는 중국인에 대한 학대 문제가 제기되고 있었다. 『동방잡지東方雜誌』에는 라이저우萊州출신의 정丁 모 씨가 권속 30여 명을 데리고 돌아온 사례도 게재되어 있다.[10] 왕일령도 중화민국 시기가 되자 블라디보스토크에서 사업을 철수하였다. 그리고 1911년 6월 의연금을 내고 블라디보스토크에서 노동자를 데리고 돌아왔고, 이를 칭찬하는 블라디보스토크 영사의 기록 사본이 후손에게 남아 있다上田, 2008, pp.321~322. 1910년 말에서 1911년 초에 이르는 겨울에는 러시아에서 들어온 흑사병이 둥베이지역을 휩쓴 시기여서 노동자들의 귀국이 여의치 않았음을 예상할 수 있다.

(4) 장정각張廷閣

예현 출신의 장정각은 블라디보스토크에서 성공해 하얼빈으로 거점을 옮겼으며, 하얼빈에서도 성공한 산둥인이다. 블라디보스토크로 건너간 시기는 불분명하지만, 당시 이미 잡화상으로 성공 가도를 달리던 학승딩郝昇堂이 창업한 잡화상 쌍합성双合盛에 스카우트되었으며, 러일전쟁에 편승하여 소금 매매로 성공하였다. 이어서 쌍합성의 공동 경영자가 되

---

10 「各地華僑近況」,『東方雜誌』6年 第12期, 1909.11;『東方雜誌』復刊23卷, p.445.

었으며 1914년 블라디보스토크 중화총상회中華總商會 회장도 맡았다平, 1992, pp.47·50.

그 무렵부터 중국 국내로 경제활동의 중심을 옮기기 시작하여 베이징에서 맥주 공장, 하얼빈에서 제분 공장 등을 경영하였고, 1919년에는 블라디보스토크에서 철수하였다平, 1992, p.48. 하얼빈에서도 1923년 하얼빈 총상회 회장을 맡았다. 동시에 러시아 세력 하의 시의회에서 1918년부터 의원을 지냈다平, 1992, p.50. 1926년 하얼빈시의 시 정권이 중국 측에 회수될 때, 이를 성사시키기 위해서 중국인 의원단은 보이콧을 실시했는데, 그 중요 인물 중 한 사람이었다. 중국인이 시 정권을 잡게 되자 시의회 의장을 맡기도 하였다上田, 2001, pp.221~222.

장정각을 경영자로 한 쌍합성은 모스크바, 오사카, 요코하마, 홍콩, 싱가포르에도 주재원을 두고 있었다平, 1992, p.47. 상하이 산둥회관을 지탱하는 우두머리 중에서도 쌍합성 계통으로 생각되는 쌍합성双合成, 盛一成이라는 이름이 발견되었다彭, 1995, p.888. 종업원의 대부분이 예현 출신자였기 때문에 쌍합성의 이름은 그곳에서 높게 평가되고 있었고, 그 이름을 숭모하여 직업을 구하는 경우도 있었다楊, 1988, pp.5~9.

여기에 언급된 4명은 제정 러시아의 극동 진출에 따른 파도를 타고 성공한 사례이다. 기봉대, 양선당, 왕일령은 모두 극동 러시아에서의 중국인 노동자 도급업에도 종사하고 있었다. 그러한 가운데, 어떻게 다음 사업을 전개할 것인가에 관해서는 약간 차이가 있었다. 기봉대는 러시아와 중국뿐만 아니라 당시 일본에서도 군과 관계된 자들 사이에서 널리 알려진 인물이었다. 러시아 국적을 신청할 때 중국에 가까운 친척이 없다는 주장을 펼쳤으며, 러시아군이나 정부 관계자와의 유대를 강화하는 데도 적극적이었다. 그 외 3명은 러시아에서의 성공을 기초로 거점을 중국 국내로 옮기는 것과 동시에, 각각 속한 집단을 의식해 그 집단에 공헌하였다. 왕일령의 사례가 대표적이라고 할 수 있다. 장정각의 하얼빈 사회에서의 활동도 하얼빈 화인 커뮤니티를 의식한 움직임이라고 할 수 있다. 양선당의 객잔 및 소자본 대상 금융업도 외지에서 돈을 벌어본 경험에서 나온 것으로서, 동향인의 이동과 송금을 위한 서비스라고 할 수 있다.

3. 제2차 세계대전 이후 국제질서의 재편과 산둥인

외지에서의 동향인의 존재는 이민이나 외지 돈벌이의 계기가 되기도 한다. 즉 체인 마이그레이션chain migration으로서 동향인의 존재가 후속 이민을 끌어들이는 것으로 연결되는 경향은 종래부터 알려져 왔다. 다만, 이 글에서는 앞의 러시아의 사례처럼 위기 상황에서 동향인들의 유대가 어떻게 기능하였는가에 주목하고자 한다. 여기서는 일본 오사카의 산둥 출신 동향인들이 제2차 세계대전 이후 불투명한 상황을 어떻게 극복했는지 구술 수집 성과를 기초로 살펴볼 것이다.

1) 오사카 산둥방

1868년 1월 1일에 오사카가 개시되었고, 동년 9월 1일음 7월 15일 오사카항의 개항이 실현되었다. 1868년 시점에서 중국인 21명이 오사카에 체류하고 있음이 확인된다. 나가사키에서 이동한 광둥·푸젠 상인, 서양인의 고용인, 밀항자 등이었다西口, 1995, pp.102·105. 중국인 상인이 모인 곳은 거류지가 있던 가와구치川口 및 그에 인접한 혼덴本田 지구였기 때문에 오사카의 중국인 상인은 가와구치 화상이라고 불렸다.

화남華南·화중華中의 상인들은 비교적 이른 시기부터 오사카로 이동하였다. 미에공소三江公所는 1880년대에 성립되었다西口, 1995, p.113. 그 후 1884년 오사카상선회사가 설립되었고, 1890년 부산선, 1893년 인천선, 1899년 화베이 연안으로의 정기 항로가 열리자 오사카에는 화베이 상인이 늘어나기 시작하였다. 게이한신京阪神에서는 오사카와 고베 두 항구가 대외 무역의 주요 항구였는데 취급품이나 항로에 따라 역할 분담이 이루어졌다. 무역상도 고베에 거점을 두는 자와 오사카에 거점을 두는 자로 분화해 갔다. 1925년 연말 시점의 오사카 중화총상회 회원 300여 명 중 260여 명이 북방北幇이었기 때문에 일본 내 화상 중 북방이 강하다는 것이 오사카의 특징이었다大阪市役所産業部, 1928, p.29.

북방에 소속된 화상의 상업 형태 중에서 행잔行棧이 일본인의 눈길을 끌었는데, 당시의 조사 보고에는 이 행잔이 반드시 소개되어 있었다. 행잔은 객잔을 겸영하는 무역상이라고 설명할 수 있다. 중국에서 파견된 출장원들에게 숙소와 임시사무소를 제공하던 행잔은 운영자와 손님인 출장원, 파견되어 오는 중국 상인 등이 동향인 경우가 많았다大阪市役所産業部, 1928, pp.20~23. 행잔은 객잔의 한 유형이라고 할 수 있지만, 무역 업무의 지원이 후하여 객잔의 기능을 넘어서고 있었다. 행잔에 기숙하는 출장원은 단신으로 오사카에 파견된 자들로, 20~30대의 젊고 유능한 점원이었다. 그들은 회사 측의 요구로 상하이 등에 출장원으로 파견되는 경우도 있었기 때문에 일본어를 잘하지 못했다. 그래서 행잔은 통역 업

무도 제공하였다大阪市役所産業部, 1928, pp.8~19.[11]

산둥인을 중심으로 한 화베이·둥베이인의 동향 조직이기도 했던 북방공소는, 매입을 진행하는 출장원들의 보험 특약을 대행하기도 했다. 보험 신청서에 쓴 금액을 근거로 하여 수출 화물 원가의 2리의 비율로 회원으로부터 부과금을 징수했는데, 이것이 재원이 되었다大阪市役所産業部, 1928, pp.33~34.

가와구치·혼덴 지구에는 중국인 무역상과의 거래를 중심으로 영업을 하는 중화요리점이 존재하였다. 이는 음식 문화의 전파이기도 했다. 덴센카쿠天仙閣, 다이토루大東楼, 덴카구락부天華倶楽部, 도카이루東海楼 등 연회가 가능한 대형 중화요리점이 있었고, 간단한 식사를 할 수 있는 점포도 세 군데 정도 있었다大阪市役所産業部, 1939, p.138. 또 행잔에서는 출장원을 위한 식사도 제공하였다大阪市役所産業部, 1939, p.16. 이 음식을 제공한 사람들도 산둥성 출신의 남성들이었다.

제2차 세계대전 시기에도 북방공소를 중심으로 무역 활동은 행해졌다. 그러나 북방공소는 1945년 3월 13일 공습으로 외부만 남고 내부가 소실되었다. 이 공습으로 주변도 불타 버렸고 사람들은 각지로 피난을 떠났다.[12]

---

11 중국 국내의 점포가 상황(商況)에 대응해 점원을 파견하는 일에 관해서는, 중국의 일본인 펑톈상공회의소도 주의 깊게 살펴보고 있었다「城内の主な華商続々川口に店員を派す」, 『奉天経済旬報』), 출점 또한 점원의 커리어를 고려하여 상하이 또는 오사카 등에 출장원을 파견하였다(鄭, 1938, p.34).
12 공습 후 불탄 채 남은 행잔 건물 63번관에 모여 있던 사람들은 2017년 2018년에 추모회를 열었다. 그분들의 구술을 참고한 것이다(大阪川口63番館の軌跡制作委員会, 2018).

2) 산둥방을 둘러싼 전후 혼란

여기서는 산둥인의 출신지 및 일본 국내에서 그들을 둘러싼 일본 화교사회, 그리고 산둥인 커뮤니티의 전후戰後를 살펴보도록 하겠다.

(1) 산둥반도

산둥성의 경우 중일전쟁 이전에는 공산당 조직이 약했고, 민중에 대한 영향력도 약했다馬場, 2021, p.33. 거점은 반도 남부의 쥐난현莒南縣에 있었다. 1938년 반도 북부의 자오둥 지구에서는 펑라이현蓬萊縣, 황현, 예현에 항일 근거지가 형성되었다. 그러나 1939년 토비 출신의 유계당劉桂堂이 일본군에 협력하여 공격을 가하는 바람에 산악지구를 근거지로 하여 철수하였다馬場, 2021, pp.80~85. 또 일본군이 5회에 걸쳐 화베이에서 공산당 대책으로서 실시한 치안강화운동이나, 앞의 유계당처럼 일본군에 협력하는 군의 존재 때문에 1942년이 되어도 연해 도시부에 대한 중국공산당의 영향력은 한정적이었다馬場, 2021, pp.366~367·411~412.

일본의 패전 이후 1948년 가을까지 산둥반도는 내전의 귀추가 불투명하였다. 대일 협력자의 대부분은 국민당 편에 섰다馬場, 2021, p.410. 이를 공략하기 위해 공산당은 1947년이 되자 적극적인 공세에 나섰다. 10월에는 예현, 치샤현栖霞縣, 웨이하이현威海縣, 무핑현牟平縣 등을 해방군의 세력하에 두었다安, 1994, p.353. 그러나 옌타이는 제남전쟁濟南戰爭 후인 1948년 10월 15일에야 공산당의 실효 지배가 가능하였다安, 1994, p.368.

(2) 일본 화교

전후 일본의 화교 사회에서는 중국의 국공내전을 즈음하여 어느 쪽을 지지하느냐는 점에서 논란이 분분하였다. 그에 기반한 활동이 이른바 화교운동이다. 1949년 중화인민공화국이 성립되었으나 일본 정부는 1952년 중화민국과 일화日華평화조약을 체결하였고 중화인민공화국과는 국교를 체결하지 않았다. 이 때문에 화교들에게는 국공 어느 쪽을 지지하는가와 같은 사상적인 문제뿐만 아니라 여권 취득이라는 현실적인 문제도 뒤따랐다.

간사이關西지역에서 전후 결성된 고베화교총회神戶華僑總會는 중화민국과 연락 체계를 갖추고 있었다. 그러한 가운데 대륙 지지를 내걸고 1957년 고베를 중심으로 고베화교연의회神戶華僑聯誼會가 결성되었다. 이 모임에는 타이완, 광둥, 푸젠 출신 화교의 참여가 두드러졌다安井, 2018, p.49.

(3) 산둥인

전후 일본 국내 화교 사회에서 정치적 판단을 둘러싼 활동이 활발해지는 가운데, 북방으로 결집했던 산둥인들은 어떤 상황이었을까. GHQ가 일본에 주둔하자, 중화민국 국적자에게는 배급이 분배되었다. 북방공소 빌딩은 공습으로 인해 건물로서의 기능은 사라졌지만, 살아남은 직원들이 이 배급 할당 업무를 담당하게 되었다上田, 2023, p.118.

북방공소의 기록에 의하면 1955년이 되면 교토, 오사카, 고베의 세 지구에 사는 산둥, 허베이, 둥베이 3성 출신 화교 유지들이 협력하여 공소의 부흥을 목표로 조직을 구성했다고 한다. 그리고 이듬해에는 감사회를 부활시켜 업무를 일신하였다. 1965년에는 오사카시의 토지정리사업으로 인해 혼덴에 위치하고 있던 북방공소가 퇴거의 위기에 처했다. 그 결과 오사카시에서는 현재의 니시구西區 우츠보혼마치靭本町 3-9-2에 대체지를 마련해 주었고, 이곳으로 이전하여 1967년에 신관을 낙성하였다. 북방공소가 소장한 사진을 보면 동아시아 풍의 외관을 가진 건물이었다. 그동안 전후 화교운동에 대해서는 개인적으로 참여하는 사람도 있었지만, 화교운동 기록에서 북방 멤버의 이름은 거의 찾아볼 수 없다. 이 점을 보면 오히려 북방공소가 주력한 것은 일본에서 생활하는 멤버들의 안정적인 경제활동이 우선이었을 것으로 생각된다.

전전에는 산둥인 경제활동의 중심은 가와구치를 중심으로 한 무역이었지만, 전후에는 요리업이 중심이 되었고 점포도 가와구치 밖으로 확대되었다. 전전 오사카의 중화요리는 가와구치 및 가와구치를 포함한 니시구에 집중되어 있었다.[13] 간사이에서의 대형 점포의 역사는 가와구치에서 시작해, 고베로 전개해 갔다고 할 수 있다. 가와구치의 중화요리점 중에는 관광 안내 등에 이름을 올린 가게도 있었다. 헤이와루平和楼는 소수의 거래 상담과 가족적인 만찬도 가능한 동시에, 50여 명의 연회에도 적합하다는 평가를 받았다大阪商品研究会, 1941, p.324. 산둥인 요리사들이 고베에도 점차 가게를 열기 시작했는데, 오사카에서 수업을 한 유학증劉學增의 출점 및 거기서 수업한 인재의 독립을 계기로 고베에서 발전을 할 수 있었다.[14] 산둥인의 연회를 책임지던 대형 중화요리점은 전후 일본의 경제성장 속에서 간사이 일원에 퍼져 갔다上田, 2023, pp.119~121.

이 대형 중화요리점의 증가를 가능하게 한 것은 산둥방 내에서의 노

---

13 大阪商品研究会 編, 『大阪案内』, 大阪参文社, 1941에 의하면 오사카에서 본격적인 '중화요리'를 제공한 가게는 니시구 가와구치에 많았다. 여기에는 6개의 중화요리점을 소개하고 있는데, 그 중 반수는 가와구치와 가와구치가 속한 니시구에 위치하였다(大阪商品研究会, 1941, pp.324~326).

14 고베의 중화요리점의 전개에 관해서는 다음 자료에 상세히 나타나 있다. 陳來幸, 「日本の華僑社会における中国料理定着の流れ – 神戸・大阪を中心として」, 2019.

하우 축적에 있었다. 전전에 무역업에 종사하고 있던 사람들이 점포 경영이나 회계를 담당하고, 객잔의 주방이나 가와구치의 요리점에서 일하고 있던 요리사를 표면에 내세워, 중화요리점으로서의 질을 높였다. 또 신규 점포를 출점할 때는 손님 쟁탈전이 일어나지 않도록 점포의 장소에 관해 산둥방 끼리 서로 배려하였다. 산둥계 음식점은 각 업소마다 독립적인 개성을 가지고 운영되고 있었기 때문에 산둥방에서 전체적인 마케팅을 실시하여 출점을 조정하고 있었음을 알 수 있다. 또 멤버 내에서 신규 출점을 희망하는 자에게는, 출점 조정 후 원한다면 스텝이나 노하우 지원, 경우에 따라서는 자본의 일부 부담도 포함한 지원이 이루어지고 있었다. 대규모 음식점 체인 그룹은 아니었지만 산둥방의 지원은 그러한 체인 그룹이 수행하는 기능을 담당했다고 할 수 있다. 이것이 전후의 이른 시기부터 기능하고 있던 점은 주목할 만하다上田, 2023, pp.121~123.

동향 단체 내에서의 인재 융통은 전후 일본에 온 산둥인에게 안전망으로서도 기능하였다. 앞서 말한 산둥반도의 불안정 때문에 중화인민공화국 성립 전야에 산둥반도를 떠난 사람들이 있었다. 대부분은 여성이나 아이들로, 종전 전부터 국외에서 일하고 있던 '집안의 기둥'과 떨어져 지내던 사람들이었다. 어린 시절인 1949년 5월 단오절 무렵에 배를 타고 인천으로 이동했다는 이야기를 산둥 출신의 몇몇 사람들로부터 들은 적이 있다. 그 후 친족이 오사카에 있는 경우 일본으로 도항하였다. 한국에서 타이완으로 건너가 거기서 일본으로 가는 경우, 타이완으로 가기로 계획했지만 중계지인 일본에 정착한 경우도 있었다. 일본에 도착한 그들에게 신원보증 등은 법인격을 가진 북방공소 스텝 중 행정 대응에 능한 사람들이 도왔고, 더 나아가 직장으로 요리점을 소개하기도 했다上田, 2023, pp.129~130.

안정적인 경제력을 가진 북방공소는 1972년 일중 국교정상화가 이루어짐에 따라 중화인민공화국 오사카 총영사관 설치 장소를 찾고 있을 때 장소를 제공할 수 있었다. 그리고 1985년 건물을 개축하여 남쪽에 총영사관, 북쪽 2층에 오사카 화교총회가 입주한 현재의 상태가 되었다.

한편 중화회관中華會館·동문학교同文學校·중화의장中華義莊 등 화교의 생활에 필요한 시설이 모여 있는 점에서 효고현 내 게이한신지역에 거주하는 산둥인이 증가했고, 그 결과 1983년 효고현에도 산둥동향회가 조직되었다. 북방공소는 현재 일반사단법인으로 법인 자격을 갖고 있으며 소속 회원들의 경제활동 지원을 중심으로 하고 있는 반면, 산둥동향회는 오히려 동향인들의 교류를 지원하고 친목을 위한 활동에 중점을 두고 있다.[15]

4. 나가며

제2차 세계대전 종결 및 그 후 냉전이라는 사태는 국경을 초월한 사람들을 새로운 국제환경의 영향 아래에 처하게 했다. 거기에 적극적으로 관여하고, 정치운동을 하는 생활 방식도 있었다. 반면 격동에 휩쓸리지 않고 조용히 결속을 강화하면서 시대를 극복하는 방법도 있었다. 전후 일본에서는 전전만큼 동향 집단에 특화된 업종이 보이지 않는 가운

---

15 「大阪中華北幇公所章程」, 『北幇公所会員名簿』 所収; 「兵庫県山東省同郷会章程」, 『兵庫県山東同郷会創立記念刊』, 11~12頁.

데, 산둥인＝요리업이라고 인식될 정도로 단일한 업종이 많은 점은 그 결속력을 상징한다.

전후 일본의 산둥방은 대규모 점포를 경영하였는데, 그중에서 요리사ㆍ회계ㆍ접객 영업 등 여러 종류의 역할을 명확히 하여 개개인이 개성에 맞게 일을 할 수 있도록 했다. 그리하여 동향인 중에서 취업을 못하는 인재를 아예 없도록 하였다. 이러한 경영 스타일은 다른 동향 집단이 가족 경영을 중심으로 요릿집을 운영하던 것과 큰 차이가 난다.

현재 일본에서는 중화요리업 단체로서 '중화요리업 위생동업조합'이 있다. 전국 각지에 설치된 이 조합의 주요 조합원이 화교만이라고 한정할 수 없지만, 효고현 중화요리업 위생동업조합은 고베에 있는 화교계 요리점이 중심이다. 게다가 그 사무소는 효고현 산둥동향회 사무소와 같은 건물에 있다. 고베에 이 단체가 설립될 때에도 산둥계의 대규모 요리점이 중심이 되었다上田, 2023, pp.128~129.

제한이 엄격하고 왕래가 어려운 국제환경 속에서, 생존의 길을 확보하고 지탱하는 존재로서 산둥인 동향 단체는 기능하였다. 이 역경에서 살아남기 위해 작용했기 때문에 동향 단체의 결속은 강한 응집력을 가지고 있다. 왕래가 불편한 탓에 국외 산둥인들이 서로 연락 관계를 갖는 일은 거의 없었다. 그러나 동향 단체는 산둥인 한 사람 한 사람의 백그라운드가 되어 그들을 보호해주었기 때문에 전전 이래의 상조 기능이 계속 작동할 수 있었고, 냉전기의 이동자에게 활동의 장을 제공할 수 있었다. 그것을 네트워크라고 하기에는 무리가 있지만, 그렇기 때문에 냉전기의 동아시아에 적합한 형태로 유지되었다고 할 수 있다.

참고문헌

1. 일본어 자료

麻田雅文, 「華商紀鳳台-ロシア帝国における「跨境者」の一例」, 松里公孝 編, 『講座須スラブ・ユーラシア学第3巻ユーラシア帝国の大陸』, 講談社, 2008.

蘭信三 編, 『帝国以後の人の移動-ポストコロニアリズムとグローバリズムの交錯点』, 勉誠出版, 2013.

_____・川喜多敦子・松浦雄介 編, 『引揚・追放・残留-戦後国際民族移動の比較研究』, 名古屋大学出版会, 2019.

石川亮太, 『近代アジア市場と朝-開港・華商・帝国』, 名古屋大学出版会, 2016.

李正熙, 『朝鮮華僑と近代東アジア』, 京都大学学術出版会, 2012.

上田貴子, 「戦後大阪神戸における山東帮の生存戦略」, 陳來幸 編, 『冷戦アジアと華僑華人』, 風響社, 2023.

_____, 「奉天・大阪・上海における山東帮」, 孫文研究会, 『孫文研究』, 第54号, 2014.

_____, 「20世紀の東北アジアにおける人口移動と「華」」, 『中国研究月報』第65巻 第2号, 2011年 2月.

_____, 「東北アジアにおける中国人移民の変遷」, 蘭信三 編, 『日本帝国をめぐる人口移動の国際社会学』, 不二出版, 2008.

_____, 「山東帮于東北的情況」, 蔣惠民 編, 『丁氏故宅研究文集』, 華文出版社, 2005.

枝村栄, 「奉天に於ける会館に就いて」, 『満鉄調査月報』13巻10号, 1933年10月.

大阪川口63番館の軌跡制作委員会, 『大阪川口63番館の軌跡』, 私家版, 2018.

姜抮亜, 「朝鮮華僑と国民党-在京粤商同順泰号を糸口に語る忘れられた歴史」, 孫文研究会・神戸華僑華人研究会 編, 『東アジア世界と共和の創生-辛亥革命110周年記念国際学術シンポジウム論文集』, 汲古書院, 2023.

宋伍強, 「第二次世界大戦後朝鮮における華僑管理機構の成立」, 兵庫県立大学『星陵台論集』43巻 3号, 2011.

陳來幸, 「日本の華僑社会における中国料理定着の流れ-神戸・大阪を中心として」, 岩間一弘 編, 『中国料理と近現代日本』, 慶應義塾大学出版会, 2019.

塚瀬進, 『東北経済史研究-鉄道敷設と中国東北経済の変化』, 東方書店, 1993.

鄭峻山, 「日支貿易の商慣習と取引上の注意」, 大阪商業振興会, 『対支貿易と川口の商慣習』, 1938.

西口忠, 「川口華商の形成」, 堀田暁生・西口忠共 編, 『大阪川口居留地の研究』, 思文閣出版, 1995.

蜷川新, 『満洲に於ける帝国の利権』, 清水書院, 1937.

はこだて外国人居留地研究会, 『はこだてと外国人居留地-外国編』, 2010.

馬場毅, 『日中戦争と中国の抗戦-山東抗日根拠地を中心に』, 集広社, 2021.

松重充浩, 「営口-張政権の地方掌握過程」安冨歩・深尾葉子 編, 『満洲の成立-森林の消尽と近代空間の形成』, 名古屋大学出版会, 2009.

安井三吉, 「神戸華僑聯誼会史綱(1957~1976)」, 戦後神戸華僑関係資料を読む会 編, 『戦後神戸華僑史の研究』, 神戸華僑歴史博物館, 2018.

2. 한국어 자료

이정희·송승석·송우창·정은주 편저, 『한반도화교사전』, 인터북스, 2019.

3. 중국어 자료

安作璋 主編, 『山東通史現代卷』上下, 山東人民出版社, 1994.

陳三井, 『華工與欧戦』, 中央研究院近代史研究所, 1986.

郭緒印, 『老上海的同郷団体』, 文滙出版社, 2003.

彭澤益 主編, 『中国工商行会資料集』下冊, 中華書局, 1995.

上海博物館図書資料室 編, 『上海碑刻資料選輯』, 上海人民出版社, 1980.

王勝利·王子平·韓悦行·田久川 主編, 『大連近百年史人物』, 遼寧人民出版社, 1999.

辛培林, 「張廷閣」, 黒竜江省地方志編纂委員会 編, 『黒竜江人物伝略(四)』, 黒竜江人民出版社, 1992.

煙台市文化局, 『煙台山』, 文物出版社, 2002.

楊雲程, 「我在双合盛的見聞」, 莱州市政治協商会議文史資料研究委員会 編, 『莱州文史資料第二輯』, 1998.

4. 기타 자료

満鉄調査課, 『満洲出稼移住漢民の数的考察』, 1931.

「城内の主な華商続々川口に店員を派す」, 『奉天経済旬報』1巻20号, 奉天 : 奉天商業会議所, 1927年 6月15日.

『北幇公所会員名簿』

兵庫県山東同郷会, 『兵庫県山東同郷会創立記念刊』, 1984.

大阪市役所産業部, 『大阪在留支那貿易商』, 大阪市, 1928.

大阪市産業部, 『事変下の川口華商』, 大阪市, 1939.

大阪貿易事務所貿易局, 『阪神在留ノ華商ト其ノ貿易事情』, 大阪市, 1938.

大阪商品研究会編輯部, 『大阪案内』, 大阪参文社, 1941.

『東方雑誌』, 6年 第12期, 1909年11月.

『岫岩県志』, 1928.

『海城県志』, 1937.

『通化県志』, 1935.

『撫松県志』, 1930.

간사이국제공항 건설 후 배후도시와 어촌지역의 지속가능 발전 사례 연구

공미희

1. 들어가며

이 글은 가덕도신공항이 건설되면 해역이 축소되고, 건설과 운영으로 인한 환경 변화로 어종이 감소해 어민들의 생계가 어려워질 수 있다는 점, 대항동의 전통어로인 육수장망을 이용한 어업은 사라질 가능성이 있다는 전통 문화 손실에 대한 우려, 그리고 신공항 건설로 인해 대항동 및 주변 해역의 자연환경이 파괴될 가능성이 있다는 문제의식에서 시작한다. 가덕도신공항건설을 하면서도 어민이 같이 살아갈 수 있는 방법은 없는 것일까? 모색의 하나로서 공생을 제언할 수 있고 이와 같은 방안의 하나로서 간사이국제공항 건설 이후 배후도시와 인근 어촌도시에서의 지속가능발전 노력에 바탕을 둔 선례를 고찰했다.

간사이국제공항은 오사카만大阪灣 내 센슈泉州 앞바다 5km의 매립지에 해당되는 센난군 다지리읍泉南郡田尻町 · 이즈미사노시泉佐野市 · 센난시泉南市에 걸쳐있는 세계 최초의 인공섬으로 이루어진 해상 공항이다. 1994년 9

월 4일에 개항되었고 국가·지방자치체·민간이 공동 출자하는 정부 지정 특수 회사 간사이국제공항 주식회사가 관리·경영하다가 현재는 순수 민간기업의 간사이 에어포트 주식회사가 운영하고 있다. 2016년 3월에는 나리타국제공항을 웃도는 460억 엔의 영업수익을 올리는 등 일본에서 수익률이 제일 좋은 공항으로 전신하기에 이르렀다. 그리고 두 번째 B활주로가 정비된 2007년 9월 1일 이후에는 활주로 보수점검으로 공항을 폐쇄하지 않고 완전한 24시간 운용이 이루어지게 되었다. 공항이 건설된 이후 그 주위 배후도시와 어촌지역에는 경제적 영향, 인구이동과 사회적 변화, 환경변화 등 다양한 영향이 있었다. 린쿠타운 건설로 인해 배후도시로서의 신규도시에는 일자리와 주거 공간이 확보되기 때문에 이주를 희망하는 사람들이 유입되었고 이로 인해 주변 어촌지역의 인구구조에도 변화가 초래되었다. 특히 해안지역의 토지 이용이 변화하면서 어촌지역에서의 생활과 경제구조가 변화를 하였는데, 전통적인 어업활동이 위축되고 대신에 서비스업이나 관광산업 등으로의 전환이 이루어지기도 했다. 관광산업의 발전을 통해 어촌지역은 지역 특산물과 문화자원을 활용하여 수익을 창출하기 시작했고 아울러 지역의 특산물을 활용한 판매나 체험 프로그램, 지역의 문화적·역사적 유적지를 활용한 관광 코스 등이 개발되었다.

그렇다면 이런 지역 사회의 활성화 프로그램과 관광산업을 시작한 지역은 주로 어디였을까? 작년 필자는 간사이국제공항이 설립된 인근 지역 센난군 다지리쵸·이즈미사노시·센난시 등에 답사를 한 적이 있다. 간사이국제공항건설 전후 배후도시와 어촌지역에는 상당한 변화가 있었다. 직후에는 센슈 앞바다에 어종 및 어량이 감소해 어민들의 어획량이 일시적으로 감소현상을 나타냈다. 이에 오사카부어업협동조합연합회부어연를 비롯한 어업협동조합어협에서는 어업의 지속발전을 위한 방법으로 오사카만의 환경을 개선하기 위한 다양한 대책을 내 놓았고 또 점차적으로 실시를 해서 시간이 지남에 따라 어획량이 많이 회복되었다는 것을 알 수 있었다.

그리고 어로행위 이외에도 어촌을 지속적으로 발전시키기 위한 프로그램을 실시해서 어촌이 위축되거나 소멸되지 않도록 어협을 중심으로 마을 주민들이 다 같이 노력을 하였던 것이다. 그렇다면 그런 노력들이 주로 어떤 배경과 과정을 통해서 실시되었을까? 이 글에서는 어민들의 어장이었던 센슈 앞바다에 간사이국제공항을 건설한 이후, 배후도시 린쿠타운지역과 인근 어촌지역 이즈미사노시와 센난군 다지리읍 등을 중심으로, 이 지역에서의 어촌이 소멸하지 않고 지속적으로 유지 발전될 수 있도록 개발한 자생력 방안에 대해서 알아보고자 한다. 이것은 지속가능한 어촌발전을 위한 근거자료로서도 아주 중요하다.

간사이국제공항에 관한 국외 연구는 新井洋一1993의 인공섬 건설의 위치결정 방법과 新井洋一1995의 해역에서의 매립 기술, 조성공사의 특징 및 개요를 비롯해서 中村智広·横内憲久·桜井慎一1998의 어업보상 및 어업권 제도 등 다양한 분야에서 연구가 진행되었다. 그러나 간사이국제공항에 대한 국내 연구자는 필자가 알기로 이호상2013과 공미희2023 연구를 찾을 수 있었다. 이호상2013은 일본 나리타국제공항과 간사이국제공항, 우리나라 인천국제공항의 주변지역 개발전략을 살펴보고, 공항도시 개발을 둘러싼 현안들에 대해서 고찰했다. 특히 간사이국제공항 배후지역 개발시도에 따른 문제점 및 지방정부의 재정위기 등 그 당시의 사회경제 환경의 변화로 인해 지역 경제와의 연계성 부족에 대해 지적했다. 공미희2023는 간사이국제공항건설의 특징과 이 공항건설로 인한 주위 주민들의 삶의 변화 및 현황에 대한 연구가 부족하다는 문제의식에서 간사이국제공항 건설배경 및 특징에 대해서 분석함과 동시에 간사이국제공항과 배후지 건설 전후 실제 바다에서 고기잡이를 생계로 해오던 주위 주민들의 어업실태에 대해서 분석했다. 그러나 이 어민들이 간사이국제공항건설로 인해 어촌이 위축되거나 소멸되지 않게 된 배경이나 원인에 대한 고찰은 부족했다. 따라서 이 글에서는 어민들의 어장이었던 센슈 앞바다에 간사이국제공항을 건설한 이후, 배후도시 린쿠타운지역과 인근 어촌지역 특히 규모가 가장 큰 이즈미사노시와 또 지역활성화를 위해 가장 많은 프로그램을 실시하는 센난군 다지리쵸 등을 중심으로, 이 지역에서의 어촌이 소멸하지 않고 지속적으로 유지 발전될 수 있도록 개발한 자생력 방안에 대해서 분석하고자 한다.

연구 방법으로는 먼저 관련 자료 및 사료를 참조하여 위의 사안들을 고찰하고 특히 간사이국제공항 주변 어촌지역에서 어로행위 및 어업협동조합 조합원인 어민들의 인터뷰[1]를 통한 개별사례를 문서와 비교하면서 객관적이면서도 실증적으로 분석했다.

---

1 ① 모리시타 ○○(森下 ○○, 男, 1935년생), 田尻漁業協同組合 어부 ② 미호 ○○(三好 ○○, 男, 1970년생), 泉佐野漁業協同組合 조합장 ③ 가네노 ○○(金野 ○○, 男, 1978년생), 泉佐野漁業協同組合 조합원 ④ 가도노 ○○(角野 ○○, 男, 1956년생), 北中通漁業協同組合 조합장

2. 간사이국제공항 건설과 주변 배후도시
및 어촌지역에의 영향

간사이지역에 있어서의 경제 발전과 국제 교류의 촉진을 목적으로 하여, 1970년대부터 간사이국제공항의 건설 계획이 진행되었다. 오사카만의 인공섬 위에 건설되었고 이 인공섬은 지반침하나 자연재해와 같은 위험에 대처하기 위해 혁신적인 기술이 도입되었던 것이다. 간사이국제공항의 건설에 의해 주변 지역에서는 관광업과 물류업 등 공항 관련 산업이 성장하면서 고용 기회가 증가하기도 하고 또 오사카시나 인접하는 도시의 경제 발전에 기여해 지역 전체의 활성화를 재촉했다. 간사이국제공항의 개항에 따라 주변 지역의 교통 인프라도 정비되었는데 고속도로와 철도 등의 접근 노선이 정비되어 린쿠타운역 개통과 고속도로 연결 등의 공항으로의 접근성이 개선되었다. 그리고 배후도시 린쿠타운 신도시 조성으로 첨단 의료 산업, 팝 컬처 콘텐츠 산업 등의 성장과 국제 교류거점으로 발전하는 계기가 되는 등 긍정적인 영향을 미치기도 했다. 인구 이동과 사회적 변화에도 영향을 미쳤는데, 공항 건설로 인한 인구 이동이 발생하여 건설 노동자와 그 가족들의 유입뿐만 아니라, 공항 운영에 따른 관련 산업의 발전으로 인해 지역으로의 이동이 활성화됨에 따라 지역 사회의 인구 구조와 문화적 특성에도 변화를 초래하였다.

한편 어촌지역에서도 간사이국제공항을 이용하는 승객이 증가함에 따라 관광 어트랙션화를 통한 어업이 활성화되기도 하였다. 그리고 어촌 체험 프로그램 개발과 지역 특산품 개발 등이 진행되었고 관광 활성화를 위한 공항 연계 관광 상품 개발에도 힘썼다. 그러나 공항 건설로 인해 지역의 자연환경에 변화를 초래해 토지 이용의 변화, 도로 및 인프라 건설로 인한 토양과 수질의 변화 등이 발생해 환경오염을 발생시켰다. 또한, 항공기 운항으로 인한 소음이나 대기오염 등의 환경 문제도 발생하였고, 공항 건설로 인해 어촌지역의 생활과 경제 구조가 변화하기도 했다. 공항 건설로 인해 해안지역의 토지 이용이 변화하면서 어촌지역의 전통적인 어업 활동이 위축되었고 공항 시설의 건설과 항공기 운항으로 인해 해안지역의 수산 자원에 대한 접근성이 제한되거나 변화되었으며 이에 따라 어촌에서의 어업 활동이 줄어들었다. 예를 들어, 이즈미사노시도 주로 어업을 기반으로 한 지역으로 공항 건설로 인해 일부 해안지역이 변화하고, 일부 어업 시설이 영향을 받았다. 특히, 공항 주변 지역의 환경 변화로 인해 어촌 사회의 생태계가 변화했는데 대표적으로 해안 생태계 변화, 수질 및 해양 환경 변화, 생태적 상호작용 변화 등을 들 수가 있다. 해안 생태계 변화에서는 공항 건설로 인한 인프라 및 토지 이용의 변화로 해안지역의 자연 생태계가 변화했고 이로 인해 해안 식물, 수생 생물, 해양 생태계의 구조와 생물 다양성에 변화가 발생했다. 또 해안지역에 인공적인 구조물의 증가로 어류들의 서식지가 변화하고, 이로 인해 생태계의 균형이 변동하거나 일부 종의 서식 지역이 제한되었다. 수질 및 해양 환경 변화 면에서도 공사 및 도로 건설로 인한 토지 오염, 배출물의 유입 등이 수질 오염을 일으켜 어촌지역 주변 해양 환경이 변화하고, 어촌지역 주민들의 어업 활동에도 영향을 미쳤던 것이다. 마지막으로 생태적 상호작용 변화는 공항 건설로 인해 주변 지역의 생태계가 변화함에 따라 서로 다른 종간의 관계가 변화했다. 일부 종의 서식지가 변동하거나 사라지면서 생태적 상호작용에 변화가 생겼던 것이다.

센난군 다지리읍도 과거에는 주로 어업을 중심으로 한지역이었으나 공항 건설로 인해 일부 해안 지역이 가로막히거나 채워져서 어업 활동에 직접적인 영향을 받았다. 특히, 공항 활주로 및 항공 교통 안전을 위해 어선의 이동 경로 및 시간에 제약이 생겼고 공항 인근 해역에서 조업하는 어선들은 항공기 이착륙 시간에 맞춰 이동해야 했다. 이로 인해 어업 활동 시간이 단축되고 효율성이 떨어졌기 때문에 어장 감소와 어업 활동 제약으로 인해 어업 생산량이 감소하고 일부 어민들의 생계가 위협받았던 것이다. 일부 어민들은 다른 직업으로 전직하거나, 타지역으로 이주하는 등 생계를 유지하기 위해 고된 선택을 해야 했다. 또한, 공항 시설의 건설로 인해 일부 주거지가 이전되었고 이로 인해 지역 사회 구성원들이 분산되어 공동체 의식이 약화되는 등 지역 사회의 변화와 불편을 초래했다. 아울러 어업 관련 산업 종사자들의 일자리 감소와 지역 소비 위축 등 경제적 어려움을 겪었으며 어업 활동 위축은 지역 경제에도 영향을 미쳤다.

3. 간사이국제공항 건설 후
   배후도시와 어촌지역의 지속가능한 발전 사례

이 장에서는 배후도시 린쿠타운지역과 인근 어촌지역 특히 규모가 가장 큰 이즈미사노시의 사노(佐野)어항과 또 지역 활성화를 위해 가장 많은 프로그램을 실시하는 센난군 다지리읍의 다지리畎어항 등을 중심으로 지속가능한 어촌의 발전을 위한 사례에 대해서 분석하고자 한다.

1) 배후도시 린쿠타운

린쿠타운은 간사이국제공항의 기능을 보완할 목적으로 오사카부에 의해 매립 조성되어 1996년에 개장한 구역으로 간사이지역의 경제와 문화를 활성화하고 도시의 기능을 고도화하기 위한 프로젝트의 일환으로 탄생하였다. 오사카부 이즈미사노시·다지리쵸·센난시의 연안부에 위치하는 오사카부의 부도심의 하나로서, 해상 공항인 간사이국제공항의 개장에 맞추어 오사카부 기업국 등이 공항 강 건너 연안부를 매립 조성하여 설립하였던 것이다. 린쿠타운은 국제적인 분위기와 간사이국제공항의 입지를 활용하여 외국인 관광객 유치와 국제 교류 촉진을 목표로 한다. 또한, 공항 근처 신도시 형성과 지역 경제, 문화 발전을 통한 도시 활성화를 추구하여 오사카부 남부지역의 글로벌한 신도시로 발전시키는 것을 목표로 한다.[2]

린쿠타운은 1962년에 공유수면 매립 면허를 취득했고 1989년에는 마을 조성 요강을 공표하여 이후에도 지역별 정비계획과 마을 조성 방침에 따라 지속적인 발전이 이루어졌다. 총면적은 318.4ha로, 산업 용지는 129.7ha로 상업 업무, 유통·제조·가공, 주택 관련, 공항 관련 산업, 공업 단지의 5개 존으로 나누어져 있다. 트윈 빌딩 중 북쪽 1동은 린쿠 게이트 타워 빌딩으로 1996년에 완성되었으며, 2003년에는 사업

---

2   大阪府, 「りんくうタウンの活用方針と事業計画の見直し(案)」, 2001, p.5.

용 정기 차지권 방식을 본격 도입해 유치 촉진을 강화했고 그 결과 대폭적으로 기업입지가 촉진되었다. 상업지역에는 복합 상업 「링쿠 플레저 타운 SEACLE」 등이 2007년에 개업했고 또한, 2008년에는 항공 보안 대학이, 2009년에는 오사카 부립대학 린쿠 캠퍼스가 개교되었다. 2011년에는 호텔·물류 센터의 법적 처리에 의한 민영화나 장래 리스크 관리의 철저 등, 행정이나 제3섹터가 적자 보전하는 사업 구조의 발본적인 재검토를 실시했다.[3]

산업 용지는 2014년 시점에서 97.5%의 계약률을 보이며, 유통·제조·가공지역은 공항 2기 공사의 완성과 아시아지역의 경제 발전에 의한 국제 항공 화물의 취급량 증가를 배경으로, 설비 투자가 계속 되어 100%가 계약 완료되었다. 린쿠타운역 북쪽의 상업 업무 용지에서도 2012년부터 2013년에 걸쳐 계약이 진행되어 100%가 계약이 완료되었다.

2012년에 오사카부는 린쿠타운을 한층 더 활성화하기 위한 전략을 채택했다. 이 전략은 국제 의료 교류 거점을 구상하고 애니메이션·게임·조형 등의 팝 컬처 산업을 집적시키는 「쿨 재팬 프론트 구상」을 내세워 활성화와 브랜드력 향상에 힘쓰는 것이었다. 2013년 10월에는 로토 제약이 의료 투어리즘의 거점으로서 외국인 환자에게도 대응하는 고도 암 의료 시설의 건설 용지를 구입[4]하는 등 구체적인 움직임도 보였다. 다만 쿨 재팬 프론트 구상은, 사업자의 공모를 실시해도 응모자가 없었

---

3   大阪府市副首都推進局, 「大阪の改革(エリア編)~これからの大阪」, 2018, p.67.

4   MSN産経west, 「りんくうタウンの府有地を9億3000万円でロートに売却"負の遺産"から"国際医療交流拠点"へ大阪府」, 2013.11.01.

기 때문에 사업 지속을 단념[5]했고 대신에 공항 연결도로 북쪽에서는 이즈미사노시가 국제 기준의 연중형 아이스 스케이트장을 핵으로 한 마을 조성 계획을 추진하였다. 그리고 공항연락도로 남쪽에서는 민간 사업자에 의한 집객시설이나 공원 정비가 결정되었던 것이다. 또한 간사이국제공항의 24시간 운용의 강점을 살려 관공을 거점으로 하는 LCC의 취항 확대나 세계 최대의 항공 화물 회사의 허브 시설 유치로 연결시키는 등, 여객·물류적인 측면에서 모두 국제적인 위상을 높였다.

2) 어촌지역

어업은 다른 1차 산업과 마찬가지로 최근 종사자의 고령화와 어패류 수요에 대한 침체 상황에 접해있다. 고도 경제 성장기 이후의 도시화의 진전, 연안 매립에 의한 자연 해안의 소실, 농업에서의 화학 비료 사용에 의한 해수의 부영양화, 수질 오염의 만성화 등이 그 원인중의 하나이다. 또한 센슈 앞바다에 있어서의 간사이국제공항의 제1기 조도공사가 1987년부터 1994년의 개항까지의 기간 동안 시행되어 오사카만의 어업에 지대한 영향을 가져왔다. 2006년 당시 부어연의 어획량은 24,800t으로 공항건설 전 정점이었던 1982년의 115,000t에 비하면 21% 라는 대폭적인 감소를 보였다. 이에 오사카부의 각 어협은 어업의 유지와 어획량의 감소를 막기 위해서 여러 가지 대책을 실시하고 있고

---

5 「링크 타운」에 애니메이션, 만화, 게임 등 팝 컬처의 거점을 건설하는 「쿨 재팬 프론트 구상」은 오사카 부가 진행하고 있던 같은 구상이지만, 이번에 철회되는 것이 정해졌다. 이 사업에 대해서는 지난해 10월 사업자 공모가 이뤄졌지만 응모한 기업이 하나도 없었던 점도 눈길을 끌었다(おたぶる, 「4700万円で損切り…大阪府の"アニメの拠点化"構想, 完全に断念」, 2015.02.18. 기사내용은 필자번역).

어패류 자원의 지역 브랜드화와 어항의 관광 어트랙션화도 그 하나이다. 이 절에서는 이즈미사노시 사노어항, 센난군 다지리읍 다지리어항 등에 대한 문헌자료와 탐방한 조사결과를 바탕으로 각 어업협동조합을 둘러싼 주민들이 지속가능한 어촌지역의 발전을 위한 사업에 대해서 고찰했다.

(1) 이즈미사노시泉佐野市 사노佐野어항

이즈미사노시는 고대부터 어로나 해양 산업이 발달한 지역으로 알려져 있고 특히, 사노어항은 일본의 어로 역사와 밀접한 관련이 있다. 다지리어항에서 북동 약 4km 떨어진 이즈미사노시에 위치한 사노어항은 에도시대에 전국의 바닷길의 중계 기지로 번창한 지역으로 유명했고 어업, 해상 운송선, 양조업 등이 모여 번성한 곳으로 알려져 있다. 어업이 중요한 역할을 했던 이유 중 하나는 이 지역이 바다에 인접하고 풍부한 어장을 보유하고 있었기 때문이다. 사노어항은 1963년도부터 실시된 제3차 어항 정비계획에 따라 확충되었다. 확충된 배경은 원양어선의 기지 및 수산물의 보장·가공시설 등의 용지를 조성해 관계기업을 유치하고 식품생산, 유통체계의 근대화와 합리화에 투자를 해서 주로 긴키近畿 지방의 주요 경제권 대상이었던 식품공급원을 확보하려고 했던 것이다. 이곳에서는 아침 6시 15분부터 고기잡이를 시작하여 오후 2시쯤에 귀항을 하며 잡힌 신선한 해산물은 이즈미사노 어업협동조합 직영의 아오조라青空 시장에서 바로 판매된다. 매일 약 55척의 배에서 잡힌 물고기가 경매에 붙여지며, 어협 건물 2층에서는 활기찬 경매 풍경을 관람할 수 있다.

大阪府漁業史編さん協議会1997, pp.673~674에 의하면, 이즈미사노 어협

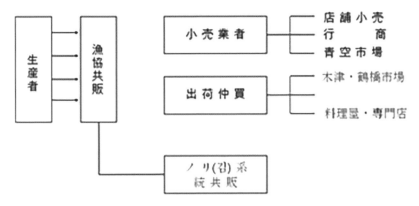

〈그림 6-1〉 이즈미사노이즈미사노어협(泉佐野漁協)의 어획물 판매 경로
출처 : 大阪府漁業史編さん協議会 編, 『大阪府漁業史』, 第一法規出版株式会社, 1997, p.674.

은 오사카부 최대의 소형기선 저인망船底びき網 어업기지로서 알려져 있고
어업 연간 총 어획고1993년에는 약 9억 엔 정도의 90% 정도가 당해 어업종류에
따라 차지되고 있다고 한다. 어협에 인접한 아오조라 시장에서는 이 지
역에서의 전체 어획물이 원칙적으로 상장上場되어 거의 100% 공판共同販
매이 실행된다. 단지 붕장어는 근래 조업시간의 관계상 상대적으로 미에
현三重県의 업자에게 직접 팔도록 되어 있되 결제는 어협을 통해서 이루
어졌고 어협은 일정액의 수수료를 징수했다. 1993년도 직원 15명 중에
서 6명이 판매부분 소속이었던 것을 보아도 공판사업이 조합의 모든 경
제사업의 중심사업 중의 하나였다는 것을 알 수 있다.

어협에서는 오후3시부터 거래가 이루어지며 경매가 주요 거래 방법
이다. 등록 중매인의 수는 70명 정도이지만 매일 경매에 참가하는 사람
은 50명 정도이고 어협은 4.5%의 판매수수료를 징수한다. 이즈미사노
어업 협동조합은 사노어항을 거점으로 어업을 하고 있고 현재 100여
명의 조합원으로 구성되어 있다. 또 이들은 오사카부에서 최고 수준의

어획량을 자랑하며 전통적인 어법을 유지하고 있다. 그러나 1990년대, 사노어항은 간사이국제공항 건설을 위해 이동해야 했던 과정을 겪었고 이로 인해 많은 어부들이 어업을 포기하고 토목 일로 옮긴 사람이 많았다. 어부의 수가 단번에 줄어 물고기의 어획고도 적어지자, 반대로 이번에는 물고기의 단가가 올라가 어부로 남은 자의 수입은 결과적으로 늘어나게 된 경우도 있었다고 한다.[6]

그러나 간사이국제공항 건설이후 잠시 동안은 어획량이 감소된 것은 사실이고 이에 어민들의 생활이 어렵게 되자, 어협을 비롯한 어민들이 어려운 상황을 극복하고 지속가능한 발전을 이룩하고자 많은 노력을 하였다. 이 대표적인 사례가 아오조라 시장이다.

미호三好 씨[7]는 아오조라 시장에 대해서 다음과 같이 말하고 있다.

이즈미사노시의 아오조라 시장은 간사이국제공항이 생기기 35년 정도 전까지는 소박한 마을시장 같은 느낌이었습니다. 모든 것이 텐트와 같은 지붕으로 손님은 현지 분들이 대부분이었어요. 그 이후 공항이 생기고 도로가 생기면서 국내 먼 지역이나 외국인이 많이 늘었죠. 아오조라 시장 자체는 이즈미사노 어업협동조합이 지주가 되고, 운영은 각 가게가 아오조라 시장 조합을 만들어 운영하고 있습니다. 공항이 생기고 난 이후부터는 꽤 인프라가 갖추어져 먼 곳의 손님이 더 많이 늘었어요. 오사카에서는 이즈미사노시가 가장 큰 시장으로 옛날부터 유명했습니다"라고 설명했다.번역은 필자

---

6 다카쿠라 ○○(高倉 ○○, 男, 1967년생)의 인터뷰
  (http://www.nankai-sui.jp/sano/150831_004/를 참조(검색일자 : 2024.3.20)).
7 미호 ○○(三好 ○○, 男, 1970년생), 泉佐野漁業協同組合 조합장, 2023.08.31 인터뷰.

〈그림 6-2〉 아오조라 시장

사진 : 필자 제공

　50년 이상의 역사를 가진 이 아오조라 시장은 오사카 시내에서 볼 수 없는 다양한 종류의 생선으로 유명하다. 예전에는 주변 주민들이 이곳에서 식사거리 준비로 쇼핑을 하러 방문해 길이 붐볐고, 작은 물고기부터 문어와 붕장어까지 다양한 해산물이 신선한 상태로 판매되었다. 현재는 이즈미사노어협과 연계해서 운영하며 레스토랑이 있는 2층 우드 데크에서는 사노어항의 모습을 감상할 수도 있다. 낮에 어획한 어패류는 오후 2~3시부터 경매[8]에 부쳐져 가격 협상을 하는 판매장의 모습이 활기를 띠고 있다. 아오조라 시장 안에는 해산물부터 꽃, 과일 등 다양한 가게가 30개 이상 있다. 프로 요리사들이 생선을 구입하러 다니는 곳이기도 하며, 주말에는 많은 관광객들이 찾는 붐비는 장소이다. 1층에는 신선한 어패류를 싸게 판매하고 있는 선어점이 특색 있는 어종을 선보이고 있어 놀라운 다양성을 느낄 수 있다. 초밥 집과 해물식당에서는 신선한 해산물을 이용한 다양한 요리를 즐길 수 있고 2층 레스토랑에서는 정식이나 바비큐 등을 즐길 수 있다.

8　가네노 ○○(金野 ○○, 男, 1978년생), 泉佐野漁業協同組合 조합원으로서 경매를 관리하는 판매자이다(2023.08.31. 인터뷰). 가네노의 경매에 관한 상세한 설명은 ウェブマガジンSUI (http://www.nankai-sui.jp/sano/150909_007/)를 참조(검색일자 : 2024.3.24).

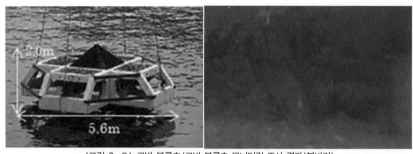

〈그림 6-3〉 교반 블록초/교반 블록초 모니터링 조사 결과(붉바리)

출처 : 大阪府

간사이국제공항 개항 이후 바다의 환경 변화로 인해 어획량이 감소함에 따라 이를 해결해 지속적인 어촌발전을 위한 두 번째 사례로서 해역에 교반블록초 설치이다. 이것을 설치하여 영양염류를 조류에 의해 넓은 범위로 확산시켜 광역적인 어장을 조성한 것이다. 교반류를 유발하는 블록초를 배치함으로써 해수의 상하층 혼합이 촉진되어 산소 부족한 수괴를 감소시키고, 따라서 가자미류 등 치어의 생존율을 높일 수 있다. 또한, 하천으로부터 유입되는 풍부한 영양염을 남부 해역으로 순환시킴으로써 수산자원과 어획량을 증가시키고 해양 환경을 개선할 수 있다. 교반 블록초는 이즈미사노시 앞바다 해저에 연속적으로 배치되었으며, 이로 인해 해당 지역에서는 해수의 탁함이 증가하고 저층 해수의 산소 함량이 높아지며 해저 오염 정도를 나타내는 화학적 산소 요구량이 낮아지는 현상이 관측되었다. 이러한 결과는 교반 블록초에 의한 해수 혼합 효과로 해석된다.

이즈미사노시의 어촌발전을 위한 세 번째 사례로서는 지인망 체험을 들 수 있다.

이즈미사노어협에서는 어획량 감소로 인한 어부들의 생계 타격을 줄이기 위해 이즈미사노시와 제휴해 약 2000년 전부터 초등학생을 대상으로 지인망 체험을 실시하게 되었다. 지인망 체험은 1년에 두 번 센난시 마블비치에서 진행된다. 모래사장에서, 앞바다에 걸어둔 그물의 밧줄을 200명이 일제히 끌어당기면 팔팔 뛰는 많은 물고기가 모습을 드러낸다. 실시 목적은 아이들을 대상으로 한 어업체험 프로그램을 통해 생선의 가치를 알리고, 어업의 미래를 이어갈 후계자들을 육성하는 것이다. 당일 체험순서[9]는 후릿그물체험10:00~11:00, 물고기와의 접촉 체험11:00~12:00, 해물바비큐12:00~15:00의 순서로 진행되고 체험 요금은 세금포함해서 성인고등학생 제외 18세 이상 5000엔, 어린이중학생~고등학생 2000엔, 어린이초등학생 1000엔이다. 이 지인망 체험은 1999년 5월 19일부터 실시되었으며 그 당시는 초등학생 70명이었다. 그러나 점점 더 주위에 알려줘서 2010년 6월에는 148명이었고 코로나 이전까지도 체험자 수는 거의 같은 수준을 유지했다. 2020년~2022년까지는 코로나로 일시적으로 멈추었다가 다시 재개가 되어 2023년에는 149명인 것으로 보아 지속적으로 유지되는 현상임을 알 수 있다.

이 외에도 이즈미사노어협은 미래에 대한 우려도 있기에 이를 해결하기 위해 다른 어협과의 협력을 강화하고, 지역 간의 어부들이 교류하고 지원할 수 있는 환경을 조성하고자 노력하고 있다.

다음은 기타나카도오리어업협동조합北中通漁業協同組合 어민들의 사노어항에서의 생활모습에 대해서 알아보자. 사노어항은 난카이 본선 이즈미사노 역에서 걸어서 약 15분 거리에 위치하며, 기타나카도오리어협은

---

9 地曳網体験漁業 (https://izumisano-gyokyou.com/jibikiamitaiken.html)을 참조(검색일자 : 2024.5.2).

〈그림 6-4〉地曳網体験漁業

이곳에서 시라스정어리 등의 어린 치어 잡이를 생업으로 삼고 있다.

이 어협은 어업사에 의하면, 1949년에 설립했고 간사이국제공항 건설쯤에는 조합원수가 약 100명이었으나 2003년에는 약 80명, 2012년에는 약 70명, 2022년에는 53명, 2023년에는 46명으로 축소되었다. 따라서 어민 수도 많이 줄어들었고 어획량도 감소되었다. 시라스는 정어리 알이 부화하는 시기인 4월 하순부터 12월까지 어획된다. 시라스의 어획과정을 가도노 ○○角野 ○○ 씨[10]의 인터뷰에서 살펴보자.

고기잡이는 일출부터 일몰까지 이루어지며, 해가 떠야 다른 배들의 위치를 파악할 수 있기 때문에 일출 전에 출항한다. 또한, 오전 11시경에는 시라스 입찰이 시작되어 어부들은 이에 맞춰 어획한다. 고기잡이는 뱃고동 그물 잡이船びき網漁 방식으로 이루어진다. 선단은 3척의 배로 구성되어 있으며, 그 중 '제5 타츠마루第五辰丸'는 선단의 지휘선으로, 2척의 보조 배가 포인트에 그물을 넣어 시라스를 포획한다. 그물은 약 150m의 길이로 시라스가 모일 수 있도록 설계되어 있다.

---

10 가도노 ○○(角野 ○○, 男, 1956년생), 北中通漁業協同組合 조합장, 2023.08.31 인터뷰.

배의 조타실에는 레이더, GPS, 소나 등의 장비가 설치되어 있으며, 어부들은 이를 활용하여 시라스를 찾고 어획한다. 무전기를 통해 다른 선단과 소통하며 정보를 공유한다. 이처럼 어부들은 정밀한

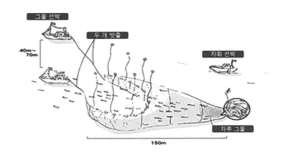

〈그림 6-5〉 뱃고동 그물 잡이(船びき網漁) 방식
출처 : ウェブマガジンSUI

계획과 팀워크를 바탕으로 고기잡이를 수행한다.

기타나카도오리어협도 간사이국제공항과 린쿠타운이 건설되기 전, 센슈 앞바다에는 다양한 어종과 어량이 풍부하여 어민들의 어획량이 상당히 높았다. 그러나 건설 이후가 되면 조류변화와 지구온난화 등의 영향으로 어종변화가 발생했고 또 어획량도 감소되었다. 이즈미사노어협이 어획물에 대한 입찰판매를 실시한 데 비해서 이 어협은 입찰판매를 실시하지 않고 대신에 각 어업자가 각자 판매처를 찾아서 판매를 하고 있다. 또 이 어협에서는 문어축제 등의 이벤트를 실시해 어민들의 상호 협력하에 지역 특산물에 대한 홍보 및 경제적 활성화에 힘쓰고 있다.

(2) 센난군 다지리어항田尻漁港

다지리어항은 난카이 본선南海本線 요시미노사토역吉見ノ里駅에서 바다 쪽으로 10분 정도 걷다보면 간사이국제공항의 정반대편에 위치해있다. 다이쇼시대 다지리 마을에는 큰 방적 공장이 있었고, 다지리어항은 인도에서 배로 닿는 원면을 하역하는 항구로도 사용되고 있었다. 어항으로 가는 길에는 일본의 방적 산업 발전에 힘쓴 다니구치 후사우지谷口房蔵

〈그림 6-6〉 다지리어항과 다지리읍 관광협회

사진 : 필자 제공

씨의 별저가 다지리 역사관으로 보존돼 있다. 1960년대 무렵 다지리어항은 주위가 소나무 숲으로 둘러싸인 작은 항구였다. 그 이후 쇼와시대의 경제성장기에 행정에 의한 정비가 진행되었고, 또 어협에 의한 낚시터나 레스토랑, 마리나 등의 시설도 갖추어졌다.

2015년 당시 다지리어협의 조합원은, 정조합원전업어부 23명, 준조합원겸업어부 7명 등 합계 30명으로 그 중에서 실제로 대략 10명이나 되는 멤버가 30대라고 한다. 다지리어항에서는 주로 오사카만에서 잡히는 다양한 종류의 물고기가 채취된다. 이들 어부들은 자랑스럽게 자신들이 잡은 신선한 생선을 판매하는데 특히 문어와 붕장어는 지역적으로 유명한 브랜드로 인정받고 있다.[11]

그렇다면 다지리어항에서는 간사이국제공항 건설이후 어촌이 위축되거나 소멸되지 않고 지속가능한 발전을 위해서 어떤 사업들을 실시하고 있었을까?

1994년 간사이국제공항의 개항에 즈음하여 마을 내 유일한 어항인

---

11 ウェブマガジンSUI (http://www.nankai-sui.jp/tajiri/150831_001/)를 참조.
   (검색일자 : 2024.3.17).

다지리어항의 매립이 진행되었고, 공동어업권 어업구역은 지척의 해안에서 800m로 이전보다 좁아졌다. 이에 어획량은 당시보다 약 1/3로 감소되었고 다지리어협은 어업인의 소득감소와 어협경영에 악영향을 우려하여 다양한 신규 사업을 착수하였다. 신규 사업의 일환으로「다지리 해양교류센터」를 건설하고 운영하고 있는데, 이 센터는 어업진흥과 지역 발전을 목적으로 어업과 해양 레크리에이션의 공존을 도모하는 교류거점으로 자리 잡고 있다. 다지리어항은 매년 약 13만 명의 방문객을 받고 있고 센터 내에는 찻집이나 음식점, 요트 관련 시설 등이 임대되어 운영되고 있다. 2021년 7월에는 다지리읍 관광협회가 세입자로 입주하여 다지리읍 관광 안내소를 운영하고 있다.

필자가 작년에 방문했을 때도 이 관광협회가 활성화되고 있었고 음식점과 요트시설 주위에 일본인을 비롯하여 외국인들이 많이 보였다. 이 관광협회는 일요 아침시장 이외의 사업을 총괄하며 '해양교류센터 사업'을 추진하고 있고 또 각 사업의 신청 및 운영에 대응하고 있다. 각 사업은 많은 이용자를 유치하고 있으며, 마리나 사업, 수상 바이크 정고 사업, 낚시터 사업 등 모든 사업으로부터 수익을 얻을 수 있다. 반면 어업체험은 손실이 발생하지만 일반인들에게 어업에 대한 이해를 높이는 동시에 후계자 문제를 해결하는 실마리로 삼기 위해서 다른 사업을 통해 이를 커버하고 있다. 그렇다면 센난군 다지리어항에서는 간사이국제공항이 건설된 후 어촌이 위축되거나 소멸되지 않고 지속가능한 마을로 발전하기 위해서 어떤 사업 등을 실시하고 있는지 全国漁業協同組合連合会 浜再生推進部2023를 비롯해서 ウェブマガジンSUI 등의 기타 자료와 인터뷰 등을 중심으로 살펴보기로 하자.

① 일요일 아침시장日曜朝市

1993년 마을 40주년 기념행사의 일환으로, 다지리읍에서 어협에게 수산물 직접 판매의 요청을 했다. 조합원들은 다같이 '해보자'는 목소리를 냈고 이에 다지리어협이 1994년 '일요일 아침시장'을 실시했다. 매주 일요일 아침 7시부터 12시까지 영업을 했는데 처음에는 어항 앞 공터에 2~3개 점포 밖에 없었지만, 지금은 50개 점포가 출점하고 있고 그 중에서 어업자가 실시하고 있는 것은 12~13개 점포이다.

어협은 조합원이나 타 어협으로부터 어획물 등을 매입해 판매했고 내방자는 300명 가까이에 이르렀으며 활어 등을 보고 기뻐하는 사람이 많았던 것이다. 현재는 어협이 출점하고 있지 않지만, 초기에는 어협도 출점하고 있었기 때문에, 어협직원은 토요일에 어획물을 구입해 일요일에 아침시장에서 판매하는 등의 노동부하가 컸다. 초기에는 어협이 적자를 계상했지만, 다른 사업으로 수익이 있었기 때문에 조합원으로부터의 아침시장에 대한 반대의견은 없었다. 내방자의 증가 경향을 눈에 띄게 알 수 있었던 점도 장래성이 있다는 점이 반영되어 반대로 이어지지 않은 요인으로 상정된다. 또, 아침시장 개설을 주도한 조합장은 1994년 간사이국제공항 개항과 함께 개시한 '다지리 스카이브릿지'[12] 랜드마크가 근처에 있기 때문에, 아침시장은 성공할 것이라고 확신하고 있었던 것이다.

일요일 아침시장에서의 전체상품은 선어·활어 55%, 기타 수산물

---

[12] 다지리어항의 상징이라 할 수 있는 스카이브릿지는 길이 338.1m, 높이 110m로 국내에서도 손꼽히는 사장교(斜張橋)이다. 다지리어항을 가로지르는 육로의 편리성을 도모하기 위해 건설된 것인데, 그 아름다운 형태를 가진 다리는 일본뿐만 아니라 전 세계의 대양에서 찾아오는 요트가 입항할 때의 표시로도 활약하고 있다.

10%, 기타식품 15%, 청과·화훼 15%, 기타 5%로 구성되어 있다. 출점자 조직은 아침시장 상인위원회가 있어 출점자간의 조정이나 공익 업무를 실시하고 있다. 어업자와 상품이 경합하는 생선가게 업자출점도 허가하고 있는데, 이것의 메리트는 어업자가 고기를 안 잡았을 때에도 생선을 고객에게 제공할 수 있다는 것과 어업자의 판매에 대한 자세의 변화를 재촉할 수 있다는 것이다. 생선가게 업자는 접객이나 생선의 취급이 능숙하여 어업자가 보고 배울 점이 많았다. 이에 따라 어업자도 접객이나 판매 면에서 레벨업을 하고 아침 시장 전체의 레벨업을 도모해 나갔다. 2013년경부터 점포는 텐트에서 실내시설로 변경을 했고 최근 방문객수가 여름에는 1일에 3,000명, 겨울에는 1일에 1,500명 정도이다. 어협은 출점 어업인 으로부터 매상 수수료를, 일반 출점자로부터는 출점료를 징수해, 종합 운영을 실시하고 있다. 연간 수익이 약 550만 엔이고 비용은 약 190만 엔으로 순 이익은 약 360 만 엔이다. 아침시장은 다른 어협 상품의 시험판매나 행사판매에도 활용되고 있다. 새벽부터 시장은 손님들로 붐볐고, 다양한 업종이 입점해 고기, 과일, 채소, 꽃, 빵, 과자, 튀김, 우동, 수건 등을 판매했다. 계절에 따라 붕장어를 튀기는 포장마차에 줄을 지은 손님이 많았고, 또 아침부터 영업하는 어업조합 건물에 있는 식당에서도 식사를 할 수 있다. 이곳에서 먹는 아침은 바다 항구가 보이는 곳에서 즐길 수 있고 아울러 바닷바람을 맞으며 식사를 즐길 수 있다.

② 어업체험과 해물바비큐 사업
1995년에 시작된 다지리어협의 어업체험은, 간사이국제공항 크루징

에서의 어업체험, 낚시터 체험 및 바비큐를 결합한 프로그램으로 구성되어 있다. 이 체험은 일요일 아침 시장을 방문한 고객의 요청으로 어선에 타고 실제 고기잡이를 체험하면서 고객들의 환호를 받은 것이 어업체험을 시작하는 계기가 되었다.

처음에는 어업체험을 테스트하기 위해 현지의 회사원 등을 대상으로 시연했으며, 1996년 6월부터는 일반인을 대상으로 한 본격적인 어업체험이 시작되었다. 참가자들은 전날 설치된 자망 붕장어 바구니를 어업인과 함께 끌어올린 후, 간사이국제공항 크루징을 즐기며 돌아오게 된다. 하선 후에는 어항의 바비큐 코너에서 어업인이 손질한 어패류를 바비큐로 즐기게 된다. 어업체험은 어업자가 자신의 어선과 어구를 활용하기 때문에 추가 투자가 필요하지 않아 비교적 용이하게 진행된다. 사용되는 어선은 5톤 이상으로 어업인은 2인 1조로 어선을 운행하며 승객이 5명 이상일 때 출항한다. 어협에서 어업인에게는 1척당 1회에 대해 38,000엔의 일당이 지급되며, 연간 약 140만 엔 정도의 수입을 올려 어업인의 수입을 보조하고 있다.

4월부터 11월까지 화요일을 제외하고는 매일 진행되며, 바비큐를 제외한 활동에는 사전 예약이 필요하다. 어부 모리시타森下 씨[13]의 인터뷰에 의하면, 자신이 잡은 생선이 '일요일 아침시장'에서 신선한 채로 판매되는 것을 보고 감동을 받았다고 한다. 그래서 자신이 한평생 어부로서 살아온 경험이 담긴 어업체험을 한번 사업화 해 보기로 결심을 했던 것이다. 이 어업체험은 처음에는 6명으로 시작했으나 현재는 24명의

---

13 모리시타 ○○(森下 ○○, 男, 1935년생), 田尻漁業協同組合 어부, 2023.08.31. 인터뷰; 尾家建生 · 村上喜郁, 前揭書, 2011, pp.18~19.

조합원이 참여하고 있다. 이 사업을 성공시키기 위해서는 어민들의 의식을 변화시키는 것이 중요했었는데 순탄하게 진행되지 않아서 고생을 했다고 했다. 어부로서의 경험만을 주입시키는 것이 아닌, 관광객과의 상호작용을 위해 의식을 새롭게 조정하는 과정과 각 어부의 방식을 표준화하는 데에도 시간이 걸렸다고 했다. 지금은 컨설턴트의 지원을 받아 조화롭게 운영되고 있다.

이 어업체험은 연간 7,000~8,000명의 이용자를 유치하고 있으며, 특히 가을에는 회사 단체, 봄과 여름에는 가족들이 많이 참여한다. 학교 관련 체험 프로그램도 환영하고 있으나, 배 운용과 선원 수에 따라 비용이 많이 들어 현재 연간 500만 엔의 적자를 기록하고 있다. 이를 상쇄하기 위해 낚시터 장소 대여나 아침 시장 등을 활용하고 있다. 간사이국제공항과 린쿠타운 건설이후 어장축소로 인한 어민들의 경제 환경을 개선시키고 어촌이 위축되지 않고 지속가능한 발전을 할 수 있도록 어협이 주축이 되어 어민들과 지역 사회 구성원들은 적극적으로 노력하고 있다. 어업체험은 새로운 관광 콘텐츠로서 주목받으며 참가자들에게 수산업과 환경 교육을 제공하는 중요한 사회적 활동이다. 따라서 향후 어촌의 지속적인 발전을 위해서는 수산업 활성화와 음식문화 전승 등을 위한 적극적인 프로모션이 필요하다. 이를 위해 다지리읍에서는 어업 관련 당사자, 소매업자, 음식점, 상공회, 행정기관, 지역 마을 조직, 관광 협회 등이 네트워크를 구축하여 추진하고 있다.

다음은 어업체험과 함께 실시되는 해물바비큐 사업에 대해서 알아보자.

어업체험 이용자에게 어업체험 중 어획한 어패류를 즉시 구워 먹을

〈그림 6-7〉 어업체험과 해물바비큐

사진 : 田尻海洋交流センター 제공

수 있도록 1994년에 시작된 사업으로 처음에는 작은 텐트에서 시작했
다. 그러나 입소문에 의해 이용자가 증가했고 이에 어협은 140명을 수
용할 수 있는 지붕이 부착된 바비큐 가든을 마련했던 것이다. 이용자들
의 대부분이 어업체험과의 세트로서 이용하며 영업 기간은 어업체험과
동일한 4월부터 11월까지로 설정되어 있다. 이 기간 동안 해물바비큐
를 즐길 수 있으며 2003년부터는 바비큐의 운영을 외부업체에 위탁하
고 있다. 2018년에는 바비큐 가든을 겨울철이나 날씨가 좋지 않을 때도
운영할 수 있도록 개선하였고 또 어업인이 12월부터 3월 말까지 굴집
도 직접 운영했다. 초기에는 지역 어업자가 양식을 해서 굴 조달을 하고
자 했으나 순탄하게 잘 되지 않아 도쿠시마지역의 사업자로부터 굴을
조달하고 있다. 이 해물바비큐 사업으로 인해 연중 내내 관광객 등에게
인기 있는 관광 명소가 되었고 또 어민들의 생업에도 더 활기를 불어 넣
어 경제적인 면에서도 도움이 되고 더 나아가 지역 사회의 경제 활성화
에도 좋은 영향을 미치고 있다.

③ 가공사업과 낚시터 사업

어협은 해삼을 대량으로 어획하여 슬라이스해서 팩에 담거나, 측백나무 등을 활용하여 가공한 후 시민 생협에 판매하는 사업을 시작했다. 이를 위해 약 3천만 엔을 투자하여 해삼 가공 설비를 도입했고 이후에는 붕장어 등도 가공하여 판매하였다. 초기에는 사업이 순조롭게 진행되었으나, 가공에 사용되는 해삼 등의 공급이 중단되어 5~6년 후에 사업이 중지되었다. 그 이유 중의 하나가 가공작업에 종사하는 어업인의 일부가 자신의 남편과 함께 고기잡이에 참여하여 풍어 시즌에는 가공 작업에 참여할 수 없는 상황이 발생하였기 때문이다. 결국 이는 납품 일을 지키지 못하는 등의 문제로 이어질 수 있었고 중단의 결정 요인 중 하나였다. 어협은 가공사업 성공을 위해 설비에 많은 투자를 했지만 결국에는 어민들이 본업과 병행해서 이 사업을 진행하는 데는 한계점이 있었던 것이다. 어협은 지속가능한 어촌을 조성하기 위해서 신규 사업에 착수를 했으나 중도에 어려운 국면을 맞기도 했다. 이에 2000년부터는 어업체험의 불황 대책으로 낚시터 사업을 도입했다. 이 결정은 미에현의 양식어업을 운영하는 기업으로부터 제안을 받아서 실시되었는데, 어협은 향후 만일의 재정적인 어려운 상황이 발생하였을 때 이 사태에 대비하고자 하였으며 결국 이것은 사태 대비 및 고객 콘텐츠 확대를 위한 제휴로 이어졌을 정도로 인기가 좋았다. 낚시터 시설은 어항 관리자로부터 수면 점유 허가를 받아 13m×6기, 6.5m×4기, 13m×26m 등의 어항을 설치하였으며, 휴게소, 화장실, 축양 뗏목 등을 정비하여 약 130명을 수용할 수 있도록 하였다. 설비 정비는 양식어업자의 기부금으로 대응하였고 사업 운영은 양식 어업자에게 위탁되어 생선 구매 등의 모든 업무를 담당하고 있다. 어협은 업무 위탁비로 매출의 90%를 지불하고 있으며 또한 어협은 낚시터 이용 신청이나 문의, 대금 결제 등을 처리하고 있다. 시간이 갈수록 이 낚시터 사업은 사람들에게 알려졌고 지금은 주위 인근뿐만 아니라 먼 타지역에서도 방문을 하는 등 인기종목으로 인식되어 지역 사회의 경제 활성화에도 많은 도움을 주고 있다.

④ 마리나 사업과 수상바이크 정고艇庫사업

마리나 사업은 전국에서 유일하게 어항과 함께한 사업으로, 2005년에는 「다지리바다의 役田尻海の駅」으로 인정받아 국토 교통성의 지원을 받았고 현재는 다양한 사람들이 교류하는 열린 항구로 변모하였다. 요트 회사를 운영하던 아오키 히로시青木 洋 씨의 제안으로, 1994년부터 마리나의 운영을 개시하였다.

아오키 씨가 업무 위탁을 받은 이유는 다지리어항의 「일요일 아침시장」에 쇼핑하러 갔을 때, 한눈에 항구의 분위기에 반해서였다고 한다. 다지리어항은 아침시장에서 일반인에게도 물고기를 판매하고 있어서 서비스업의 사고방식이 어부들에게 점차 침투하고 있었다. 이러한 배경 때문에 아오키 씨가 예상했던 대로 어부들은 마리나를 호의적으로 환영해 주었던 것이다. 현재에도 요트가 항구에 도착하면 어부들이 로프를 잡아주고, 요트가 앞바다에서 돌아갈 수 없을 때는 어선으로 견인해주는 등의 서비스를 제공하고 있다. 2015년에는 개항 20주년을 맞아 마리나에는 무려 80척의 요트가 계류되어 있었고, 방문객 요트까지 줄을 이었을 정도로 널리 알려진 인기 사업이었다. 아오키 씨는 다지리 마리나의 운영뿐만 아니라 요트 스쿨과 보트 스쿨도 경영하고 있다. 특히 요

〈그림 6-8〉 마리나 사업과 수상바이크 정고(艇庫)사업

트 스쿨은 미국 세일링 협회로부터 인증 받은 유일한 학교로 실제 기술을 가르치는 것을 목표로 하고 있다. 50대부터 60대까지 많은 사람들이 레슨을 받으러 방문하며, 홋카이도부터 오키나와까지 전국 각지에서 학생들이 모여와 스쿨을 졸업한 총 인원은 2,900명을 넘는다. 다지리어항의 어부들도 이곳에서 많은 면허를 취득하고 있고 또 많은 어항들이 어부의 고령화, 어획 감소, 지역의 소외 등 다양한 문제에 직면하고 있는 건 사실이다. 하지만 어협을 비롯한 마을 주민들은 어려운 상황을 극복하려고 다양한 신규 사업에 도전하고 또 지속적으로 활성화시켜 어민들의 생활환경 개선 및 지역 사회의 경제 활성화에도 힘을 합쳐서 노력하고 있다.

다음은 수상바이크 정고艇庫사업에 대해서 살펴보고자 한다. 어항의 슬로프를 이용하여 바다로 들어가는 수상바이크는 어항의 승강기를 활용하여 보관 및 승강이 이루어지고 있다. 이 사업은 어항 임원이 수상바이크의 보관 및 승강에 참여한 것이 계기가 되어 1994년부터 시작되었다. 처음에는 일본 챔피언 출신의 지역 주민에 의해 운영되었으나 현재는 담당 어업자가 그 역할을 맡고 있다. 관리비는 연간 약 6만 엔부터이며, 2021년에는 61명이 이용하고 있고 이 시설에는 최대 80대 정도의 수상바이크를 보관할 수 있다. 이 사업이 시작되기 전에는 어업인과 수상바이크 간에 문제가 있었으나, 관리자가 수상바이크와 어업의 조화를 위해 수상오토바이의 항행범위나 항내 서행, 정치망과 그 주위 20m의 주행금지 등의 자주 규칙을 정하여 트러블을 방지하는 등 관리자와 어민들이 다지리읍의 발전을 위해 상호 노력하는 모습을 엿볼 수 있다.

이상으로 배후도시 린쿠타운지역과 인근 어촌지역 사노어항 그리고 센난군 다지리어항 등을 중심으로 지속가능한 어촌의 발전을 위한 사례에 대해서 살펴보았다. 간사이국제공항을 건설한 이후, 배후도시 린쿠타운지역에서의 관광 산업과 국제 무역을 중심으로 한 지역 경제의 성장촉진, 또 '쿨 재팬 프론트 구상' 등의 국제 의료 교류 거점 구상으로 지역 활성화와 브랜드력 향상에 관한 양상을 알 수 있었다. 그리고 인근의 어촌지역인 사노어항과 다지리어항에서는 간사이국제공항이 들어서고 어획량이 감소하자 어협과 연계된 아오조라 시장과 일요일 아침시장을 개점해서 어민들의 생활 양상을 개선시켰다. 이 외에도 다양한 어업체험, 해물 바비큐, 가공사업 및 낚시터 사업, 그리고 마리나 사업과 수상바이크 정고 사업 등 다양한 신규 사업을 실시해 지속가능한 어촌을 발전시키기 위해서 주민들과 지역 사회가 다양한 노력을 기울이고 있다는 것을 알 수 있었다. 물론 처음에 의도한 것과는 달리 순탄하게 운영이 잘 안 되어 중간에 어려운 상황이 없었던 것은 아니었다. 그러나 그때마다 어민을 비롯한 어협과 주민들 그리고 외부인의 도움과 협력에 의해서 어려움을 타개하고 또 다른 업종으로의 전환 등으로 어업이 발전하기 위한 지속적인 노력 등을 엿볼 수 있었다.

4. 나가며

이 글은 어민들의 어장이었던 센슈 앞바다에 간사이국제공항을 건설한 이후, 배후도시 린쿠타운지역과 인근 어촌지역 특히 규모가 가장 큰 이즈미사노시泉佐野市와 또 지역 활성화를 위해 가장 많은 프로그램을 실시하는 센난군 다지리쵸泉南郡田尻町 등을 중심으로, 이 지역에서의 어촌이 위축되거나 소멸하지 않고 지속적으로 유지 발전될 수 있도록 개발한 자생력 방안에 대해서 분석했다.

간사이국제공항 건설과 함께 설립된 린쿠타운은 관광 산업 및 국제 무역에 기반을 둔 지역 경제의 성장을 촉진시켰고 또 이로 인해 지역 내 소상공인과 기업들의 활동이 활발해져 일자리 창출 확대 등의 지역 경제를 활성화시켰다. 아울러 관광객들의 관심을 끌기 시작했고 이를 통해 호텔, 레스토랑, 쇼핑센터 등의 관광 시설이 확장되어 지역의 자연과 문화를 체험할 수 있는 기회를 제공했다. 한층 국제 의료 교류 거점을 구상하고 '쿨 재팬 프론트 구상'을 내세워 활성화와 브랜드력 향상에 힘썼고 2013년 10월에는 로토 제약이 의료 투어리즘의 거점으로서 외국인 환자에게도 대응하는 고도 암 의료 시설의 건설 용지를 구입하여 글로벌적인 움직임도 보였다.

한편 인근의 어촌지역에서는 지역 자원의 보전과 환경 친화적인 관광 산업의 육성을 통해 지속가능한 발전을 실현하기 위한 신규 사업과 다양한 프로그램을 적극적으로 추진했다는 것을 알 수 있었다. 사노어항은 오사카 부에서 가장 어획량이 풍부한 어처로, 이곳에서 잡힌 신선한 해산물은 이즈미사노어협 직영의 아오조라 시장에서 바로 판매된다.

50년 이상의 역사를 가진 이 시장은 오사카 시내에서 볼 수 없는 다양한 종류의 생선으로 유명하다. 간사이국제공항이 들어서고 어획량이 감소를 하자 먼저, 어협이 주축이 되어 어민들이 갓 잡은 생선을 이 아오조라 시장에서 지역민은 물론이고 타지역과 외국인들에게도 판매를 실시한 결과 경제적 효과를 상승시켰다. 주변 레스토랑에서는 요리사들이 이곳에서 구입한 신선한 재료로 요리를 선보이기도 한다. 두 번째 사례는 간사이국제공항 개항 이후 바다의 환경 변화로 인해 어획량이 감소함에 따라 이를 해결해 지속적인 어촌발전을 위해서 해역에 교반블록초를 설치했다. 이것을 설치하여 영양염류를 조류에 의해 넓은 범위로 확산시켜 광역적인 어장을 조성한 것이다. 세 번째 사례로서는 '지인망 체험'을 들 수 있다. 이즈미사노어협에서는 어획량 감소로 인한 어부들의 생계 타격을 줄이기 위해 이즈미사노시와 제휴해 약 2000년 전부터 초등학생을 대상으로 지인망 체험을 실시하기도 하는 등 어민과 지속가능한 발전을 위한 구상을 끊임없이 추구하고 실천하고자 했다.

다음은 센난군 다지리어항에 관한 것으로, 이 어항이 간사이국제공항이 건설 된 이후 인근의 어떤 어촌보다도 지역 활성화를 위해 가장 많은 프로그램을 실시했던 것이다.

먼저, 일요일 아침시장은 처음에는 2~3개 점포 밖에 없었지만, 지금은 50개 점포 정도가 출점하고 있고 그 중에서 어업자가 실시하고 있는 것은 12~13개 점포를 차지할 정도로 어민이 주축이 되어 적극적으로 활동하고 있다. 전체의 상품구성은 선어·활어 55%, 기타 수산물 10%, 기타식품 15%, 청과·화훼 15%, 기타 5%로 구성되어 있다. 2013년 경부터 점포는 텐트에서 실내시설로 변경을 했고 최근 방문객수는 여름에는 1일에 3,000명, 겨울에는 1일에 1,500명 정도이다. 두 번째로 어업체험과 해물바비큐 사업에 관한 것이다. 어업체험은 일요일 아침시장을 방문한 고객의 요청에서 출발하여, 실제 고기잡이를 체험하며 인기를 얻어 확대되었다. 이 프로그램은 연간 7,000~8,000명의 이용자를 유치하고 있다. 현재는 어부들이 컨설턴트의 지원을 받아 운영되며 관광객 유치를 위해 적극적으로 노력하고 있다. 또한 이런 활동은 수산업과 환경 교육을 제공하는 중요한 사회적 활동으로 각광받고 있고 어업 관련 당사자들과 지역 사회 구성원들이 네트워크를 구축하여 프로모션을 추진하고 있다. 그리고 1994년에 시작된 해물 바비큐 사업은 어업체험과 결합하여 이용자에게 제공된다. 처음에는 작은 텐트에서 운영되었다가 입소문으로 인해 바비큐 가든으로 확장되었다. 바비큐는 어업체험과 동일한 기간에 운영되며, 2003년부터는 외부업체에 위탁되었다. 바비큐 가든은 2018년에 겨울철이나 나쁜 날씨에도 운영 가능하도록 개선되었으며, 겨울철에는 어업인이 직접 운영하는 굴집도 운영된다. 이를 통해 해물 바비큐는 연중 내내 관광객들에게 인기 있는 관광 명소가되었다. 세 번째로 가공사업과 낚시터 사업에 관한 것이다. 어협은 해삼과 붕장어 등을 가공하여 시민 생협에 판매하는 사업을 시작했으나 공급 문제 등으로 5~6년 후 중지되었다. 이후, 어업체험의 불황 대책으로 2000년부터 낚시터 사업을 도입했으며, 어항을 설치하여 휴게시설 등을 갖추어 약 130명을 수용할 수 있는 규모로 운영되고 있다. 네 번째로 마리나 사업과 수상바이크 정고艇庫사업이다. 마리나는 1994년에 요트 회사를 운영하던 아오키 히로시의 제안으로 시작되었으며, 어항의 승강기를 활용하여 수상바이크 정고 사업도 시작되었다. 현재는 아오키

씨의 회사가 어협으로부터 운영을 위탁받아 사업을 진행하고 있으며, 요트 스쿨과 보트 스쿨도 경영하고 있다. 또한 수상바이크 정고 사업은 어항 슬로프를 이용하여 바다로 들어가는 수상바이크의 보관 및 승강을 제공하며, 이를 통해 어업과 수상바이크 간의 조화를 이루고 있다.

이상과 같이, 간사이국제공항을 건설한 이후, 배후도시 린쿠타운지역과 인근 어촌지역 이즈미사노시 사노어항과 센난군 다지리어항 등에서는 어획량이 감소를 하자 어민들의 생활을 향상시기 위한 방법으로 지속가능한 어업발전을 위한 다양한 신규 사업을 실시했다는 것을 알 수 있었다. 즉 어협을 비롯한 주민들이 어시장을 비롯해 다양한 체험과 프로그램을 효율적으로 운행하여 지속적인 관광객 유치와 지역 발전을 위한 노력을 기울이고 있다는 것을 확인하였다.

이 글은 서두에서도 언급했듯이, 가덕도신공항이 건설되면 해역 축소, 환경 변화로 인한 어종 감소, 육수장망을 비롯한 전통 문화 손실에 대한 우려, 그리고 주변 해역의 자연환경이 파괴될 가능성이 있다는 문제의식에서 시작했다. 가덕도신공항 건설을 앞두고 공항과 어민이 함께 공생할 수 있는 방안으로 지속가능한 어업의 발전을 지향하는 간사이국제공항 인근의 배후도시 및 어촌을 사례로서 분석한 것은 학술적으로도 의의가 있다고 볼 수 있다. 그리고 가덕도신공항과 유사한 지역의 성공 사례를 통해 국가사업과 어민이 공생할 수 있는 방법을 모색한다는 점에서도 시의적절한 연구였다고 판단된다.

참고문헌

공미희, 「간사이국제공항과 배후지 건설 전후에 따른 어업실태 조사-가덕도신공항 건설을 앞두고」, 『아시아연구』 Vol.26, No.4, 한국아시아학회, 2023.

이호상, 「공항도시와 국제공항 주변지역 개발방안에 대한 고찰-한국과 일본 사례를 중심으로」, 『한국도시지리학회지』 Vol.16, No.1, 한국도시지리학회, 2013.

大阪府漁業史編さん協議会 編, 『大阪府漁業史』, 第一法規出版株式会社, 1997.

尾家建生・村上喜郁, 「泉州地域のフード・ツーリズムによる観光開発」, 『大阪観光大学紀要』 11, 2011.

大阪府, 「りんくうタウンの活用方針と事業計画の見直し(案)」, 2001.

新井洋一, 「海上空港都市への展開, 関西国際空港の事例から」, 『海洋開発論文集』, 1993.

_____, 「関西国際空港の人工島創成技術」, 『計測と制御』, 1995.

全国漁業協同組合連合会 浜再生推進部, 「漁協における事業多角化について~観光関連にかかる海業参考事例を中心として~」, 『(株)農林中金総合研究所 基礎研究部』, 2023.

阪上雄康外 2人, 「関西国際空港2期空港島における藻場造成について」, 『海洋開発論文集』第19巻, 2003.

中尾成邦外 5人, 「関西国際空港プロジェクト-24時間運用の海上空港の実現」, 『インフラ整備70年講演会(第33回)建設コンサルタンツ協会』, 2022.

中村智広・横内憲久・桜井慎一, 「都市沿岸域における開発と漁業との調整のあり方に関する研究」, 『日本沿岸域学会論文集』10, 1998.

前田進外 2人, 「関西国際空港の建設について」, 『関西国際空港(株)』, 1985.

おたぽる, 「4700万円で損切り…大阪府の"アニメの拠点化"構想, 完全に断念」, 2015.2.18.

環境省, 「環日本海洋環境ウォッチ」, 2013.3.27.

関西エアポート株式会社, 「関西国際空港島護岸の藻場が「自然共生サイト」として環境省から認定を受けました」, 2023.10.6.

Yahoo!ニュース, 「関空護岸の藻場, 自然共生サイトに認定 空港では全国唯一」, 2023.10.6.

ウェブマガジンSUI(http://www.nankai-sui.jp/tajiri/150831_001/), 검색일자 : 2024.2.20.

ウェブマガジンSUI(http://www.nankai-sui.jp/tajiri/150831_002/), 검색일자 : 2024.2.20.

ウェブマガジンSUI(http://www.nankai-sui.jp/sano/150909_007/), 검색일자 : 2024.2.21.

ウェブマガジンSUI(http://www.nankai-sui.jp/tajiri/150916_010/), 검색일자 : 2024.2.21.

ウェブマガジンSUI(http://www.nankai-sui.jp/sano/151125_021/), 검색일자 : 2024.2.22.

http://www.nankai-sui.jp/sano/150831_004/(검색일자 : 2024.3.20).

가도노 ○○(角野 ○○, 男, 1956년생), 北中通漁業協同組合 조합장, 2023.8.30 인터뷰.

가네노 ○○(金野 ○○, 男, 1978년생), 泉佐野漁業協同組合 조합원, 2023.8.30 인터뷰.

미호 ○○(三好 ○○, 男, 1970년생), 泉佐野漁業協同組合 조합장, 2023.8.31 인터뷰.

모리시타 ○○(森下 ○○, 男, 1935년생), 田尻漁業協同組合 어부, 2023.8.31 인터뷰.

사세보佐世保의 근대화 유산과 경관으로 본 지역 아이덴티티

이상원

1. 들어가며

사세보시佐世保市는 나가사키시長崎市의 북북서 방향, 약 50킬로미터 지점에 위치해 있고 나가사키현長崎県 내에서 제2의 도시에 해당한다. '사세보'라는 지명의 유래는 '사세부'라고 불리는 나무의 이름에서 유래했다는 설과, 아이누어인 '사ㅆい'와 '세부㐀'가 어원이라는 설, 그리고 삼한정벌 시기, 진구神功황후가 승선한 배의 돛이 찢어진 것을 수리한 항이었다는 고사에서 유래한 '사케호裂けㅐ'라 불리는 이름에서 바뀌었다는 설도 있다.[1]

사세보는 1889년 7월 진수부鎭守府[2]가 개청된 이래, 전전기戰前期[3]에는

---

1   上杉和央 編, 『軍港都市史研究』 II 景観編, 「軍港都市の遊興空間」, 清文堂出版株式会社, 2012, p.85.
2   구(舊)일본 해군의 근거지로 함대 후방을 통괄하는 기관을 말한다.
3   일제의 진주만 공격이 시작되는 태평양전쟁 내지는 중일전쟁이 시작되는 시점인 대동아전쟁의 발발 전 시기를 지칭하기도 하지만, 메이지(明治) 원년인 1868년 10월부터 1945년 8월 15일 일본의 항복 시점까지의 기간을 통상 '전전기', 그 이후를 '전후기'로 칭한다.

구舊 일본 해군의 연합함대 출격 기지였고, 전후기戰後期에는 미 점령군에 의해 주요 군항 시설이 접수되면서 동아시아지역 전략적 군사 요충지로 자리 잡는다. 전후, 1946년 시장으로 취임한 다나카 마사스케田中正輔는 '구군항시旧軍港市 전환법'[4]을 기반으로 과거로부터 이어진 군항의 이미지를 벗기 위해 '평화산업항만도시'로의 전환을 모색하였고, 그 결실은 무역항 지정과 사이카이西海 국립공원의 지정으로 이어진다. 그 결실을 통해 관광도시로 도약을 꿈꾼 사세보였지만, 1950년 발발한 한국전쟁과 베트남전쟁은 미군의 전략적 기지 역할을 담당하면서 사세보의 재무장을 초래하는 계기가 되었다.

원래 사세보의 인구는 3천~4천 명 정도의 인구를 가진 한촌寒村이었지만, 진수부가 개청된 이후인 1902년에는 5만 명에 달하는 인구 증가로 시제市制 시행이 시작되었다. 1차 세계대전 시기와 경제공황 시기에는 잠시 인구 증가가 줄어들지만, 중일전쟁과 태평양전쟁 시기에는 최대의 도시 확대기를 맞이하면서 30만 명에 달하는 최대 인구를 보유하는 도시가 되었다. 1945년 연합군의 공습과 군 소멸 등에 의해 인구는 14만 명으로 반감하였지만, 패전 이후 한국전쟁 특수特需와 미군 및 자위대 기지 설치의 영향으로 주변 시정촌市町村이 합병되었으며, 1950년대 후반에는 25만명의 인구를 보유하는 지역으로 성장한다. 하지만 이후 전국적인 도시에서 나타난 인구 증가 현상에 비해 사세보는 점차 인구가 줄어드는 경향을 보였는데, 그 이유로는 1970년대 미군 축소와 탄광

---

4 패전 이후, 일본 제국헌법하에서 군항을 보유한 4개의 시(市)인 요코스카(橫須賀), 구레(吳), 사세보(佐世保), 마이즈루(舞鶴)를 평화산업항만도시로 전환함으로써, 평화일본실현이라는 이상 달성에 기여하는 것을 목적으로 제정된 법률(특별도시건설법)이다.

산업과 조선업에서의 고용 소실 등의 영향이 반영되었다고 볼 수 있다.[5]

이와 같이 전전기 구 일본 해군의 진수부 개청과 함께 제1, 2차 세계 대전의 전략적 군사 요충지 역할의 임무, 전후기 미 점령군의 사세보 군항 접수, 이어서 발발한 한국전쟁과 베트남전쟁에서의 기지 역할을 담당해 온 사세보에는 군사시설과 관련된 다양한 건축물과 다량의 근대화 유산이 남아있다. 1990년대에 들어서면서 일본 전역에서 문화 자원화의 움직임이 광범위하게 일어났고, 1990년대 중반 이후 그 대상이 사세보 시내 건축물에서 군항 내 시설까지 확대되었다. 대부분이 전전기 구일본 해군에 의해 건조된 군사시설들로 대부분 붉은 벽돌이 사용된 건조물이었는데, 군사시설의 기밀성과 문화유산의 공개성이라는 근본적인 대립에도 불구하고 반半국가주도적인 방식으로 '근대화 유산'으로 지정되어 갔다. 이러한 사세보 시내 '근대화 유산'이라는 카테고리의 생성과 실천은 군항의 경관과도 밀접한 관련을 맺고 있으며, 경관 역시 문화 자원화의 대상이 되었다. 전후기 '구군항시 전환법'에 따라 시내의 구 군 용지는 기업 등에 제공되어 산업 창출을 위해 활용되었고, 2005년 시행된 '경관녹3법景観緑三法'[6]의 실시는 구 군 용지 등을 도시공원으로 개조함으로써 자연과의 교제 및 커뮤니티 재생의 장으로서 사회적 기능을 창출하였다.

이 글은 사세보지역의 근대화 유산 및 경관과 관련하여 진수부가 개청된 무렵의 전전기부터 현재에 이르기까지 사회·문화적 관점뿐 아니

---

5 上杉和央 編, 앞의 책, 清文堂出版株式会社, 2012, pp.88~90.
6 경관법 시행에 동반한 관계법률의 정비 등에 관한 법률, 도시녹지보전법 등의 일부를 개정한 법률 3가지의 법률을 포함한 호칭.

라, 인문학적 관점에 초점을 맞추어 연구를 진행하였다. 특히 전쟁의 역사를 통해 형성된 군항도시에서 겪는 사세보 주민들의 삶과 중앙 정부와 미군의 정책 변화에 따라 순응, 때로는 저항을 선택해 온 지역 주민들의 삶과 의식을 지역 경제의 입장에서 고찰하였다.

관련 연구로는 국내에 거의 미비한 실정이지만 일본에서 발행된 우에스기 가즈히로 편上杉和央編, 2012와 기타자와 미쓰루 편北沢満編, 2018은 사세보 관련 자료가 부족한 국내에서 이 글을 기술함에 있어서 큰 학술적 기반이 되었다. 또한 야마모토 리카山本理佳, 2010와 기타자와 다케시谷沢毅, 2012의 논문은 사세보 경관 형성과 역사적 사건을 유기적으로 구성하는 데 중요한 자료로 활용되었다.

이 글은 전후기 사세보에 거점을 꾸린 '미군'의 존재와 구 일본 해군에서 인계된 '근대화 유산'이 사용·관리 주체가 뒤바뀐 역사적 시간에도 보존되어 이어져 옴에 따라 어떠한 특징적 경관이 창출되었으며, 실질적 변용이 이루어졌는지 살펴보고자 한다. 1990년대에 일어난 반半국가 주도적 근대 유산화의 움직임을 통해 사세보에는 어떤 문화 자원화가 이루어졌으며, 마치즈쿠리[7]가 지역의 경관 형성과 활용에 어떠한 영향을 주었는지 살펴보고자 한다. 이러한 근대화 유산-문화 자원화-마치즈쿠리-경관 형성이라는 유기적 관계를 맺는 과정의 단계의 분석은 사세보가 갖는 지역 아이덴티티를 규명하기 위한 유효한 방법론이 될 것이다.

---

[7] 마치즈쿠리(まちづくり)는 일본 고유의 문화적 배경 속에서 생겨난 독특한 사회운동의 연장선상에서 행해져 왔는데, 1970년대에 들어서면서 본격적으로 사용되기 시작하였다. 고도성장기를 거쳐 공공정책에 의해 파괴된 환경문제의 직접적인 영향을 받아온 주민들에 의해 시작되었고, 이후 전국적으로 다양한 영역으로 확대하여 폭넓은 시민운동으로 성장해 나갔다(竹内裕二, 「まちづくりの系譜から"次のまちづくり"を考察する」, 『筑波学院大学紀要第』12集, 筑波学院大学図書館運営委員会, 2017, p.66).

2. 사세보의 전전기 근대화 유산

1990년대 일본의 각 지역에서는 '근대화 유산'을 둘러싼 움직임이 활발해졌다. 주로 메이지明治시대부터 전전기 사이에 건조된 건축물과 구조물을 대상으로 문화청의 주도하에 종합적 조사가 이루어졌다. 각 현県의 교육위원회를 사업 주체로 하여 건축, 산업, 토목과 같은 모든 대상을 포함한 설정은 각 현마다 수백 건이 넘었다. 가령, 나가사키 교육위원회가 1998년 발행한『나가사키현 근대화 유산 종합조사 보고서』[8]의 내용을 보면 대상 건수는 모두 511건이었으며, 그 중 사세보시 지역 내 대상은 150여 건에 달했다. 이러한 근대화 유산에 취급된 대상은 지역 내에서 관광과 마치즈쿠리에 핵심적인 문화유산으로 활용되었다. 본래, 마치즈쿠리의 핵심은 거주하는 지역을 더 좋은 모습으로 변화시켜 보다 나은 삶의 질을 영위하는 것이다. 이렇게 출발한 마치즈쿠리는 1970년대에서 80년대를 거치며 90년대 초기까지만 해도 각각 '이념', '실험과 테마'의 장으로 활용되었다. 당시 일본의 고도성장기의 사회적 문제와 결함을 협동으로 보완하며 국민 생활을 윤택하게 하자는 취지의 분위기였으나, 90년대 후반에는 정치적으로 활용되는 분위기도 조성되었다. 다케우치 유지竹内裕二, 2017는 이 시기의 마치즈쿠리의 형태에 대하여 '지역 운영'이라는 세대론을 제시했다. 즉, '버블경제의 붕괴'라는 어려운 상황을 이겨내기 위해 행정과 시민의 격을 허물고, 지역의 운영을 함께 하자는 방식으로 대응하자는 것이었다.[9]

---

8   長崎県教育委員会 編,『長崎県近代化遺産総合調査報告書』第140集, 1998.
9   앞의 글, 筑波学院大学図書館運営委員会, 2017, p.72.

이러한 사회적 분위기는 1990년대 후반의 근대화 유산의 종합적 조사와 대상 선정에 있어서도 여실히 드러나고 있다. 특히 국가가 지역의 군사시설을 문화 자원화의 대상으로 삼았고, 군사시설의 기밀성과 문화유산의 공개성이라는 근본적 대립에도 불구하고 근대화 유산으로 추진하는 무리수도 마다하지 않았다. 이는 미 해군과 일본 해상자위대의 대규모 '군항'을 보유한 사세보항도 예외는 아니었다. 군항 내 시설의 대부분이 전전기 구 일본 해군이 건조한 건축물이었기 때문에 근대화 유산으로 활용하려는 움직임이 더욱더 활발히 진행되었다.

1) 구 일본 군사시설과 근대화 유산

1990년대 후반 본격적으로 진행된 사세보지역의 근대화 유산을 둘러싼 활발한 움직임은 전술한 마치즈쿠리와도 연관을 지을 수 있다. 마치즈쿠리의 핵심은 지역 주민들의 삶의 질 향상에 있고, 도로 정비와 방재防災라는 하드웨어적 측면과, 역사와 관광이라는 소프트웨어적 측면을 통해 주민의 안전과 지역 경제 발전이 양립되는 기능을 가지기도 한다. 그러나 시대의 흐름에 따라 마치즈쿠리는 본래의 취지에서 벗어나 '지역 운영'이라는 세대론을 앞세워 정치적으로 활용되었다. 이와 비슷한 움직임은 근대 문화 유산화에서도 나타나는데, 이는 문화유산 자체가 문화자원화되어 경관을 이루는 유기적 특징을 가지고 있는 것에서 발한다고 할 수 있다.

문화유산은 역사 경관을 이룰 뿐 아니라, 마치즈쿠리의 기능을 통해 국가가 지향하는 방향으로 나아간다. 즉, 90년대 후반에 대두된 마치즈쿠리의 '지역 운영'이라는 세대론을 통해 버블경제의 붕괴를 함께 대응해 가자는 의미로 해석될 수 있다. 이러한 정책에는 또 다른 무리수가 있었는데, 군사 기지 내 시설의 기밀성과 문화재·문화유산의 보존·공개성이 상호 양립할 수 없는 지점이다. 이러한 지점에 대해 야마모토 리카山本理佳, 2010는 다음과 같이 주장한다.

> 이러한 반半국가주도의 탐욕적인 문화 유산화의 움직임은 '군사 기지'라는 대상까지도 집어삼키며 진행되고 있다. 원래 '근대화 유산' 중, 구일본 군사시설은 **꽤 많은 수를 차지하고 있으며** 그 대부분은 지방 공공시설, 교통·토목시설, 산업시설 등으로 전용되기도 하였지만, 그대로 재일 미군과 자위대 시설로 인계된 부분도 적지 않다.
>
> 지역에서는 이러한 현역 군사시설도 '근대화 유산'으로 취급하며 보존하려는 움직임도 보인다.[10]

아울러 야마모토 리카山本理佳 2006에서 기타규슈北九州시의 고로高炉, 제철소의 주요설비 시설의 산업 경관적 가치를 국가와 지역적 맥락으로 분석한 논문에서 규명한 바와 같이, 문화유산으로의 카테고리화는 지역의 의견이 무시된 채, 국가적 차원에서 주도적으로 이루어졌음을 알 수 있다. 즉 문화유산의 제도적 상황과 지역 사회의 움직임에 대해, 국가로의 포섭을 통한 지역의 독자적 자립과 가치 창출로 포장되었다.[11]

이 글에서는 이와 같은 근대 유산화의 시선이 군사시설에 집중되는 사

---

10 山本理佳, 「佐世保市における軍港景観の文化資源化」, 『国立歴史民俗博物館研究報告第156集』, 国立歴史民俗博物館, 2010, p.72.

11 山本理佳, 「近代産業景観をめぐる価値 – 北九州市の高炉施設のナショナル/ローカルな文脈」, 『歴史地理学48(1)』, 北九州地域社会学会, 2010, p.57.

례가 가장 많은 사세보시에 주목하여 살펴보기로 한다. 사세보시는 1889년 구일본 해군의 진수부와 군항이 설치된 이래, 당초 4천 명 남짓한 인구에서 태평양전쟁기인 1939년 이후, 30만 명 규모의 도시로 발전했다. 전후 '평화산업항만도시'의 꿈을 실현할 계획을 내세운 사세보시는 재일 미해군 기지와 해상보안대의 규슈九州 지방총감부가 사세보에 배치되면서 다시 군함이 모습을 드러냈다.[12] 이처럼 4개의 구군항도시요코스카(橫須賀), 구레(吳), 마이즈루(舞鶴), 사세보(佐世保) 중에서도 구군 재산 중에 현재 방위시설구역미군, 자위대 포함의 총면적이 4개의 시 중에서 가장 넓으며, 1990년대 이후 근대화 유산 대상 지역으로 주목이 집중된 지역이었기 때문에 시 행정과 시민단체 등의 움직임이 활발했을 뿐 아니라 군사시설의 근대유산화에 대한 사례가 가장 많았던 곳이기도 하다.

2) 구 일본 군사시설의 근대화 유산 지정과 활용

사세보의 근대화 유산 중 구일본 해군 관련 시설이 보존되어있는 것은 1980년대 수리 후 활용된 2개의 건조물의 초기의 사례인데, 하나는 '사세보 시민 문화 홀'이다. 이 건조물은 제1차 세계대전의 전승 기념으로 1923년다이쇼 12년에 건설된 '구해군 사세보 진수부 개선 기념관'이 전용된 것이다. 패전 후, 미군이 접수하여 극장으로 활용이 되기도 했지만, 1982년 미군에서 일본 대장성大藏省[13]으로 반환됨과 동시에 사세보시에 이양되었고, 시민들의 문화 활동과 발표의 장으로 활용되었다. 아

---

12 이상원, 「군항도시 사세보(佐世保)의 평화산업항만도시로의 전환을 위한 도전 : 사이카이(西海)
    국립공원 지정 과정에 주목하여」, 한국과국제사회 제8권, 한국정치사회연구소, 2023, p.142.
13 대장성(大藏省/Ministry of Finance, MOF) : 일본 최고 재정기관, 대한민국의 재정경제부에 해당.

래의 〈표 7-1〉[14]은 사세보 시내에 위치한 일본군 군사시설 건조물 중 대표적인 근대화 유산으로 손꼽히는 것으로 5곳 중, 한 곳이 국가지정 중요 문화재 건축물이고, 두 곳이 국가등록 유형문화재이다.

사세보시 근대기의 건축물이 보존 대상으로서의 가치성을 인정받기 시작한 것은 1990년대 이후이고 '도시환경 디자인 연구회 이하, 도시연'의 활동이 계기가 되었다. 도시연은 지역의 역사와 문화에 기반한 마치즈 쿠리를 시민 측과 검토하여 발신하는 것을 목표로 하였고, 시내에 거주 하는 디자이너와 이벤트, 리조트 등의 개발사업 관계자 외, 공무원 등, 시민 20명으로 1991년 결성되었다. 그들의 활동은 마치즈쿠리 전반에 영향을 주었고, 그 중에서도 시내에 잔존하는 역사적 건조물을 활용하 는 것으로 주목받았다. 특히 구해군이 건조한 벽돌 건조물에 중점을 두 었으나, 1990년대 중반까지는 철거가 아닌 보존 요청 등으로 인해 성과 는 없었고, 1990년대 후반부터 그들의 활동은 본격화되기 시작했다.

1995년부터 1997년까지 문화청 주도로 전국근대화유산 종합조사가 진행되면서 등록문화재제도가 도입된 것이 그 배경에 있다. 나가사키현 의 근대화 유산 조사는 사세보 시내 구해군 건설의 건축물과 건조물의 대부분이 '근대화 유산'으로서의 가치가 있음을 인정받았고, 이후 보고 서에 '사세보 시민 문화 홀'을 등록 신청하여 1997년 문화재건조물로 인 정받았다. 또한 1997년 '사세보의 붉은 벽돌 창고군'은 일본에서 큰 주

---

14 아래 사이트를 참고하여 필자가 작성하였다(인터넷 검색 일자 : 2024.4.20).
사세보시 문화재 일람 : https://www.city.sasebo.lg.jp/kyouiku/bunzai/bunkazaimapu.html
사세보시경관 디자인상 : https://www.city.sasebo.lg.jp/tosiseibi/machis/05.html
구군항시 진흥협의회(근대화유산) : https://www.kyugun.jp/kindaikaisan.html
사세보 시민 문화홀 : https://gaisenkinenhall.com/
사세보 사료관 : https://www.mod.go.jp/msdf/sasebo/5_sail_tower/5_sail_tower.html

<표 7-1> 사세보시 내 대표 근대화 유산 중 일본군 군사시설 건조물

연번	명칭	설명	비고
1	구사세보 무선 전신소 (하리오(針尾) 송신소)	- 국가지정(国指定) - 중요문화재(건축물) - 견학 가능	
2	사세보 시민 문화 홀 (구사세보 진수부 개선 기념관)	- 국가등록(国登録) - 1923년 건축 - 등록유형문화재 - 시민문화의 활동 거점 - 견학 가능	
3	사세보 중공업(주) 250톤 크레인	- 국가등록(国登録) - 1913년 건축 - 현재 현역 가동중 - 외견(원거리) 견학 가능	
4	해상자위대 사세보 사료관 (세일타워 : 구수교사)	- '사이카이(西海)의 수호' - 견학 가능	
5	무궁동(無窮洞)	- 1945년 건조(建造) - 태평양전쟁시기 초등학교, 교사와 학생들이 만든 방공호 - 견학 가능	
6	사세보 붉은벽돌 창고군	- 2019년 일본 유산 지정 - 1888년 탄약고 완성, 소총고에서 1912년 탄환고가 완성될 때까지 총 9개 동이 보존되어 있음 - 외견 원망(遠望) 견학 가능	

목을 받았고 국내에서 그 가치를 인정받았다. 1997년 도시연과는 별개로 '사세보 어반 디자인 연구회^{이하 어반연}'이 결성되어 1998년 이후 도시연과 공동으로 '붉은 벽돌 탐정단'을 결성하여 여러 이벤트 활동의 중핵적 역할을 맡아 갔다. 어반연은 시청 직원으로 구성된 단체였기 때문에 시와 직접적 관련은 없었지만, 시의 기획, 후원을 받음에 있어서 큰 영향력은 갖고 있었다고 말할 수 있다.

이후, 2005년에는 '하리오^{針尾} 무선탑^{하리오 송신소}'이라는 1922년에 준공한 구해군 시설에 관해, 전시의회 의원을 대표하는 '하리오 무선탑을 보존하는 모임'이 발족하였다. 전후 위 시설을 해상보안청이 인수하였으나, 1997년 사용이 정지된 후 철거 위기에 놓이게 된다. 그러나 이내 사세보시교육위원회가 국가의 중요문화재 지정을 위해 보존으로의 방향을 모색하는 등의 상당한 노력을 기울인 끝에 2016년 일본 유산으로 등록되었다. 시교육위원회는 2005년 이후, 근대화 유산이 소재하는 지방공공단체를 중심으로 한 전국 조직인 '전국근대화유산활용 연락협의회'가 추진하는 '근대화유산 전국일제공개'의 일환으로 견학회와 사진전을 매년 개최하고 있다. 이처럼 사세보시에서는 국가의 문화정책의 영향을 크게 받으면서도 특히, 1997년 이후, 시내의 근대기 건조물을 활용하려는 움직임이 최근까지도 활발하게 진행되고 있는 상황이다.[15]

---

15 이상원, 위의 논문, 『国立歴史民俗博物館研究報告第156集』国立歴史民俗博物館, 2010, pp.75~78.

3. 사세보와 경관

『점령군이 찍은 종전 직후의 사세보』라는 사진집의 내용 중, 콜롬비아대학·죠치上智대학 교수인 에드워드 씨는 '나의 일본 일기에서'라고 적은 글이 있다. 그가 소속된 미국 해병대 5사단은 하와이에서 종전을 맞이하였고, 점령군으로서 1945년 9월 하순 사세보 항으로 입항한다. 21일에는 선견부대, 22일에는 5만 명의 주력부대가 상륙했고 사람이 없는 곳으로 흩어졌다고 기술한다. 그는 "사세보와 나가사키를 비교해 보면 훨씬 피해가 컸고, 오히려 더 비참했던 곳은 사세보였다"라고[16] 기술하고 있다. 태평양전쟁 말기 진주만 공격의 보복으로 사세보 민가와 시가지의 공습이 행해졌기 때문이다. 미 점령군이 사세보에 오면 "남자들은 죽이고, 젊은 여자는 연행한다"라는 유언비어로 인해 많은 시민이 이탈하기 시작했다. 다지마가쿠 포대田島岳砲台 위에는 성조기가 높이 휘날리고, 본격적인 미군 점령체제가 펼쳐졌다. 전술한 사진집에는 15일이 지나 후쿠오카로 이동하는 미군 부대의 스냅사진이 있고, 부대 근처에는 손을 잡는 여자아이, 아이들을 업은 엄마 등, 한가로운 시민들의 일상 모습들이 보인다. '귀축미영鬼畜米英'으로 두려워하던 적국병사에 대한 시민 감정의 전환을 사진은 반영하고 있는 듯하다.[17]

이처럼 일본의 방위체제에 외국 군대가 일상적으로 관여하게 된 것은 제2차 세계대전 이후의 일이다. 냉전체제가 구축되어가는 과정 속에서 미국을 중심으로 한 자본주의와 소련을 중심으로 한 공산주의 국가가

---

16 長崎県の歴史シリーズ, 『図説佐世保・平戸・松浦・北松の歴史』, 2010, p.194.
17 위의 책, 『図説佐世保・平戸・松浦・北松の歴史』, 2010, p.195.

월경적 군사기반을 확대하는 것은 일상적인 현상이 되었다. 특히 패전 국이었던 일본은 미국의 냉전 전략의 일익을 담당함으로써 미일 공동의 안전보장체제가 형성되었다. 이렇듯 일본에는 전전기 자국을 방위하는 군대가 아닌 '미군'이 일본의 군사적 거점에 주둔하게 된다.

사세보에 진주한 미군연합국군 제6군 제5 해병군단은 사세보 진수부를 시작으로 해병단, 공창, 군수부, 공무工務部 및 그 외 부속 시설인 아이노우라相浦 해병단, 사세보 항공대 등, 대부분의 해군 주요 시설을 접수하였다. 이후 미군에게 불필요한 물건은 내무성을 거쳐 대장성大蔵省[18]으로 반환하였다.[19] 대부분의 구일본 해군의 군사시설은 미군에게 인계되었고 시간이 지나면서 미군도 전시체제에서 관리체제로 바꾸어 나갔다.

전술한 바와 같이 사세보시에서의 '근대화 유산' 움직임은 구 일본 해군의 군사시설도 대상에 포함되었다. 이러한 움직임은 단순히 군항 경관의 문화 자원화를 막힘없이 추진할 기반이 되었다. 근대기의 벽돌 건축물에서 나온 폐재료 등은 '지역의 역사'를 상징하는 경관 만들기에도 조달되었고, 사세보는 '미군'적 경관을 지닐 수밖에 없는 도시를 이룬다. 즉, 근대화 유산을 둘러싼 실천은 '미군'을 지역 아이덴티티화 할 수 있는 편리한 상황이 성립되었을 뿐 아니라 지역에서의 군 존재의 정당화로 연결될 가능성이 있다.[20]

본 장에서는 전전기 구 일본 해군이 남긴 문화유산들이 전후기 일본에서 거점을 꾸린 '미군'들에 의해 어떻게 보존되었는지와 미군의 정책

---

18 국가 예산의 편성, 재무·통화·금융·증권에 관한 사무를 담당하는 행정기관.
19 谷沢毅, 「軍港都市佐世保の戦中·戦後-ドイツ·キールとの比較を念頭に-」, 『長崎県立大学経済学部 論集』, 第45券 第4号 長崎県立大学経済学部学術研究会, 2012, p.194.
20 위의 논문, 『国立歴史民俗博物館研究報告』 国立歴史民俗博物館, 第156集, 2010, p.91.

에 의해 변용된 경관의 사례에 대해 살펴보고자 한다. 이러한 부분들이 규명될 때, 근대 유산화에서 비롯된 '문화 자원화'-'마치즈쿠리'-'경관 형성'이라는 상호 유기적 관계의 단계를 확인할 수 있을 것이다. 나아가 전후 평화항만산업도시로의 전환을 목표로 삼았던 사세보시의 의도와는 반하는 반半국가 주도적 근대화 유산의 문화 자원화 움직임이 어떻게 지역 아이덴티티의 모순된 설정을 초래했는지 규명할 수 있을 것이다.

1) '미군' 공간 형성에 따른 '음'과 '양'

본 장에서는 전후기 구 일본 해군도시인 사세보에 '미군'이라는 새로운 존재에 주목하여 어떻게 미군 공간이 형성되었고, 그것이 어떻게 사세보의 '군' 경관을 형성하였는지에 대해 살펴보고자 한다. 전전기 진수부가 개청된 4개의 군항도시인 요코스카, 구레, 마이즈루, 사세보는 모두 전후기, 자위대와 미군에 의해 그 시설이 모두 인계된 것은 동일하나, 사세보시는 현재 방위시설구역이 된 토지의 총면적이 4개의 군항도시 중에서 가장 넓다는 점과 사세보천 주변으로 전전기 특징적 경관을 유지하면서 동서로 나뉜 '군'과 '시가지'라는 특징적 공간이 본 연구에 의의를 지닐 수 있겠다.

〈그림 7-1〉은 진수부 개청 10여 년 이후의 사세보 지도 위에 전후 미군 시설과 시가지의 위치를 표시했고, 〈그림 7-2〉는 구 일본 해군 진수부 개청 초기의 시가지 위에 현재의 미군기지와 사세보 중공업, 철도 시설 등을 나타낸 모습을 더하여 과거와 현재를 오버랩시킨 지도이다.

〈그림 7-1〉의 경우, 중간에 위치한 사세보천佐世保川을 중심으로 좌측은 군사시설, 우측은 사세보 역과 시가지가 형성되었음을 알 수 있으며,

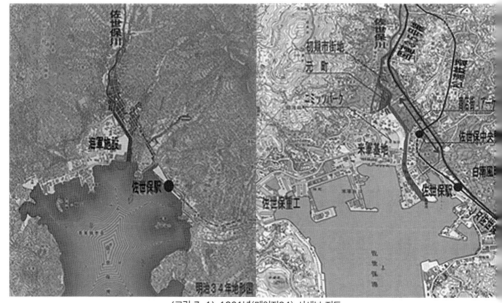

〈그림 7-1〉 1901년(메이지34) 사세보 지도
〈그림 7-2〉 현재의 사세보 지도[21]

〈그림 7-2〉는 전후기 매립·확장되어 변화된 미군 군사시설뿐 아니라 확장된 시가지와 확충된 철도 노선들을 통해 도시 규모의 확장과 인구 증가를 예측할 수 있는 지도이다. 1946년 사세보 시장으로 취임한 나카타 마사스케中田正輔는 '평화산업항만도시' 건설을 모색하며 1948년 무역항으로 지정과 '구 군항시旧軍港市 전환법' 제정, '사이카이西海 국립공원' 지정을 위해 최선의 노력을 다한다. 하지만, '구군항시 전환법' 시행 3주가 지난 시점인 1950년 6월 25일 한국전쟁이 발발하였다. 전쟁 수행을 위한 사세보항의 역할과 필요성 대두로 군사적 요충지 기능이 강화된다. 1951년 9월 8일 샌프란시스코 강화조약과 미일안보조약 조인으

---

21 まちあるきの考古学 (http://www.koutaro.name/machi/sasebo.htm).

로 미군의 합법적 주둔이 결정된다. 1960년대 베트남전쟁의 발발은 사세보의 미군 기지의 역할을 강화시켰을 뿐 아니라, '휴지에서 전차까지'라고 불릴 정도로 군수물자를 통한 특수特需를 누리며 지역 재건의 기회를 얻는다.[22]

미 군정하 한국전쟁과 베트남전쟁은 역사상 처음으로 특수경기를 초래하여 노골적으로 미군이 환영을 받는 분위기가 형성되었다. 하지만, 외국 주둔군으로 군수산업을 가지지 않는 '미군'의 특수는 소비산업적 측면의 비중이 높아 돌발적이고 불안정한 경제 효과만을 초래하는 것이기도 하였다. 이처럼 문제는 있지만 국가적으로나 사세보의 지역 경제 상황적으로나 다대한 경제적 효과를 누리는 존재로 수용되는 '미군'이었지만 1960년대를 거치며 그러한 일상적인 시선도 일부 변화를 일으키며, 학생들과 더불어 사세보 시민들의 저항을 일으키는 사건이 발생한다. 1968년 원자력 항공모함 '엔터프라이즈 호' 기항사건이 그러하다. 이 운동은 미 해군의 원자력 항공모함이 사세보항에 기항하는 것을 반대하는 운동을 말하며, 그동안 군사 거점으로서의 사세보에서 '미군'이라는 존재가 잉태한 모순을 드러낸 것이 되었다.

원자력 잠수함과 항공모함은 1964년부터 1967년까지 12차례에 걸쳐 사세보항에 기항한 전적이 있다. 그동안 거의 방관자적 역할을 해온 사세보 시민들이 유독 1968년 '엔터프라이즈 호' 기항에만 신경을 곤두세운 이유는 무엇이었을까? 이러한 사세보 시민들의 저항을 시작한

---

22 이상원, 「군항도시 사세보(佐世保)의 관광도시 전환 과정의 설계와 실천 : 하우스텐보스(Huis Ten Bosch) 설립 과정에 주목하여」,『한국과 국제사회』7권 5호, 한국정치사회연구소, 2023, p.869.

이유에 대한 분석의 시각은 여러 논문에서 다루고 있지만, 필자는 3가지[23]로 정리하였다. 첫째, 전후 사세보 시민들이 염원한 '평화산업항만도시' 건설의 무산과 둘째, 미군과 공존하는 '군항도시'에 의존할 수밖에 없는 지역 경제, 셋째, '엔터프라이즈 호'가 가지는 함명의 의미가 복잡하게 얽힌 문제와 관련 있다는 점이 그것이다.

전후기, 한국전쟁의 발발에 따른 특수 경기의 특혜를 누리며 최전선 기지로 기능한 구 군항시 사세보가 시대의 경제적 효과를 얻었던 지역의 하나였음은 틀림없다. 단, 군수산업이 동반되지 않는 점이 경제적으로 큰 불안 요소였다. 당연히 함선 수리 등의 보조적으로 발생하는 수요도 적지는 않았지만, 군수산업은 미국 본토에서 이루어졌다. 평화국가로의 이행을 다짐한 일본 국내에서도 전전기 행해지던 군수산업은 소멸하였고, 군사 거점을 지지해온 지역에 있어서도 이러한 판도의 변화는 불안감을 증폭시키는 원인이 되기도 하였다. 사세보 시사市史에서는 한국전쟁기의 '미군' 특수 내역에 대하여 설명하고 있는데, '20% 정도가 함선수리, 육해 운송, 토건, 식량, 그 외 미군 납입 관계과 관련된 소수의 업종에 대한 특수였고, 나머지 80%는 외국인 바Bar, 캬바레, 그 외의 서비스업, 선물, 택시, 일반 상점에서 발생하는 특수'였다. 또한 1968년에 입항한 '엔터프라이즈 호'라는 함명은 1세대 전 규슈 공습을 행했던 동일한 이름의 함명이었다는 것이다. 이는 사세보 주민들의 저항의식을 불러일으키기에 충분했을 것이다.[24] 이와 같이 '미군'의 공간이 형성됨

---

23 이상원, 「군항도시 사세보(佐世保)와 시민 저항 : 1968년 미국의 '엔터프라이즈 호' 입항 문제를 중심으로」, 『동북아문화연구』 제72집, 동북아시아문화학회, 2022, p.268.

24 上杉和央 編, 「第9章 戦後佐世保における「米軍」の景観 – 佐世保川周辺の変容」, 『軍港都市史研究 II 景観篇』, 清文堂出版株式会社, 2012, p.336.

에 따라 사세보의 지역 경제를 '미군'의 유흥 공간에 의존해야 한다는 점, 그리고 한국전쟁과 베트남전쟁의 기지 역할을 통해 평화산업항만도시의 꿈을 이루지 못한 좌절감은 기항을 반대하는 학생들의 시위에 대해 국가의 무자비한 폭력적 진압이 자행되는 현장을 목격하게 된 사세보 시민들로 하여금 국가에 대한 저항 의식을 일으키기에 충분했을 것이다.

2) '해군'에서 '미군'으로의 경관 변용과 활용

전후 재일 미군의 동향은 사세보에서의 경제적 측면에 큰 영향을 가져왔다. 1950년 16,000명을 넘은 미군은 1970년에는 1,000명으로 줄었고, 1980년에는 217명으로 대폭 감소했다. 1978년 미 해군 기지의 명칭이 '미 해군 사세보 탄약병'으로 변경되었고, 1970년대에는 소위 '대폭반환'을 통해 미군기지의 반환이 이루어진다. 이러한 군대 규모의 변동은 기지내 일본인 종사원 수와 미군 함정의 연간 입항 수가 항상 비례해 왔다. 한국전쟁 후 기지 내 일본인 종사자 수는 7,000명을 넘었지만, 1970년대 초반이 되자 3,000명으로, 중반이 되면서 1,000명으로 크게 감소하였다.[25]

본 장에서는 '미군' 존재의 역사적 개요를 통해 사세보의 중심부와 군중수부의 시설이 늘어선 사세보천 주변의 경관이 어떻게 변용되어 왔는지, 미군의 군사적 방침이 경관을 어떻게 변용시켰는지 분석하고자 한다. 또한 1990년대에 진행된 근대 유산화 움직임과 마치즈쿠리를 통해

---

25 위의 책, 『軍港都市史研究 II 景觀篇』, 清文堂出版株式会社, 2012, p.331.

군사시설에 관련된 문화유산이 어떠한 방식으로 활용이 되었는지 살펴보고자 한다.

〈그림 7-1〉과 〈그림 7-2〉에서 알 수 있듯이 1960년대 사세보는 서측의 미군과 동측의 시가지가 사세보 천을 중심에 두고 나누어져 있었다. 특히, 서측의 군사시설 구역은 미군기지 사령부와 사령관 숙사, 그리고 미군 장교 클럽과 군의 행정 시설이 집중되어 있는데, 이는 구 일본 해군이 사용하던 시설 그대로 미군이 점거하는 방식이었다. 서측과 동측을 잇는 사세보교橋 옆으로는 구 해군 하사관병 집회소에 미육군 기지 사령부가 들어섰고, 인접한 구 해군 개선 기념관이 미군의 극장으로 사용되었다. 또한, 사관의 숙박 시설이었던 구 수교사旧水校社[26]는 미 해군 기지 사령관의 숙사가 되었다. 이처럼 시가지인 동측에서의 경관에서 보면 군사 거점의 중추적 시설이자 상징적 시설이 모여있는 '군'의 경관이 있었고, 그 주체는 전전기에 '구 일본 해군'에서 '미군'으로 바뀌기만 하였으며 그 형태는 존속되었다고 볼 수 있다.[27]

1970년대 미군 규모 축소에 따라 사세보시의 중심부인 미군 구역도 반환 대상이 되었고, 시 중심부의 '군' 경관의 공간구조 또한 크게 변화되어 갔다. 이를 살펴보면, 1975년 '대폭 반환' 이후, 미군의 군사구역은 사세보시로 양도 되었다. 미 해군 기지 사령부가 있던 자리에 시립종합병원과 중앙소방서가 건설되었고, 미군의 극장으로 사용되던 구 개선 기념관은 시민 문화 홀이 되면서 사세보 시민들의 문화공간으로 제공되었다. 시립종합병원으로 변경된 곳 남쪽에는 '사세보 공원'이 있는데 이

---

26 구 일본 해군 장교들의 친목 및 연구 단체이자, 해군 사관 전용의 여관 및 찻집으로도 운영.
27 위의 논문, 『軍港都市史研究 II 景観篇』, 清文堂出版株式会社, 2012, p.333.

곳은 1978년 사세보시가 추가로 반환을 요청하면서 확보한 곳이다. '사세보 공원'의 확보는 미군과 주민으로 분리되었던 공간을 화합시키는 계기를 마련했다고 볼 수 있다. '사세보 공원'은 약 4만 평방미터의 면적으로 시내에서는 가장 큰 공원 중 하나이며, 매년 여름이 되면 시민의 휴식과 국제교류의 거점으로 활용되는 역할도 한다. 하지만 사세보교의 시가지 쪽인 동측에는 '폭력의 경관'도 남아있다. 1968년 원자력 항공모함인 '엔터프라이즈 호' 기항을 둘러싼 학생들과 군과의 충돌이 격화된 장소에 '평화'와 '우호'를 상징하는 기념비가 남아있다. 그리고 대립의 충돌을 상기시키는 사세보 천에는 미국의 자매도시의 이름을 딴 앨버커키Albuquerque教橋가 설치되면서 '미일 교류의 가교掛橋'라는 상징성이 부여되었다.[28] 이처럼 '점령'의 역사와 '폭력'의 기억이 공존하는 곳에 자매도시의 이름을 따서 붙인 교류의 다리가 생기는 애매한 상황은 '평화' 존속을 위한 약속일까? '미군' 점령의 당위성 확보를 위한 조치인가? 사세보지역 주민들이 염원한 평화산업항만도시로의 전환의 무산과, 전쟁과 폭력의 역사를 무시한 채, '근대 유산화'라는 일방적인 국가의 정책 추진은 결국 모순된 지역 아이덴티티를 형성하는 결과를 초래하였다.

---

28 위의 논문, 『軍港都市史硏究 II 景観篇』, 淸文堂出版株式会社, 2012, pp.343~346.

4. 나가며

이 글은 전전기 구 일본 해군에서 전후기 미군에게 인계된 '근대화 유산'을 중심으로 경관의 형성과 변용에 대해 살펴보았다. 구 일본 해군에서 미군으로 사용·관리의 주체가 뒤바뀐 역사적 시간에도 양호하게 보존되어 옴에 따라 어떠한 특징적 경관이 창출되었으며, 실질적 변용이 이루어졌는지 살펴보았다. 특히 1990년대에 일어난 반半국가 주도적 근대 유산화의 움직임을 통해 사세보 내 군사시설을 중심으로 문화 자원화가 이루어졌으며, 마치즈쿠리의 '지역 운영'을 앞세운 세대론이 지역의 경관 형성과 활용에 어떠한 영향을 주었는지 살펴보았다. 그 결과, '근대화 유산'-'문화 자원화'-'마치즈쿠리'-'경관 형성'이라는 유기적 관계를 맺는 과정의 단계화가 규명되었다.

최근 2017년 사세보시에서는 '제5회 사세보시 경관 디자인상'을 결정하여 수여하였는데 그 중 '미군 기지 내 붉은 벽돌 창고군'을 선정하였다. 선정 이유에 대해서 사세보시는 아래와 같이 기술하고 있다.

시내에 남아있는 붉은 벽돌 창고군은, 사세보의 역사를 전할 근대화 유산이자, 특히, 이 일대의 창고군은 관리와 보존 상태의 질적 부분과 양적 부분이 우수하다는 평가를 받았다. 일상에서 시민들이 볼 수 있는 기회는 적지만, 사세보다운 경관을 대표하는 귀중한 재산임으로 선정하였다.[29]

---

29 사세보시 홈페이지 https://www.city.sasebo.lg.jp/tosiseibi/machis/05.html내용 참고, 번역 인용(인터넷 검색일 : 2024.4.20).

이처럼 사세보는 최근까지도 미군 기지 내에 잔존하는 전전기 건조물을 근대화 유산이라는 역사적 자원으로 내세우며 대표적 경관으로 활용하고 있는 것을 볼 수 있다. 이러한 움직임은 '붉은 벽돌'이라는 경관뿐만 아니라, 지역 주민들을 고려하지 않은 건조물 건축으로 인해 지역 주민들을 전쟁의 아픔과 폭력의 기억 속에 가두는 결과를 초래할 수 있다는 사실을 앨버커키Albuquerque橋가 건축되는 과정을 통해 알 수 있었다. 시민들을 위한 공원 건설과 군사시설의 전용에도 불구하고 군사시설을 지역의 상징적 경관으로 내세우는 이상, 더 이상 사세보는 '미군'과 '군항도시'라는 지역 아이덴티티에서 벗어날 수 없을 것이다.

참고문헌

이상원, 「군항도시 사세보(佐世保)와 시민 저항-1968년 미국의 '엔터프라이즈 호' 입항 문제를 중심으로」, 『동북아문화연구』 제72집, 동북아시아문화학회, 2022.

_____, 「군항도시 사세보(佐世保)의 관광도시 전환 과정의 설계와 실천-하우스텐보스(Huis Ten Bosch) 설립 과정에 주목하여」, 『한국과 국제사회』 7권 5호, 한국정치사회연구소, 2023.

_____, 「군항도시 사세보(佐世保)의 평화산업항만도시로의 전환을 위한 도전-사이카이(西海)국립공원 지정 과정에 주목하여」 한국과국제사회 제8권, 한국정치사회연구소, 2023.

上杉和央 編, 『軍港都市史研究』II 景観編, 「軍港都市の遊興空間」, 清文堂出版株式会社, 2012.

_____ 編, 「第9章 戦後佐世保における「米軍」の景観-佐世保川周辺の変容」, 『軍港都市史研究 II 景観篇』, 清文堂出版株式会社, 2012.

谷沢毅, 「軍港都市佐世保の戦中・戦後-ドイツ・キールとの比較を念頭に-」, 『長崎県立大学経済学部 論集』 第45刭 第4号, 長崎県立大学経済学部学術研究会, 2012.

竹内裕二, 「まちづくりの系譜から"次のまちづくり"を考察する」 筑波学院大学紀要第12集, 筑波学院大学図書館運営委員会, 2017.

山本理佳, 「佐世保市における軍港景観の文化資源化」, 『国立歴史民俗博物館研究報告』 国立歴史民俗博物館 第156集, 2010.

_____, 「近代産業景観をめぐる価値-北九州市の高炉施設のナショナル/ローカルな文脈」 歴史地理学48(1), 北九州地域社会学会, 2010.

長崎県の歴史シリーズ, 『図説佐世保・平戸・松浦・北松の歴史』, 2010.

長崎県教育委員会 編, 『長崎県近代化遺産総合調査報告書』第140集, 1998.

사세보시 홈페이지 문화재 일람(https://www.city.sasebo.lg.jp/kyouiku/bunzai/bunkazaimapu.html).

사세보시경관 디자인상(https://www.city.sasebo.lg.jp/tosiseibi/machis/05.html).

구군항시 진흥협의회(https://www.kyugun.jp/kindaikaisan.html).

사세보시민문화홀 홈페이지(https://gaisenkinenhall.com).

사세보 사료관(https://www.mod.go.jp/msdf/sasebo/5_sail_tower/5_sail_tower.html).

まちあるきの考古学(http://www.koutaro.name/machi/sasebo.htm).

해역도시는 이민을 어떻게 '기억'하는가

일본 요코하마를 중심으로

최민경

1. 들어가며

이민에 대한 '기억'이 구현되는 공간으로서 일반적으로 주목을 받아온 것은 박물관이다. 이른바 이민박물관의 '유행'은 이와 같은 맥락에서 이해할 수 있는데, 대부분의 이민박물관에서는 이민의 '기억'을 전시함으로써, 박물관의 근대성에 대한 성찰을 바탕으로 문화적 다양성과 열린 소통을 통한 공동체적 가치를 추구하는 시도를 하고 있다. 이는 글로벌화의 진행 속, 동질적인 국민만을 위한 공간이 아니라 혼종성hybridity을 특징으로 하는 이민을 어우를 수 있는 사회문화적 기제로서 박물관이 새로운 기능을 부여받은 결과였다.

그러나 이민의 '기억'은 박물관 외에도 다양한 형태로 존재한다. 특히 그것은 해역도시海域都市에서 두드러지는데, 이는 오랫동안 국제적인 사람의 이동을 가능케 한 것이 바닷길이었다는 사실을 고려하면 납득할 수 있는 부분이다. 특히 전통적인 이민국가에서 해역도시는 바다를 건너온 이민을 수용함으로써 국가 형성의 현관이 되었다. 예를 들어 뉴욕이 전형적인데, "자유의 땅으로 항해"한 이민들에게 미국의 '입구'가 되어준 엘리스아일랜드Ellis Island와 그곳에 위치한 이민박물관Ellis Island National Museum of Immigration을 시작으로,[1] 이민들이 거주했던 주택, 각종 에스닉타운ethnic town 등이 이민을 '기억'한다. 뉴욕의 경우, 다양성과 포용성의 추구를 도시의 가치, 정체성으로 내세우고 있으며 도시 곳곳의 이민의 '기억'은 이러한 맥락 속에 존재한다.[2]

그렇다면 이른바 후발이민국가[3]의 경우는 어떠할까. 이들에게 이민은 근대 이후 모국을 떠난 디아스포라diaspora이며, 따라서 이민을 '기억'하는 방법도 앞에서 언급한 미국 등 전통이민국가와는 다르다. 다만 오늘날 도시는 보다 다양한 문화적, 공동체적 가치를 담는 것을 요구받고 있으며, 디아스포라의 역사는 이와 같은 차원에서 '기억'의 사회적 가치를 지닌다. 특히 실제 이민을 떠나보냈던 후발이민국가의 해역도시는 디아스포라를 '기억'하기 위한 자원을 지니며 이를 적극적으로 활용하는 양상을 보인다.

이에 이 글에서는 후발이민국가가 이민을 '기억'하는 구체적인 양상

---

1 "Overview+History Ellis Island", Statue of Liberty Ellis Island Foundation Web Page (https://www.statueofliberty.org/ellis-island/overview-history/), 최종 검색일 : 2024.2.5.
2 예를 들어 뉴욕에서는 2004년부터 매년 '이민 유산 주간(Immigrant Heritage Week)'이 열리는데, 이는 엘리스아일랜드를 통해 가장 많은 이민이 뉴욕으로 들어온 날을 기념하는 것으로, 이민은 뉴욕이라는 도시의 본질적인(essential) 존재로 자리매김한다. "Immigrant Heritage Celebration", NYC Mayor's Office of Immigrant Affairs Web Page(https://www.nyc.gov/site/immigrants/about/immigrant-heritage-week.page), 최종 검색일 : 2024.2.5.
3 1980년대 경제 발전과 민주화라는 배경을 바탕으로 급격하게 이민 송출국에서 수용국으로 전환한 국가를 말하며, 유럽에서는 이탈리아, 스페인, 동아시아에서는 한국, 일본 등이 대표적이다. 국가의 성립 자체가 이민에 의해 이루어진 전통이민국가나 사회 발전에 이민의 기여가 높고 수용의 역사가 긴 선발이민국가와 구분된다.

을 살펴보기 위해 일본의 해역도시 요코하마橫浜에 주목한다. 근대 이후 발생한 일본인 출이민出移民의 역사를 품는 요코하마에서 오늘날 이민은 어떠한 내용과 논리에 따라 '기억'되고 있을까. 이 글에서는 다음과 같은 구성을 통해 이 질문에 답하고자 한다. 우선 관련된 기존 연구를 비판적으로 검토하고제2절, 요코하마에 초점을 맞춰 일본인 이민사를 개괄한 후제3절, 해외이주자료관의 설립과 전시를 검토한다제4절. 그리고 제5절에서는 해외이주자료관이 위치한 요코하마 미나토미라이21みなとみらい21, 이하 MM21의 장소성에 대한 고찰을 바탕으로 해역도시 요코하마의 '기억'으로서 이민의 '기억'이 어떻게 구현되고 있는지 살펴보겠다. 결론에서는 본문의 분석 내용을 정리하고 향후 과제를 모색하도록 한다.

2. 이민, 기억, 해역도시

집단기억 연구의 아버지라 불리는 알박스M. Halbwachs는 "모든 집단기억은 공간의 틀 속에서 명확해 진다"는 사실을 지적하였다.[4] 집단기억은 기록된 역사와 달리 살아있는 역사로서, 일상생활 속 타자와의 경험적 관계를 바탕으로 집단적으로 상기, 공유하는 역사라고 할 수 있는데, 이때 결정적인 역할을 하는 것 중 하나가 공간이다. 집단기억은 고정된 것이 아니라 다양한 요인에 의해 끊임없이 변화하기 때문에, 그렇게 과거를 재구성하는 과정에서 공간은 살아있는 역사에 실재성을 부여한다.

---

4 Halbwachs, Maurice, *The Collective Memory*, New York : Harper Colophon Books, 1980, p.140.

바꾸어 말하자면, 공간은 과거를 새겨 넣은 물적 범위라는 의미를 지니며 '기억'의 가시성, 경험성을 높인다.

그리고 이러한 기억의 공간성을 주목하는데 있어 중요한 대상 중 하나가 바로 도시이다. 인간의 역사를 돌이켜보았을 때, 특히 근대 이후 도시는 정치·경제·사회문화적 전개와 발전에 있어 상당히 중요하게 자리매김해왔다. 그렇기 때문에 "도시는 인간의 모든 삶의 흔적들을 기억하고 전승"하는 "기억의 산물이자 기억 자체"이다.[5] 도시의 기억에 대해서는 이미 다양한 시각에서 많은 연구들이 이뤄져 왔으며, 내부의 물리적 구획, 기념 시설 및 상징물 배치의 의미 등에 대한 고찰이 진행되었다. 도시의 '기억'은 때에 따라 삭제, 왜곡될 수도 있으나, 한편으로는 과거와 현재, 다양한 구성원 간의 상호작용을 바탕으로 새로운 해석과 비판이 가능한 대상이라고도 할 수 있다.

한편 이와 같은 도시의 '기억' 중 이민의 '기억'은 글로벌화 속 도시의 정체성을 이해하는데 있어 흥미로운 메시지를 던져준다. 정도, 내용의 차이는 있겠으나 오늘날 전 세계의 많은 도시들은 스스로가 글로벌 네트워크 속에 있음을 어필한다. 그리고 이러한 측면을 내세우는 데 있어 국경을 넘어 이동해 온 타자와의 공생은 중요한 아젠다이자, 도시가 추구해야 할 핵심 가치가 된다. 따라서 이민의 역사에 대한 관심의 상기, 이해를 통해 이들에 대한 사회적 편견을 없애고 사회 전반의 다원성을 높이며 구성원 간의 공생을 도모한다는 차원에서 이민의 '기억'이 당사자/비당사자 모두에 의해서 활발하게 재구성되고 있는 것이다.

---

5   주경철 외, 『도시는 기억이다』, 서해문집, 2017, 5쪽.

그리고 다른 어떤 도시 보다 이민의 '기억'이 활발하게 재구성되는 곳이 해역도시이다. 그 중에서도 이민박물관은 중심적인 역할을 하는데, 미국 엘리스아일랜드 이민박물관1990년, 호주 멜버른 이민박물관Immigration Museum-Museums Victoria, 1998년, 피어21 캐나다 이민박물관Canadian Museum of Immigration at Pier 21, 1999년, 일본의 해외이주자료관海外移住資料館, 2002년, 한국 이민사박물관2008년과 같이 1990년대 이후 설립된 전 세계 주요 이민박물관은 대부분 해역도시에 자리한다. 이민박물관에 대한 기존 연구는 이민을 어떻게 전시하고 있는지, 특정 사례를 들어 그 내용과 방법에 대한 비판적으로 검토하는 것이 주를 이룬다.[6] 특히 이민박물관 속 이민 표상이 진정한 다원적 가치를 인정하고 '방법론적 내셔널리즘methodological nationalism'[7]을 극복하는 것인지를 날카롭게 지적하는 내용이 대부분이다.

물론 이민박물관은 이민의 '기억'이 응축된 공간으로서 그 자체에 대한 분석은 충분한 학술적, 사회적 가치를 지닌다. 그러나 해역도시 속 이민의 '기억'은 박물관에만 국한되지 않는다. 근대 이후 국제적인 인구 이동의 결절점으로 자리매김해 온 해역도시 안에는 이민의 '기억'이 다양한 형태와 내용으로 존재한다. 이민박물관 또한 해역도시라는 맥락

---

6 2010년대 이후 출판된 연구 중 대표적으로 참고할 수 있는 것은 다음과 같다. 염운옥, 「포스트-식민 박물관과 '다문화' 정체성의 재구성 - 대서양 노예무역 폐지 200주년 기념전을 중심으로」, 『역사비평』 95, 역사문제연구소, 2011, 192~217쪽; 이용일, 「트랜스내셔널한 공간으로서 이민박물관」, 『서양사론』 112, 한국서양사학회, 2012, 68~96쪽; 田邊佳美, 「『移民の記憶』の排除から承認へ-フランス・国立移民史シテ設立の政治学」, 『年報社会学論集』 23, 関東社会学会, 2010, pp. 94~105; Schorch, Philip, "Experiencing differences and negotiating prejudices at the Immigration Museum Melbourne," *International Journal of Heritage Studies*, 21(1), Taylor & Francis, 2015, pp.46~64.

7 Andreas Wimmer and Nina Glick Schiller, "Methodological Nationalism, the Social Sciences, and the Study of Migration - An Essay in Historical Epistemology," *International Migration Review*, 37(3), SAGE Publications, 2003, pp.576~610.

속에 존재하며 바다를 건넌 자들에 대한 입체적인 '기억' 중 일부를 구성하는 것이다. 예를 들어 정지혜와 권윤경의 연구는 각각 독일 브레머하펜Bremerhaven과 프랑스 낭트·보르도Nantes·Bordeaux라는 해역도시를 분석 대상으로 설정하고 이민박물관을 포함하여 이들 해역도시가 이민을 어떻게 '기억'하는지를 검토하였다. 그리고 도시의 '기억'으로서 이민의 '기억'은 해당 도시의 정체성에 대한 질문 던지기와 이를 다시 정립해 가는 과정과 밀접한 관련이 있음을 밝혔다.[8]

이 글은 기본적으로 이와 같은 관점을 공유한다. 다만 이민박물관을 포함한 이민의 '기억' 전반에 대한 기존 연구 대부분이 전통이민국가 및 선발이민국가의 사례에 국한되는 한계를 지님에 주목하고 후발이민국가, 그중에서도 일본 요코하마를 분석 대상으로 삼고자 한다. 앞에서도 언급하였지만 후발이민국가에게 이민의 '기억'은 기본적으로 출이민, 즉 디아스포라의 '기억'이다. 그러나 오늘날 급격하게 이민 수용국으로 전환하는 과정을 경험하면서 사회 전반에 걸쳐 혼종성, 다양성에 대한 이해와 실천이 요구되고 있으며, 디아스포라의 '기억'은 이에 역사적 깊이를 더한다. 특히 요코하마와 같이 출이민의 역사를 품는 해역도시의 경우, 이민의 '기억'은 도시의 이동성과 포용성을 상상할 수 있게 해준다는 측면에서 활발하게 소환된다.

그렇다면 해역도시 요코하마에서 이민 그리고 일계인日系人[9]의 '기억'

---

8 정지혜, 「도시의 계보-독일이민사박물관의 도시 정체성 및 현실 구성 방식」, 『도시연구』 13, 인천연구원, 2018, 321~340쪽; 권윤경, 「노예제의 보이지 않는 기억-프랑스 항구도시들과 기억의 장소」, 『역사학보』 241, 역사학회, 2019, 335~367쪽.

9 직역하자면 '일본 계통의 사람'이라는 뜻을 가진 말로, 일본인 이민과 그 자손을 가리킨다. 일본인 디아스포라를 일본에서 칭하는 방식이라고 할 수 있으며, 본 연구에서는 문맥에 따라 적정히 혼용하도록 한다.

은 구체적으로 어떠한 모습을 보일까. 요코하마의 이민의 '기억'에 관한 기존 연구는 어디까지나 해외이주자료관이라는 이민박물관에만 초점을 맞춰 분석이 이뤄졌다.[10] 그러나 앞에서도 설명하였듯이 이민박물관 또한 해역도시라는 맥락 속에 존재하는 것이므로 이민박물관에 국한하지 않고 도시의 '기억'으로서 이민의 '기억'을 살펴볼 필요가 있다. 이에 이 글에서는 해외이주자료관을 포함하여 요코하마가 품는 이민의 '기억'이 지니는 특징을 비판적으로 검토하고, 향후 관련 연구의 확장성에 대한 실마리를 모색하도록 하겠다.

3. 요코하마와 일본인 이민의 역사

1) 최초의 출발지, 요코하마

일본인의 해외 이민은 근대화의 혼란 속에서 시작되었다. 개항 후 에도막부江戸幕府가 비준서 교환을 위해 미국에 파견한 견미사절단遣米使節団은 귀국하며 하와이에 기항하였는데1860년, 이 때 하와이정부로부터 일본인 노동자 공급에 대한 요청을 받는다. 19세기 중반 하와이에서는 노동집약적인 플랜테이션 방식의 사탕수수 농업이 시작되었으나, 원주민 수가 감소하는 가운데 이를 운영하기 위한 노동력이 부족한 상황이 이어졌

---

10 해외이주자료관 자체에 대한 연구도 매우 부족하므로 향후 다양한 각도에서 보완이 필요하다. 다음은 한일 양국에서 이뤄진 대표적인 연구이다. 임영언, 「일계인 디아스포라 브라질 이주사와 전시 문화콘텐츠 고찰」, 『일본문화학보』 50, 한국일본문화학회, 2011, 345~367쪽; 東京歷史科学研究会委員会ワーキンググループ, 「歴史系博物館の現状と課題－JICA海外移住資料館の展示検討」, 『人民の歴史学』 163, 東京歷史科学研究会, 2005, pp.1~17.

고, 그 결과 해외로부터 이민을 대량 수용하게 된다. 동아시아에서는 1880년대 중반 중국인이 가장 먼저 하와이 사탕수수 농장의 노동력으로 활용되었지만 반중 정서의 강해지면서 중국인 배척법Chinese Exclusion Act, 1882에 따라 그 흐름이 중단되었고 이후 이들을 대체할 노동력으로 주목한 것이 일본인이었던 것이다.

에도막부는 하와이정부의 요청에 응하여 300여 명의 도항증渡航證을 발급하였지만, 이후 메이지유신明治維新을 통해 메이지정부明治政府가 들어서면서 이는 무효가 되었다. 하지만 이미 이민 송출 준비는 마무리 단계에 있었기 때문에 중개자 역할을 하던 일본 주재 하와이 영사에 의해 그대로 진행되어 1868년 153명의 일본인이 무허가인 상태에서 하와이로 떠난다. 이들 중 일부 여성이 있었으나 대부분은 단기간에 목돈을 벌어 돌아오고자 한 남성들이었다. 1868년은 메이지유신이 일어나 메이시시대가 시작한 원년元年이기에 이들을 '원년자元年者'라고 부르는데, '원년자'들을 태운 사이오토Scioto호가 출발한 곳이 바로 요코하마항橫浜港이었다.

한편 공식적인 일본인의 이민은 약 20년 후부터 시작되었다. 메이지유신 이후 사회경제적 상황이 급변함에 따라 이농자를 비롯한 실업자가 급증하였고, 이에 일본정부가 이민을 모집, 송출하기 시작했기 때문이다. 일본정부와 하와이정부가 이민 조약을 체결하고 진행되었기에 관약이민官約移民이라고 하며, 최초의 관약이민은 1886년 태평양을 건넜다. 다만 이들이 하와이에서 마주한 현실은 노예의 그것에 가까운 것으로 이후에도 많은 문제가 발생하였고 결국 1894년 관약이민은 종료한다. 관약이민 종료 후에는 민간의 이민회사들이 설립되어 이민 송출이 계속되었는데 목적지의 경우 하와이만이 아니라 미국 본토로도 확대하였다.

다만 하와이를 비롯하여 미국 본토로의 일본인 이민은 '황화론黃禍論'으로 대표되는 반일 감정의 고조 속, 1908년 이후 급격하게 줄어들었고, 대신 부상한 목적지가 바로 브라질이었다. 당시 브라질은 노예 제도 폐지 후, 커피 농장 등에서 충분한 노동력을 확보하는 것이 매우 어려워 해외 이민을 대량으로 받아들였다. 초기에는 이탈리아 이민의 유입이 두드러졌으나 파업, 도주 등의 문제가 빈번하게 발생하여 새롭게 수용하기 시작한 것이 일본인이었으며, 1908년 781명의 첫 이민이 브라질로 향하게 된다. 그리고 요코하마는 이러한 브라질 이민의 주요 출발지였다. 브라질로의 이민선은 주로 오사카상선주식회사大阪商船株式会社의 남미 동안東岸 항로일본-홍콩-싱가포르-케이프타운-브라질를 통해 운항되었으며 고베神戸와 요코하마에서 출발하였다.

2) 최후의 출발지, 요코하마

일본인의 해외 이민은 제2차 세계대전에 의해 1942년부터 중단된다. 그러나 패전 후 일본은 폐허가 된 국토가 감당하긴 힘든 인구 과잉 문제에 시달리게 된다. 만주, 한반도 등지로부터 돌아오는 귀환자와 출생률 증가는 일본 경제에 큰 부담이 되었으며 특히 노동 인구의 급증은 실업자를 양산하여 사회 불안 요소가 되었다. 그리고 이러한 인구 문제를 해결하기 위해 일본정부가 선택한 방법은 근대 초기와 마찬가지로 해외 이민이었다. 다만 이민 송출에 과도하게 적극적인 모습을 보이는 것은 국제 사회로부터 군국주의 및 침략주의의 부활이라는 오해를 살 수 있었다. 이에 일본정부는 민간 차원에서 관련 연구 조사를 진행하는 등 조심스럽게 움직이기 시작했다.

그리고 1952년 샌프란시스코강화조약 체결로 GHQ^{General Headquarters} of Supreme Commander for the Allied Powers, 연합군 총사령부의 점령이 종료되자마자 일본인의 해외 이민은 재개된다. 1953년 이민 송출은 다시 시작되는데 외무성外務省이 '이민 5개년 계획移民5ヶ年計画, 1953년', '이민 10개년 계획移民 10ヶ年計画, 1954년'을 발표하는 등 정부 차원에서 매우 적극적인 모습을 보였다. 전후戰後 이뤄진 일본인 이민은 주로 중남미지역을 향했으며, 그 중에서도 약 80%를 브라질이 차지하였다. 앞 절에서 설명한 바와 같이 브라질로의 일본인 이민은 20세기 초반부터 시작되어 제2차 세계대전으로 중단된 10년을 제외하고 다시 이어졌기 때문에, 일본인 해외 이민사 전체를 놓고 보면 브라질은 가장 많은 이민약 26만 명이 유입한 국가가 된다. 그리고 그 결과 오늘날 200만 명에 달하는 최대의 일계인 커뮤니티는 브라질에 존재한다.

한편 요코하마의 경우, 전전戰前에도 하와이나 브라질로 향하는 이민의 출발지로 기능하였으나 전후 이민 송출에서는 그 비중이 더욱 늘어난다. 국책으로 해외 이민이 추진되면서 대량 수송을 위해 바닷길이 이용되었는데, 요코하마항으로부터의 출발이 두드러졌다. 이는 1956년 '요코하마 이민알선소橫浜移民斡旋所'가 설립되었다는 사실로부터도 알 수 있다. '요코하마 이민알선소'는 출발 전 이민들이 머무르면서 각종 필요한 행정 절차를 처리하고 건강검진이나 사전 연수 등을 받는 시설이었다. 이 시설이 요코하마에 설립되기 전에는 고베항神戸港으로부터의 송출도 눈에 띄었으나, 1956년 이후부터는 요코하마항이 이민의 주요 출발지로 자리매김하게 되었으며, 전후 약 350편의 이민선 중 대다수가 요코하마항에서 출발하였다.

이처럼 요코하마는 근대 이후 일본인의 해외 이민에 있어 1세기 넘게 꾸준히 출발지로서 기능해 온 것인데, 여기에 1973년 마지막 이민선 니폰마루にっぽん丸의 존재가 더해지면서 일본인 디아스포라와 요코하마는 더욱 밀접하게 교차한다. 1970년대 초반이 되면 고도 경제 성장을 이어가던 일본에서 더 이상 이민 배출 요인은 작동하지 않았고 공로空路를 이용한 국제 이동도 보편화되면서 해로를 통한 집단 이민 송출은 막을 내리게 된다. 마지막 이민선 니폰마루는 285명의 이민을 태우고 1973년 2월 요코하마항을 떠나 3월 브라질 산토스항에 도착하였는데, 요코하마항을 떠날 당시 이 이를 떠나보내기 위해 많은 시민들이 대잔교大桟橋에 모여들어 오색 종이를 날리며 기념하였다. 요코하마는 1868년 일본인 이민의 첫 출발지이자 약 한 세기가 지난 후 그것의 마지막 출발지로서 이민을 품게 된 것이다.

4. 해외이주자료관 속 '기억'

1) 해외이주자료관의 개요

해외이주자료관은 일본 요코하마시横浜市 중구 MM21에 있는 국제협력기구国際協力機構, 이하 JICA(Japan International Cooperation Agency) 요코하마 건물 내에 위치한다. 그리고 이 사실은 해외이주자료관의 설립 경위와 성격을 이해하는데 중요한 의미를 지닌다. JICA는 일본의 정부개발원조 ODA 실행기관 중 하나인데, 그 전신은 전후 이민 송출 업무를 담당했던 해외이주사업단海外移住事業団이다. 그러나 1973년 마지막 이민선이 떠나면서 해외이주사업단은 더 이상 존속할 필요가 없어졌고, 1974년 해외기술협력사업단海外技術協力事業団 등과 함께 JICA로 통합된다. 다만 통합 이후에도 기존에 송출한 이민과 관련된 사후 업무를 일부 수행하였다.

그러나 그러한 사후 업무의 필요성도 점차 사라져 결국 2000년 조직 재편을 통해 관련 업무는 폐지된다. 그리고 비슷한 시기 일본의 해외 이민 관련 정책의 기본 틀을 제시해 온 해외이주심의회海外移住審議会 또한 해체되었는데, 해외이주심의회의 마지막 의견서는 이민 당사자에 대한 지원에서 벗어나 일본인 디아스포라 전체와 일본의 미래지향적인 관계 구축이 필요한 시점에 와 있다는 인식을 보인다. 그리고 이를 위해 필요한 사항 중 하나로 일본정부는 "해외 이주의 역사, 일계인 사회의 현황에 대하여 일본 국민의 올바른 이해 촉진을 도모할 수 있도록 적극적인 홍보, 계발을 위해 노력"해야 한다고 지적했다.[11]

이처럼 2000년대 초반 일본에서 이민은 더는 '현재 진행형'이 아니라 '기억'이 된 것이며, 이와 같은 변화 속에서 2002년 해외이주자료관은 개관에 이르게 된 것이다. 해외이주자료관은 JICA 요코하마가 운영을 맡고 있는데, 이는 JICA 요코하마가 앞서 언급한 '요코하마 이민알선소'를 모태로 하기 때문이다. 외무성이 소관이었던 '요코하마 이민알선소'는 1964년 '요코하마 이주센터橫浜移住センター'로 바뀌면서 해외이주사업단, 즉, 이후의 JICA 산하가 된다. 그리고 이 '요코하마 이주센터'가 요코하마의 다른 JICA 기관들과 합쳐져 2002년 JICA 요코하마로 출

---

11 「海外日系人社会との協力に関する今後の政策」, 外務省海外移住審議会 Web Page
　　(https://www.mofa.go.jp/mofaj/annai/shingikai/ijyu/nikkei.html)
　　(최종 검색일 : 2024.2.5).

범하였으며. 이 때 해외이주자료관이 함께 만들어졌다.

해외이주자료관은 JICA의 업무 중 하나로 규정되어 있는 "해외 이주에 관한 조사 및 지식 보급"에 의거하여[12] "일본인의 해외 이주의 역사, 그리고 이민과 그 자녀인 일계인에 대하여 보다 많은 일반인특히 젊은 세대의 이해를 도모하는 목적"으로 운영된다.[13] 개관에 앞서 약 3년 간 일본인 디아스포라의 역사를 전시하거나 관련 자료를 소장하는 해외 기관으로부터 정보를 수집, 조사하는데 많은 공을 들였는데, 예를 들어 로스앤젤레스의 전미일계인박물관全米日系人博物館, 상파울루의 브라질일본이민사료관ブラジル日本移民史料館 등이 이에 해당한다. 그 밖에도 일계인 단체에게 협조를 구해 전시 자료의 기증, 대여를 타진하였으며, 결과적으로 수집한 자료는 약 12,000점에 이른다. 개관 이후에도 계속적으로 증가하여 현재는 문헌, 사진, 영상, 현물 등 30,000점 이상의 자료를 소장한다.

한편 해외이주자료관에서는 열람실을 함께 운영한다. 열람실은 해외 이주에 관한 약 20,000점의 참고문헌과 자료를 소장하며 관련 연구자는 물론 일본인의 해외 이민사에 관심이 있는 시민들에게 개방하고 있다. 개가 자료 외에도 희귀자료영상, 신문, 잡지 등을 소장하는데, 이러한 자료들의 가치를 인정받아 2013년 공문서관리법公文書管理法에 따라 내각총리대신內閣総理大臣이 지정하는 역사자료 등 보유시설이 되었다. 이와 더불어 해외이주자료관은 일본 국내외 일본인 디아스포라 관련 자료 소장기

---

12 「独立行政法人国際協力機構法」, e-GOV法令検索
   (https://elaws.e-gov.go.jp/document?lawid=414AC0000000136)
   (최종 검색일 : 2024.2.5).
13 「海外移住資料館について」海外移住史料館 Web Page
   (https://www.jica.go.jp/domestic/jomm/outline/index.html) (최종 검색일:2024.2.5).

관과의 네트워크 구축을 위해 노력 중이며 특히 인터넷을 통해 아카이빙 자료를 공개하는 기관과는 '이주 자료 네트워크화 프로젝트移住資料ネットワーク化プロジェクト'를 통해 연계하고 있다. 해외이주자료관을 중심이 되어 5개의 온라인 데이터베이스의 자료를 상호 공유하는 시스템을 가동 중이다.

2) 이민을 전시한다는 것[14]

해외이주자료관은 전체 약 381평의 규모를 지니며, 이 중 60% 정도에 해당하는 221평의 공간이 상설전시를 담당한다. 상설전시는 총 3개의 전시실로 구성된다. 제1전시실 '해외 이주의 역사海外移住の歴史'에서는 일본인 해외 이민의 역사를 개괄한다. 우선 관련 역사를 다섯 시기로 나눠 각 시기의 특징 및 주요 사건과 일본의 47개 광역지자체 별 이민 송출 수를 정리한 지도를 전시한다. 이와 더불어 관약이민, 농업이민, 유학이민 등 이민의 형태에 따른 설명도 이루어지며, 마지막 이민선의 전시로 마무리된다. 제2전시실은 해외이주자료관의 기본 이념인 '우리는 신세계에 참가한다われら新世界に参加す'[15]를 내걸며 이민 개인에 초점을 맞춰 이민 동기, '신세계', 즉, 이주한 곳에서의 노동, 생활, 커뮤니티 등 삶 전반에 대하여 전시한다. 마지막으로 제3전시실은 '일계인 · 일계사회의 변천 · 현재日系人·日系社会の変遷·現在'에 관한 내용으로 구성되어 있는데, 오늘

---

14 이 절에서 검토한 해외이주자료관의 전시 기법, 내용은 관람객으로부터의 피드백과 함께 고찰하였을 때 보다 설득력과 의미를 지닐 것이다. 이는 향후의 과제로 삼고자 한다.

15 1978년 일본인의 브라질 이민 70주년을 기념하여 브라질 상파울루에서 개최된 심포지엄의 기조연설의 제목이다. 기조연설은 일본 문화인류학 연구의 선구자인 우메사오 다다오(梅棹忠夫) 국립민족학박물관(国立民俗学博物館) 관장이 한 것으로 그는 이후 해외이주자료관 설립 과정에서도 특별 감수라는 형태로 기여한다.

날 일본인 디아스포라가 직면하고 있는 다양한 변화를 설명한다.

한편 해외이주자료관은 매년 수차례의 기획전시를 개최한다. 기획전시는 해외이주자료관이 독자적으로 기획, 운영하기도 하나, 유관 기관[16]과의 협업을 통해 진행하는 경우가 대부분이다. 2004년 이후 개최된 기획전시의 주제는 〈표 8-1〉과 같다.

〈표 8-1〉 해외이주자료관 기획전시 목록

연도	주제
2004	· 축제 : 외국 문화가 된 일본의 축제
2005	· 히라오 하치사부로(平生釟三郎) · 하루(ハル)와 나쓰(ナツ) : 도착하지 않은 편지 · 히로시마(広島)는 왜 해외 이주자가 많을까 · 요코하마&하와이 역사 전시 : 알로하셔츠와 일본인 이민의 역사
2006	· FEU NOS PERES : 뉴칼레도니아의 일계인 · 파라과이 일본인 이주 70주년 : 파라과이전 · 개척 : 캐나다에 이주한 일본인 초상화전
2007	· 콜로라도 일계인 100년전 : 로키산맥 아래에서 · 파란 눈 인형전 · 브라질 일본 이민 100주년 기념 사진전 : 신세계로 건너 간 일본인
2008	· NOSSAS LENTES : 우리들의 렌즈 · 원더 아이즈 : 미래를 잇는 아이들의 시선
2009	· 이민의 생활 : 해외 일계인 사회에서 '먹다', '전하다', '즐기다', '축하하다' · 바다를 건넌 신부 이야기 · 아마존에 건너간 일본인의 궤적 · 요코하마 개항 150주년 기념 하와이 일계인 역사 두루마리 그림 · 요코하마 발(發) 해외 이주
2010	· 수용소에서 : 제2차 세계대전기 북미 일계인 헨리 스기모토(ヘンリー杉本) 작품전 · 일계 2세 병사가 본 패전 직후의 일본
2011	· 남미 일본인 이주지의 과거와 오늘 : 1964년부터 현재까지 · 망향, 꿈꾸는 단무지 : 광고를 통해 보는 '단부지 무역'과 일본 문화

---

16 최근의 기획전시에서 협업한 기관으로는 외무성 외교사료관(外交史料館), 구마모토현(熊本県), 미국 워싱턴주 일본문화회관 등이 있다.

연도	주제
2012	· 100년 후의 캘리포니아로, 조부의 흔적을 찾아 : 마쓰이 미사키(松井みさき) 사진전 · 페루의 일계인 · 안도 젠파치(アンドウ·ゼンパチ) : 이민 지식인의 인생과 업적 · JICA 요코하마 : 해외이주자료관의 10년 · 하와이를 살아가는 일계인 : 이어지는 일본의 마음
2013	· 웅비 : 오키나와 이민의 역사와 세계의 우치난츄(ウチナーンチュ) · 선구자, 일본에서 하와이로 건너간 사람들 : 하마노 류호(浜野龍峰)의 글씨가 있는 공간 · 일계인과 혼혈 : Hapa와 Mestizo · 바다를 건넌 일본인 마을
2014	· 같이 가자 기슈(紀州)에서 : 세계로 나아가는 와카야마(和歌山) 이민 · 만가(マンガ)! Manga! Mangá : 일계인과 만화의 세계 · 라라(ララ)는 무엇일까? 일본을 도와준 선물 · 브라질 축구의 사무라이들 : 일계 슈퍼 플레이어 열전
2015	· 뿌리는 후쿠오카, 꿈은 세계로 : 세계에서 활약하는 후쿠오카 이민 · TAIKEN 체험 : 일계 캐나다인, 미래로 이어지는 여정 · 바다를 건넌 히로시마·나가사키(ナガサキ) · 이민 화가 한다 도모오(半田知雄)의 세계
2016	· 히로시마에서 세계로 : 이주의 역사와 일계인의 삶 · 하와이 일계인의 축제 : 설날과 본 댄스(ボンダンス) · 거울 속 조국, 아르헨티나의 일계인들 : 다지마 사유리(田島さゆり) 사진전 · 두 개의 올림픽 : 스포츠가 이은 일계 사회
2017	· 남국 도사(土佐)를 뒤로하고 : 바다를 건넌 '이곳소(いごっそう)' · 멕시코의 마음을 산 이민들 · 하와이 일계인의 발자취
2018	· 원년자(元年者)로부터 시작하는 하와이 이민과 일본어 신문의 역할 · 재일 브라질인, 재일 30년을 맞이한 일계인의 역사와 일상
2019	· 마츄피츄 마을을 개척한 남자 : 노우치 요키치(野内与吉)와 페루 일본인 이민의 역사 · 볼리비아를 산다 : 일계인의 생활과 마음
2020	· 구마몬(くまモン)과 배워보자! 구마모토(熊本) 이민의 역사와 활약 · 커피가 이어준 일계인과 일본 · 시애틀 헌트(ハント) 호텔 : 일본어 학교의 숨겨진 역사 1945~1959
2021	· 일계인의 레시피 : 이어지는 일본의 맛과 가족의 기억
2022	· 외교사 속 해외 이주 : 각각의 시작 · 웅비, 다시 한번 : 오키나와 이민의 역사와 우치난츄의 유대

기획전시 주제의 특징을 살펴보면 기본적으로 상설전시 속의 '기억' 중 일부를 보다 심화하여 다루고 있음을 알 수 있다. 특정 주제음식, 전쟁, 축제 등에 집중하여 일본인 이민사를 다시 검토하는 전시, 일본인 이민이 정착한 다양한 지역뉴칼레도니아, 볼리비아, 아마존 등에 주목하여 이들의 역사를 정리하는 전시, 이민을 많이 떠나보낸 일본 내 특정 지역히로시마, 오키나와, 구마모토 등을 중심으로 일본인 이민사를 이해하고자 한 전시, 일본인 이민 사에서 중요한 역할을 한 개인헨리 스기모토, 안도 젠파치, 한다 도모오 등의 생애와 활동을 재구성한 전시 등이 대표적이다. 그리고 기획전시의 경우, 개최 기간 동안 관련 내용에 관한 전문가의 설명을 포함하는 공개강좌를 함 께 진행함으로써 기획 의도 및 전시 구성의 이해를 도모하고 있다.

그런데 최근 들어 이와 같은 해외이주자료관의 이민의 '기억'에는 미 묘한 변화가 나타나고 있다. 해외이주자료관은 오랫동안 일본인 이민의 송출의 역사에 대한 '기억'을 다뤄왔다. 그런데 1990년대 이후 이들 중 일부, 특히, 브라질을 비롯한 중남미지역의 일본인 이민과 그 후손들이 모국에 귀환하여 정주하고 있으며, 그 결과 해외이주자료관 속 일본인 의 해외 이민에 대한 '기억'은 이들을 포함한 것으로 전개하고 있다. 2018년 기획전시에서 일본에 돌아와 있는 일계인의 삶에 대한 내용을 다룬 것을 시작으로 2022년 리뉴얼 개관 과정에서는 상설전시에서 이 부분을 대대적으로 보완하였다. 개관 20주년을 맞이하여 추진된 상설 전시 리뉴얼에서는 "이민의 족적에서 다문화공생을 위한 시사점을 이끌 어"내기 위해 일본 국내에서 활약 중인 일계인의 내용을 포함하는 등 이민의 '기억'과 현재 일본 사회가 직면한 타자와의 공생 문제를 교차시 키는 모습을 보인다.[17]

5. 도시 속 이민의 '기억'으로 요코하마 MM21

1) MM21의 장소성

이처럼 해외이주자료관은 요코하마가 품은 이민의 '기억'이 응축된 공간으로서 중심적인 기능을 함은 분명하다. 그러나 요코하마 속 이민의 '기억'은 비단 해외이주자료관에만 국한되지 않으며, 도시 전반에 자리하는데, 그것은 MM21을 중심으로 한다. MM21은 요코하마시 중구와 서구에 걸치고 요코하마항을 면하여 조성된 계획도시로, 1983년 착공된 이래 현재까지 개발이 진행 중이다. MM21 구상이 처음으로 등장한 것은 1960년대 중반으로, 이는 간토대지진関東大震災, 제2차 세계대전, GHQ 점령을 거치며 황폐해진 요코하마를 재생한다는 목적을 가진 것이었다. 특히 요코하마의 경우 개항 이래 중심지 역할을 해 온 간나이関內, 중구[18]와 교통의 결절점인 요코하마역橫浜駅, 서구이 조선소, 부두, 조차장 등 항만시설에 의해 분단된 상태였다. MM21은 이렇게 분단된 두 중심지를 연결하기 위해 기존의 항만시설을 이전하고 워터프런트 공간을 개발한 결과이다.

MM21은 〈그림 8-1〉과 같이 크게 중앙지구, 요코하마역 동쪽지구, 신항지구로 나뉘는데, 본 연구에서 주목하는 이민의 '기억'은 신항지구를 중심으로 한다. 신항지구는 20세기 초 완성한 요코하마항 신항부두가 있는 자리로 먼저 만들어진 대잔교와 함께 근대시기 대규모 국제항으

<hr>

17 独立行政法人国際協力機構横浜センター海外移住資料館,『JICA横浜 海外移住資料館 館報 2022年度』, 独立行政法人国際協力機構横浜センター海外移住資料館, 2023, p.1.

18 '관문(關門)'의 안쪽이라는 뜻이다. 개항 후 요코하마에는 외국인 거류지와 일본인 거류지를 구분하기 위한 관문이 만들어졌는데, 그 안쪽, 즉, 외국인 거류지에 해당하는 구역이 간나이이다.

로서 요코하마항의 발전을 견인
한 공간이다. 이와 더불어 신항지
구에는 과거 부두만이 아니라 보
세창고, 상옥上屋 등이 존재했다는
점에서도 바닷길을 통한 사람, 물
건, 문화의 이동의 역사가 가장
짙게 남아 있는 곳이기도 하다.
그리고 신항지구의 이러한 특징

〈그림 8-1〉 MM21의 위치와 지구 구분

은 MM21 개발에 있어서도 반영되었다. 요코하마시橫浜市 항만국港灣局이
작성한 거리 경관 가이드라인에 따르면 신항지구가 지니는 가장 중요한
개성 중 하나는 "근대 항만 발상지로서의 역사성"으로 이를 살리기 위해
해역도시다운 풍경, 역사자산의 활용, 배후의 간나이 시가지와의 연속성
을 고려한 개발이 요구된다.[19] 이는 효율적인 토지 활용을 통한 미래형
도시 만들기를 목적으로 하는 중앙지구와는 확연히 다르다.

바꾸어 말하자면, MM21 신항지구는 요코하마의 역사, 그 중에서도
해역도시로서 걸어온 국제적인 발자취를 살리는 형태로 조성되었으며,
특히 개항도시로서의 경관을 오늘날까지 보존하고 있는 간나이와의 공
간적 연속성을 확보하는 기능을 한다. 예를 들어 아카렌가창고赤レンガ倉庫
가 대표적인데, 이는 1911년과 1913년 건설된 요코하마 세관 신항부
두 보세창고를 모태로 한다. 전후 화물의 컨테이너화에 따라 취급량이
급감한 후, 방치되었던 아카렌가창고는 MM21 신항지구 정비와 함께

19 横浜市港湾局みなと賑わい振興部整備推進課, 『みなとみらい 21 新港地区街並み景観ガイドライン』,
   横浜市港湾局, 2010, p.3.

수리·보존·활용을 위해 공사가 진행되어 현재는 공원으로서 요코하마 시민의 쉼터는 물론 국내외 관광객들의 대표 관광지가 되었다. 아카렌가창고는 신항지구의 끝자락에 위치하며 바로 옆의 대잔교, 그리고 간나이 나아가 차이나타운을 포함한 개항의 길開港の道로 이어진다.

그리고 이와 같은 MM21 신항지구의 장소성 위에 요코하마는 이민을 '기억'한다. 앞 절에서 살펴본 해외이주자료관 또한 신항지구의 거의 정중앙에 위치한다. 해외이주자료관은 JICA 요코하마의 2층에 자리하는데, JICA 요코하마는 이미 설명한 '요코하마 이주센터'와 '국제수산연수센터国際水産研修センター'라는 수산분야 기술협력 ODA 거점이 합쳐져 탄생하였고, 이 통합에 맞춰 MM21 신항지구에 개관하였다. JICA 요코하마의 개관은 MM21 신항지구에 "새로운 국제 거점"의 탄생을 의미하였고, 해외이주자료관은 "국제적인 색채가 가득한 매력적인 도시 만들기"에 역사적인 깊이를 더하는 공간으로 자리매김하였다.[20]

2) MM21와 이민의 '기억'

그리고 이와 같이 해역도시로서의 역사성에 기반하여 개발, 조성된 신항지구를 비롯, MM21에서는 이민의 '기억' 또한 곳곳에서 찾아볼 수 있다. 이들은 해외이주자료관의 전시와 상호 연동하며 도시의 '기억'으로서 이민의 '기억'을 자리매김한다. MM21 속 이민의 '기억'은 크게 떠나감의 '기억'과 이어짐의 '기억'으로 구분해서 살펴볼 수 있다. 떠나감의 '기억'은 말 그대로 일본인 이민의 출발지로서 요코하마가 품는 '기

---

20 横浜市都市整備局,「国際協力事業団横浜国際センターがオープン」,『横浜みなとみらい２１インフォメーション』68, 横浜市都市整備局, 2002, p.1~2.

억'을 의미하는 반면, 이어짐의 '기억'은 바다를 건너 해외로 이주한 일본인 디아스포라, 즉 일계인과 모국 일본이 형성해 온 인적, 물적 네트워크의 '기억'을 말한다.

우선 떠나감의 '기억' 중 대표적인 것은 이민숙박소移民宿의 '기억'이다. 다른 말로는 외항여관外航旅館이라고도 하는데, 전국에서 모인 이민들이 요코하마에서 출항 전 머무르던 숙박시설이다. 요코하마에 도착한 후에도 이민선 승선까지는 1주일 이상 소요되는 경우가 많았고, 그 동안 이민들은 이민숙박소에서 체류하며 도항을 준비했다. 다만 이민숙박소가 단순히 숙박시설로서만 기능했던 것은 아니다. 이민숙박소는 대부분 농촌 출신이라 해외 도항을 위한 각종 행정 절차에 익숙하지 못했던 이민들을 지원하는 서비스를 함께 제공했을 뿐 아니라, 이 공간에서 정보를 교환하고 상호 인맥을 쌓는 등 일종의 사전 "교습소"와 같은 기능도 하였다.[21]

이민숙박소는 하와이 관약이민이 종료되고 민간 이민회사가 설립될 즈음인 19세기 말부터 신항부두에서 대잔교에 이르는 구역을 중심으로 등장하기 시작하여 전성기에는 20~30곳이 존재하였으며, 1981년 마지막 남은 곳이 영업을 마칠 때까지 2세기 동안 일본인의 해외 이민사에 있어 중요한 역할을 하였다. 그리고 오늘날 일부 이민숙박소의 흔적을 MM21에서 찾을 수 있다. 이민숙박소 당시의 건물 형태를 유지하고 있지는 않지만 후쿠이야福井屋와 구마모토야熊本屋의 터가 남아 있으며, 이들의 존재를 환기하는 작업이 다양한 주체에 의해 이루어지고 있다. 해

---

21 藤原法子,「移民宿にみる都市横浜 - 1950年代の移民宿を中心とする移動の拠点の一位相」,『専修人間科学論集』1(2), 専修大学人間科学学会, 2011, p.158.

외이주자료관에서는 이민숙박소의 위치를 포함한 '일본인 이민 관련 기념물 지도日本人移民関連モニュメントマップ'를 작성, 배포하며, 민간 기업이 운영하는 도시 역사 아카이브 등에서도 이를 '기억'한다.[22]

MM21 속 또 다른 떠나감의 기억은 '리마짱リマちゃん' 동상이다. '리마짱' 동상 일본인의 페루 이민 100주년을 기념하여 세워진 것이다. 페루는 중남미국가 중 일본과 가장 먼저 근대적 조약1873년 수호통상항해조약(修好通商航海条約)을 체결한 국가로 이를 배경으로 일본인의 페루 이민은 매우 이른 시기부터 이뤄졌다. 제3절에서 설명하였듯이 관약이민 종료 후 활동을 시작한 이민회사는 대부분 미국 본토를 목적지로 하였으나, 그 중 하나인 모리오카상회森岡商会가 페루에 주목하여 1899년 790명의 일본인 이민을 송출한다. 이들은 요코하마항에서 사쿠라마루佐倉丸를 타고 태평양을 건너 페루의 수도 리마에 가까운 카야오Callao항에 도착하였고, 이후에는 플랜테이션 농장에서 노동자로서 정착한다.

그리고 1899년 사쿠라마루의 출항에서 100년이 지난 1999년 '리마짱' 동상이 세워졌다. '리마짱' 동상은 미취학 연령 정도에 해당하는 여자 아이의 동상으로, 일본의 전통 의상인 기모노着物를 입고 있으며. 이름은 페루 수도 명칭에 친근함을 표현하는 호칭 접미사를 붙인 것이다. 특이한 점은 손을 앞으로 쭉 뻗고 있다는 것인데, 가리키는 방향에 주목할 필요가 있다. '리마짱' 동상은 다른 이민의 '기억'들과 달리 MM21 중앙지구의 임항공원臨港パーク에 위치하는데 여기에서 신항지구와 그 옆

---

22 예를 들어 미쓰이 스미토모 트러스트 부동산(三井住友トラスト不動産)에서는 CSR(corporate social responsibility) 활동의 하나로 '이 도시 아카이브(このまちアーカイブス)'를 구축 중인데, 요코하마편에서 이민숙박소의 역사와 함께, 과거 이민숙박소의 자리가 현재 어떠한 모습인지 또한 설명한다.

의 대잔교를 바라보는 형태로 세워져 있다. 이는 요코하마항과 그 너머의 태평양을 향한 방향이기도 한데, 그곳으로 손을 뻗는 '리마쨩' 동상은 일본인 이민이 떠나간 바다를 '기억'하는 의미를 지닌다.

다음으로 MM21에서 찾아볼 수 있는 일본인 이민과 모국 일본의 이어짐의 '기억'을 살펴보면 가장 눈에 띠는 것은 2001년 신항부두 옆에 만들어진 '라라물자ララ物資' 기념비이다. '라라'는 Licensed Agencies for Relief in Asia의 약자로 제2차 세계대전으로 피폐해진 아시아 국가·지역에 대한 구제사업을 목적으로 미국과 캐나다의 종교단체, 사회사업단체 등이 모여 만든 조직이다. 이 조직이 보낸 구호품을 '라라물자'라고 하며 일본에는 1946년부터 1952년까지 식량, 의류, 의약품 등 16,704톤과 젖소 및 산양 2,000마리 이상이 들어왔는데, 특히 식량의 비중이 높아 패전 후 극도로 궁핍한 생활을 이어가던 일본인들에게 많은 도움이 되었다.

그렇다면 '라라물자'는 이민과 어떠한 관련이 있을까. 제2차 세계대전이 끝난 직후부터 미국과 캐나다에서는 패전국을 대상으로 구호품을 발송하였으나 대부분이 유럽을 향하였고 일본을 비롯한 아시아는 제외되었다. 이에 하와이, 뉴욕, 샌프란시스코, 토론토 등의 일계인 단체들이 나서 모국 일본도 포함될 수 있도록 움직이기 시작했고, 이들 단체를 중심으로 북미는 물론 중남미지역 일본인 이민들이 일본에 보낼 구호품을 모으기 시작했다. 결과적으로 일본이 받은 구호품의 약 20%는 일계인이 보낸 것이 되었으며,[23] 1946년 11월 30일 요코하마 신항부두에

---

23 飯野正子, 「『ララ』-救援物資と北米の日系人」, レイン・リョウ・ヒラバヤシ 他編・移民研究会訳, 『日系人とグローバリゼーション-北米, 南米, 日本』, 東京 : 人文書院, 2006, p.120.

첫 구호품이 도착한 것을 시작으로 이들은 모두 요코하마항을 통해 들어왔다.[24] 그리고 '라라물자' 기념비는 이와 같이 요코하마를 결절점으로 이어진 일본인 디아스포라와의 네트워크를 '기억'한다.

또 하나의 이어짐의 '기억'은 일본 브라질 수호 100주년 기념이라는 부제가 달린 '역사와 미래의 찬가, 무지개 공간 95歷史と未来への讚歌-虹空間'95, 이하 '무지개 공간'' 조형물이다. 앞서 설명하였듯이 브라질은 근현대에 걸쳐 가장 많은 일본인 이민이 향한 곳으로 일계인 커뮤니티의 영향력 또한 다른 어떤 나라보다 강하다. '무지개 공간'은 브라질에 있는 일본계 은행의 기금을 이용하여 일본과 브라질 수교 100주년에 해당하는 1995년에 만들어졌다. '리마짱' 동상과 마찬가지로 임항공원에 위치하며 일본과 브라질을 잇는 가교의 이미지를 담아 무지개다리의 형상을 하고 있으며, 그 방향은 브라질을 향해 뻗어 있다. 무지개다리는 강철판을 겹겹이 쌓아 만들어졌는데, 이는 브라질로 이민을 싣고 향한 선박의 이미지와 그 이후의 시간의 축적을 나타낸다.

MM21의 '무지개 공간'을 더욱 흥미롭게 하는 사실은 브라질에도 같은 모양의 기념물이 설치되어 있다는 것이다. 브라질에서 '무지개 공간'이 설치된 곳은 남부에 있는 파라나Paraná주 론드리나시Londrina로, 이곳은 상파울루와 인접하며 많은 일본인 이민이 정착한 역사를 지니며, 전체 인구 대비 일계인 비율은 브라질 내에서도 가장 높다. '무지개 공간'은 원래 요코하마에 설치 후 바로 브라질에도 만들 예정이었으나, 앞서 언급한 일본계 은행이 파산하며 좌초되어 2023년 완성되었다. 브라질

---

24 奧須磨子, 「ララ物資と神奈川県」, 『郷土神奈川』 54, 神奈川県立図書館企画サービス部地域情報課, 2016, p.6.

에 설치된 '무지개 공간'은 요코하마를 향해 뻗어 있으며, MM21의 '무지개 공간'은 이와 짝을 이룸으로써 이어짐의 '기억'을 가시화하고 경험하게 한다.

6. 나가며

이 글에서는 일본 요코하마가 품는 이민의 '기억'을 이민박물관해외이주자료관을 포함한 해역도시의 '기억'이라는 측면에서 고찰하였다. 요코하마의 이민의 '기억'이 지니는 가장 큰 특징은 근현대 요코하마항의 발자취를 바탕으로 한 MM21, 그 중에서도 신항지구의 장소성, 즉, "근대 항만의 발상지"로서의 역사에 기대어 구현되고 있다는 것이다. 일본인 이민의 역사는 요코하마항에서 바다를 건넌 선구자였던 디아스포라의 흐름으로서 상기, 공유되고 있다. 따라서 그것은 출발 또는 떠나감의 '기억'으로서의 이미지가 강한데, 이는 해외이주자료관의 전시 내용은 물론이고 기타 관련 조형물의 물리적 설치 양상, 즉, 임해 지구 안의 설치와 바다태평양를 향한 설치 등에서도 나타난다. 물론 '라라물자' 기념비로 대표되는 이어짐의 '기억'도 존재하나 이 또한 과거 이민이 떠나갔던 요코하마항을 통한 이어짐이라는 점에서 동일한 맥락 아래 있다고 할 수 있겠다.

흥미로운 사실은 이와 같은 의미 부여가 글로벌화 속 진행된 도시 재개발 과정 속에서 이뤄졌다는 것이다. 과거 도시 재개발은 주로 물리적인 하드웨어의 측면에 무게를 실어 진행되었으나, 최근에는 주민 중심

시각의 필요성이 대두하면서 "공간과 장소에 대한 인식과 정체성의 경합 및 협상 과정" 또한 중요시되고 있다.[25] MM21 개발 또한 예외는 아니었고, 결과적으로 개항에서 시작하여 발전해 온 요코하마항, 나아가 요코하마의 역사를 계승하는 공간으로서 신항지구가 설정된 것이다. 그리고 이와 같이 재개발 과정에서 발굴된 도시의 정체성과의 연동 속에서 이민의 '기억' 또한 활발하게 소환되었다고 할 수 있으며, 대부분의 기념물이 1990년대 중반부터 2000년대 초반에 걸쳐 설치되었다는 사실은 이를 단적으로 보여준다.

한편, 이처럼 근현대 요코하마항의 역사와 교차하는 요코하마의 이민의 '기억'은 일본인 이민사 전체를 보았을 때, 일정 부분 한계를 보인다. 요코하마가 품은 이민의 '기억'을 꼼꼼이 살펴보면 그것은 기본적으로 태평양을 건넌 일본인 디아스포라의 '기억'으로, 기타 지역으로의 출이민의 역사는 배제되어있음을 알 수 있다. 특히 근현대 일본인의 해외 이민 중 제국 일본의 세력권, 예를 들어, 조선, 타이완臺灣, 만주 등지로의 이민은 양적으로 보았을 때 큰 비중을 차지하고 있음에도 불구하고 해외이주자료관은 물론 도시의 '기억'으로서 선택되지 못하였다. 물론, 이들 지역으로의 일본인 이민의 흐름이 요코하마와 직접적인 연관성이 약했음은 분명하다. 하지만 지금처럼 미주대륙의 일계인만을 포함하는 상황은 일본인 이민의 '기억'을 반쪽자리로 만든다는 측면에서 충분히 비판적으로 의견을 교환하고 수정의 필요성을 검토할 여지를 지닌다.

또 하나 요코하마의 이민의 '기억'으로서 새로운 해석·비판이 필요

---

25 이창호, 「차이나타운의 재개발과 의미의 경합 – 인천지역의 사례를 중심으로」, 『한국문화인류학』 41(1), 한국문화인류학회, 2008, 210쪽.

한 부분은 귀환한 일계인에 대한 것이다. 오늘날 일본 사회에는 중남미 지역 일계인 약 25만 명이 거주하고 있으며, 이와 같은 환류의 움직임은 제4절에서 언급하였듯이 최근 들어 해외이주자료관의 전시에도 반영되고 있다. 한편, 도시라는 차원에서 보면 요코하마는 수도권에서 일계인 인구가 두드러지는 지역 중 하나로 '남미 타운'이 존재할 정도이다. 이들은 대부분 일본인 이민 3세, 4세에 해당하는데, 당초 1990년대 초반 브라질, 페루, 아르헨티나 등의 경제 침체 속 단기간의 계획으로 일본에서 돈을 벌어 돌아갈 예정이었으나, 현재 여러 가지로 이유로 인해 대부분이 정주하는 양상을 보인다. 그리고 귀환으로부터 이미 30년이 넘는 시간이 흐르고 있다는 점에서 보면 이들의 존재와 삶을 해역도시 요코하마가 품는 이민의 '기억'의 새로운 페이지로서 어떻게 채워나갈지 고민할 시점에 와 있다고 할 수 있다.

이 글에서 살펴본 해역도시 요코하마가 이민을 '기억'하는 방법의 특징과 한계는 기타 해역도시와의 비교 고찰을 통해 추가적인 함의를 찾을 수 있을 것이다. 일본 국내에서라면 요코하마와 함께 많은 일본인 이민을 송출했던 고베를 함께 검토할 수 있겠고, 동북아지역 내의 유사한 후발이민국가로서 변화를 겪고 있는 한국 인천 등의 사례가 시사적이겠다. 특히 후발이민국가의 경우 디아스포라의 환류가 공통적으로 나타나는 특징으로 주목할 필요가 있으며, 이에 관해서는 과거의 이민의 '기억'이 오늘날 해당 사회가 직면하는 공생, 환대의 문제에 어떠한 실천적 역할을 할 수 있는지 고민할 수 있는 재료를 던져준다는 측면에서 추가 조사, 분석이 필요하며, 이는 향후의 과제로 삼고자 한다.

참고문헌

1. 논저

권윤경, 「노예제의 보이지 않는 기억-프랑스 항구도시들과 기억의 장소」, 『역사학보』 241, 역사학
　　회, 2019.

염운옥, 「포스트-식민 박물관과 '다문화' 정체성의 재구성-대서양 노예무역 폐지 200주년 기념전을
　　중심으로」, 『역사비평』 95, 역사문제연구소, 2011.

이용일, 「트랜스내셔널한 공간으로서 이민박물관」, 『서양사론』 112, 한국서양사학회, 2012.

이창호, 「차이나타운의 재개발과 의미의 경합-인천지역의 사례를 중심으로」, 『한국문화인류학』
　　41(1), 한국문화인류학회, 2008.

임영언, 「일계인 디아스포라 브라질 이주사와 전시 문화콘텐츠 고찰」, 『일본문화학보』 50, 한국일본
　　문화학회, 2011.

정지혜, 「도시의 계보-독일이민사박물관의 도시 정체성 및 현실 구성 방식」, 『도시연구』 13, 인천연
　　구원, 2018.

주경철 외, 『도시는 기억이다』, 서해문집, 2017.

Andreas Wimmer and Nina Glick Schiller, "Methodological Nationalism, the Social Sciences,
　　and the Study of Migration-An Essay in Historical Epistemology," International
　　Migration Review 37(3), SAGE Publications, 2003.

Halbwachs, Maurice, *The Collective Memory*, New York : Harper Colophon Books, 1980.

Schorch, Philip, "Experiencing differences and negotiating prejudices at the
　　Immigration Museum Melbourne," *International Journal of Heritage Studies* 21(1),
　　Taylor & Francis, 2015.

飯野正子, 「『ララ』-救援物資と北米の日系人」, レイン・リョウ・ヒラバヤシ 他編・移民研究会訳,
　　『日系人とグローバリゼーション-北米, 南米, 日本』, 東京 : 人文書院, 2006.

奥須磨子, 「ララ物資と神奈川県」, 『郷土神奈川』 54, 神奈川県立図書館企画サービス部地域情報課,
　　2016.

田邊佳美, 「『移民の記憶』の排除から承認へ-フランス・国立移民史シテ設立の政治学」, 『年報社会学
　　論集』 23, 関東社会学会, 2010.

東京歴史科学研究会委員会ワーキンググループ, 「歴史系博物館の現状と課題-JICA海外移住資料館
　　の展示検討」, 『人民の歴史学』 163, 東京歴史科学研究会, 2005.

藤原法子, 「移民宿にみる都市横浜-1950年代の移民宿を中心とする移動の拠点の一位相」, 『専修人
　　間科学論集』 1(2), 専修大学人間科学学会, 2011.

2. 자료

"Immigrant Heritage Celebration", NYC Mayor's Office of Immigrant Affairs Web Page
　　(https://www.nyc.gov/site/immigrants/about/immigrant-heritage-week.page), 최
　　종 검색일 : 2024.2.5.

"Overview+History Ellis Island", Statue of Liberty Ellis Island Foundation Web Page(https://

www.statueofliberty.org/ellis-island/overview-history/), 최종 검색일 : 2024.2.5.

「海外移住資料館について」海外移住史料館 Web Page(https://www.jica.go.jp/domestic/jomm /outline/index.html), 최종 검색일 : 2024.2.5.

「海外日系人社会との協力に関する今後の政策」, 外務省海外移住審審議会 Web Page(https://www w.mofa.go.jp/mofaj/annai/shingikai/ijyu/nikkei.html), 최종 검색일 : 2024.2.5.

「独立行政法人国際協力機構法」, e-GOV法令検索(https://elaws.e-gov.go.jp/document?lawid =414AC0000000136), 최종 검색일 : 2024.2.5.

独立行政法人国際協力機構横浜センター海外移住資料館, 『JICA横浜 海外移住資料館 館報 2022年 度』, 独立行政法人国際協力機構横浜センター海外移住資料館, 2023.

横浜市港湾局みなと賑わい振興部整備推進課, 『みなとみらい 21 新港地区街並み景観ガイドライン』, 横浜市港湾局, 2010.

横浜市都市整備局, 「国際協力事業団横浜国際センターがオープン」, 『横浜みなとみらい２１インフォ メーション』 68, 横浜市都市整備局, 2002.

중국의 전통문화 재해석과 현대적 활용

민남의 관우 문화를 중심으로

이민경

1. 들어가며

민남閩南은 천주泉州·장주漳州·하문廈門 등으로 구성된 복건福建 남부지역을 일컫는다. 민남은 전체 면적에서 산지나 구릉이 차지하는 비율이 높아서 농경지의 면적이 좁은 편이다. 그런 데다 중원에 변고가 생길 때마다 대량의 인구가 남하하여 유입되었기 때문에 식량이 부족하였고, 한정된 자원을 두고 원주민과 새로운 이주민 사이의 갈등이 상존했던 곳이다. 또한 바다와 접하고 있고 비교적 긴 해안선을 보유하고 있으나 풍랑이나 해일, 태풍 등 자연재해로 인한 피해가 적지 않았고, 항해나 어로 활동은 언제나 위험을 감수해야만 했다. 이뿐만 아니라 명·청대에는 해적이나 왜구 등의 잦은 침입으로 생명과 재산상의 피해를 당했고, 정성공鄭成功 반청복명反淸復明의 여파로 천계遷界와 복계復界를 경험하기도 하였다. 이와 같은 지리·문화·역사·사회적 배경하에서 고대 민남의 거주민들이 겪은 생존에 대한 불안과 공포는 상당했을 것이다. 그들은 불리한 생활 조건을 타개하고 심리적 안정을 도모하기 위하여 다양한 노력을 기울였는데, 초월적 존재를 향한 믿음, 즉 신앙은 예측 불가하고 인력으로 해결하기 어려운 외부 환경에 대한 내면적 극복으로 볼 수 있을 것이다.

『한서漢書』「지리지地理志」는 진한秦漢시대 이전에 민남은 민월족閩越族의 집거지였다고 하면서, 민월족의 특징 중 하나로 "귀신을 믿고 음사를 중시한다信鬼神, 重淫祀"를 언급하였다.[1] 즉 민남은 예로부터 무술巫術에 대한 의존도가 높은 지역이었다. 이러한 사회 문화적 분위기는 한 무제 이후 한족의 지배 체제에 완전히 편입되고 위진魏晉시대 이후 한족 인구가 크게 유입된 후에도 크게 달라짐 없이 유지되었다. 오히려 세월이 더해갈수록 민간에서는 숭배의 대상을 더욱 확대하였고 그 숭배의 열기 역시 더욱더 뜨거워지는 경향을 보이게 된다.

인구 구성이나 민족 특성에 관계없이, 민남에서 민간신앙이나 종교 행위가 특히 활발했던 이유는 무엇일까? 지역 고유의 자연 환경적 요인 뿐만 아니라 사회·문화적 요인 역시 무시할 수 없다고 사료된다. 불안과 공포는 불확실성에서 기인하는 것이기에, 지리와 기후의 영향으로 자연재해가 빈번하고 역병의 유행이 잦으며 이민 사회의 성격이 강한 민남에 있어서 심리적 불안정은 신·구 지역민들이 공통적으로 떨쳐 내기 힘든 난제였을 것이다. 따라서 민간신앙은 지역민들의 삶의 형태인 동시에 정신적 안정과 내부 결속을 위한 수단이기도 하였다.

민남인들은 하늘과 땅부터 주위에서 접할 수 있는 동·식물, 용이나

1 　林國平, 『閩台民間信仰源流』, 人民出版社, 2013, p.3.

신선처럼 전설로 전해지는 존재들 그리고 조상이나 역사 인물까지, 다종다양한 대상에 신격을 부여하였다. 민남 자생의 토속 신앙뿐만 아니라 이주 인구와 함께 유입된 중원의 신앙 역시 적극 수용하여 변화 발전시켰다. 후자의 전형적인 예로 들 수 있는 것이 바로 관우 신앙이다.

관우 숭배는 중원의 민간에서 발원하였으나, 정치·사회·문화적 수요와 결합하면서 전全 국가적 신앙으로 확대되었다. 민남에서 관우 신앙은 중원의 한족 이주자들을 통하여 유입되었다. 처음에는 중원과 마찬가지로 무신武神이나 재신財神, 벽사신辟邪神 등의 신격으로 수용되었으나, 고유의 장소성과 결합하여 민남의 관우 문화는 점차 타지역과 차별화되는 특징을 드러내게 되었다.[2]

고대 민남은 관우 신앙을 통하여, 정신적 위안을 얻었고 구성원의 단결과 공동체의 결속을 유지하고자 하였다. 수백 년을 훨씬 상회하는 오랜 세월 동안 면면히 이어져 온 관우 숭배 문화는 현재까지도 민남에서 유효하다. 하지만 현대, 특히 개혁개방 이후 민남지역에서 관우 신앙은 단순한 민간신앙이나 전통문화가 아니라, 과거와 다른 정치, 사회, 문화적 함의가 있으며 지향점을 내포한다. 이 글에서는 민남지역의 관우 숭배 문화의 과거와 현재를 살펴보고, 이를 실마리로 삼아 현대 중국의 전통문화 재해석과 활용에 대해서 고찰해 보고자 한다.

---

2   이민경, 「중국 동남 연해지역의 관우문화 고찰 – 福建 東山을 중심으로」, 『中國學』 제85집, 대한중국학회 , 2023, pp.405~424.

2. 과거 민남의 관우 숭배 문화

민남지역은 지리적 환경과 사회·문화적 환경으로 인하여, 예로부터 다양한 민간신앙이 존재했고 그와 관련한 숭배 활동이 활발하게 진행되었던 곳이다. 이곳은 마조媽祖, 임수부인臨水夫人, 보생대제保生大帝, 개장성왕開漳聖王 등의 신앙 발원지이기도 하지만, 중원의 신앙을 적극적으로 수용한 한편 현지화하여 계승하고 대만 등지로 전파한 지역이기도 하다.

중원에서 남하한 한족들과 함께 민남으로 유입된 관우 신앙은 이곳 특유의 문화와 융합되었고, 바다를 건넌 민남인들과 함께 대만, 홍콩, 마카오, 동남아시아 등 해외로 전파되었다. 그리하여 민남의 관우 문화는 중원과 대만 그리고 해외 화교, 화인들이 공유하는 문화이며, 대륙 본토와 대만 및 화교·화인들을 끈끈하게 이어내는 고리이기도 하다. 특히 종교, 신앙의 속성이 관우 문화의 저변을 구성하는 만큼, 같은 신앙을 공유한다는 '신연神緣'은 서로에 대한 심리적 장벽을 낮추고 친밀감을 제고하는 데 유용한 측면이 있고, 고향을 대상으로 하는 자선 기부에서부터 상업 투자까지 외자 유치에도 유리한 편이기 때문에 경제적으로도 상당한 효용성이 있다. 그러므로 개혁개방 이후 민남의 관우 숭배 문화에 대한 주목은 전통문화 계승이라는 단순한 차원을 넘어서는 다중적 의미가 있다.

현대 중국이 관우 숭배 문화를 어떻게 평가하고 활용하고 있는지를 분석하기에 앞서, 우선 관우 문화가 어떻게 민남에 자리 잡게 되었는지, 수용 초기에는 어떻게 인식되었는지 등 과거의 관우 문화를 정리할 필요가 있겠다. 본 장에서는 역사와 규모 및 영향력 방면에서 민남지역의 관우 문화를 대표한다고 할 수 있는 천주泉州의 통회관악묘通淮關岳廟와 장주漳州에 위치한 동산관제묘東山關帝廟를 중심으로 과거 민남의 관우 숭배 문화의 역사와 그 함의를 먼저 살펴보고자 한다.

1) 통회관악묘

통회관악묘는 민남지역에서 관우를 모시는 사당 중 규모가 가장 큰 곳으로, 천주泉州 도문기塗門街에 위치하기 때문에 속칭 도문관제묘塗門關帝廟라고도 한다. 『천주부지泉州府志』에 따르면, 초기에는 '관후묘關侯廟'로 불리다가 만력萬曆 연간에는 '관왕묘關王廟', 천계天啓 원년1621 이후로 '관제묘關帝廟'라고 칭해졌고, 민국 3년1914부터 관우와 악비岳飛를 함께 봉안하게 되면서 '관악묘關岳廟'로 개칭하였다. 남아 있는 사료의 부족으로 묘우를 최초로 건립한 시기를 특정할 수 없다. 천주시 구 민간신앙 연구회泉州市區民間信仰研究會는 관우 이전에 수신水神을 모시던 역사까지 포함하여 이 묘우의 역사가 천 년 이상이고, 관우를 모시게 된 명초로부터 따진다고 하더라도 이미 600년 이상의 역사를 가진다고 주장한다.[3]

관우 신앙이 천주에 본격적으로 자리를 잡기 시작한 것은 대략 명대 초로 본다. 만력 연간에 이미 그 숭배의 열기가 상당히 뜨거웠으며,[4] 청대에 이르면 최고조에 이르게 되었다고 한다. 천주에서 관우 신앙이 성행할 수 있었던 것에는 역대 황제들의 연이은 추증, 소설 『삼국연의三國演義』의 유행, 민간 전설의 확산 등 전국적인 사회 분위기도 원인이 되겠지

---

3 郭延傑, 「泉州的關帝信仰」, 『文史雜志』 第3期, 四川省人民政府文史研究館, 2004, pp.64~65.

4 "泉中上元後數日, 爲關聖會, 大賽神像, 裝扮故事, 盛飾珠寶, 鍾鼓震響, 一城若狂."(『閩書』券三十八 「風俗」).

만, 천주 출신 사대부들의 역할 및 유생들의 지지와 통회관제묘[5]의 사회
적 공헌 역시 그 이유로 꼽을 수 있다.

먼저 사대부들의 활약을 살펴보자. 통회관제묘와 관련하여 현재에 남
아 있는 가장 오래된 기록은『중수관후묘기重修關侯廟記』인데, 가정嘉靖 연간
에 장사長史를 역임했던 이일덕李一德이 썼다고 알려져 있다. 이일덕은 관
우가 한나라를 위해 목숨을 바쳤다고 평가하면서 그의 충忠과 지智를 찬
양하였다.[6]

> 侯爲漢死焉耳. 侯不云乎, 吾受劉將軍恩, 誓以共死. 則侯忠也, 乃其死而得以爲
>
> 漢之名, 終而不如, 或之死漢, 而入於魏也, 是則侯之忠且智也夫.
>
> 『중수관후묘기』

사대부 이일덕의 신분에 걸맞게 유가적 관점에 입각하여 관우 신앙을
해석한 것으로, 이로부터 통회관제묘 "유가화儒家化"의 서막이 열리게 된
다. 이후 이광진李光縉, 양유청楊維淸, 장분張汾, 장환등張煥登 등 향시나 회시
를 급제한 사대부들이 잇따라 관제묘 중수에 나서거나 신상神像을 헌납
하거나 직접 비문을 남기기도 하였다.[7] 이러한 향신들의 적극적 지지는
유생들은 물론이고 관부官府에도 큰 영향을 끼쳤고, 이는 천주에서 관우
신앙의 성행에 있어서 상당한 역할을 하였다.

5　본문에서 언급한 바대로 통회관악묘(通淮關岳廟)라는 명칭은 민국 시기부터 사용한 것이다.
　　이 글에서 1914년 이후는 통회관악묘로 칭하고, 명칭시기 등 그 이전은 '통회관제묘'로 표기
　　하겠다.
6　吳幼雄・李少園 主編,『通淮關岳廟志』, 中國社會科學出版社, 2008, p.36.재인용.
7　李國宏,「泉州通淮關帝信仰文化新論」,『三生萬物－老子思想論文集』, 福建省閩學研究會, 2003,
　　pp.177~180.

다음으로 관제묘의 종교 활동이 공익에 기여한 일을 살펴보자. 민국 32년[1943] 천주에 페스트가 유행하여 많은 수의 사람이 사망하였고, 도시 전체는 공포에 휩싸였다. 전염병이 기승을 부리는데도 당시 정부가 적절한 조치를 처하지 못하자, 통회관제묘가 나서게 되었다. 통회관제묘는 관제가 전 성을 순유巡遊하면서 요마를 진압하고 삿된 것들을 몰아낼 것이라는 명목으로, 행사 1개월 전에 성 안팎의 민중들에게 목욕재계, 닭장 철거, 화장실이나 하천 등의 대청소 등을 요청하는 안내문을 게시하였다. 그리고 순수巡狩 기간 동안 각 가정은 공목貢木과 단향檀香을 태웠다. 순수 활동이 끝나자, 지역의 페스트 환자의 수가 유의미하게 감소하였다고 한다. 이 일로 인하여 통회관제묘는 천주민들로부터 더욱 큰 호감을 얻게 되었으며 천주에서 관우 신앙이 더욱 발전할 수 있는 여지를 마련하였다.[8]

이상에서 천주에 관우 숭배 문화가 유입되고 성행한 과정과 그것이 지속될 수 있었던 요인을 살펴보았다. 정리하면 다음과 같다. 명대 전국적으로 관우를 숭배하는 분위기가 일어나 점점 고조되었고, 이는 천주에까지 영향을 미쳤다. 그런데 천주에서 관우 숭배 문화가 성행할 수 있었던 것은 사회적 분위기뿐만 아니라 지역 향신들의 역할도 있었다. 관우로부터 충의의 도덕관념을 읽어낸 유자들은 관우 숭배를 지지하는 큰 축이 되었고, 지역 사회 지도층의 위치에 있었던 향신들의 지지는 천주에서 관우 신앙이 영향력을 확장하고 관우 숭배 문화가 지속되는 데 있어서 상당한 기여를 하였다.

---

8 林國平·陳靜, 「閩台民間信俗的文化內涵與現代價值」, 『福州大學學報』第1期(總第119期), 2014, p.16.

2) 동산관제묘[9]

동산관제묘는 복건성福建省 장주시漳州市 동산현東山縣에 위치한다. 이곳은 흔히 '중국 4대 관제묘' 중 하나로 꼽히는 곳으로, 홍무洪武 연간 동산성銅山城을 축조할 때 관병들의 심리적 안정을 보호하기 위해 무묘武廟가 함께 건립되었다.

초기 동산은 동남 연해의 해방海防을 위한 군영사회이자 이민사회의 성격을 가지고 있었다. 관우는 병영사회에서 필수적인 군건한 수직적 질서 유지와 이민 공동체 내 원만한 수평적 관계 정립에 요구되는 도덕 관념 충과 의의 표상이었기 때문에, 관우 숭배 문화는 동산에서 뿌리를 내릴 수 있었다.

관우의 묘우를 찾았던 초기 신도 대부분이 타지에서 이주해 오게 된 군호軍戶였다. 그런데 세월이 흐르면서 점차 동산의 인구 구성이 다양화되고 전 사회적으로 관우를 숭배하는 문화가 널리 퍼지게 되면서, 동산에서 관우는 주로 군호가 모시던 무신, 전쟁신, 보호신에서 민호民戶도 열렬히 숭배하는 만능신으로 자리매김하게 되었다.

연해지역이라는 지리적 환경의 영향으로 해신의 신격이 추가된 것을 제외하고, 명대 말까지 동산의 관우 숭배 문화는 중원과 유사하였다. 그런데 청 순치順治 18년1661 천계령遷界令의 시행 이후 동산의 관우 숭배 문화는 중원 아니 중국의 그 어떤 지역에서도 볼 수 없는 독특성을 내포하게 된다. 바로 관우를 조상신으로 모신다는 점이다. 강희康熙 19년1680

---

9 동산에 관우 신앙이 유입되고 변화, 발전하는 과정 및 그 특징에 관한 내용은 선행 연구에서 상세히 다룬 바 있다. 따라서 본 절에서는 그 내용을 간략하게 정리하겠다. 상세한 내용은 이민경, 앞의 글, pp.405~424 참고.

복계 이후에도 한참 동안 황책黃冊에 등재되지 못하여 각종 차별과 불이익을 받던 동산민들은 강희 50년1711에 '관영무關永茂'라는 호명戶名으로 겨우 귀종합호歸宗合戶를 승인받게 되었다. 관영무는 34개의 성씨가 그들은 관우를 조종祖宗으로 합의 추대하여 결성한 계약식 종족으로, 동산민들은 관우의 보우가 있었기에 귀종합호가 성사되었다고 생각하고 관우의 후예가 되기로 맹세하였다고 한다. 현재까지도 관우를 조상신으로 모시는 전통을 유지하고 있어서 동산에는 혼인이나 분가, 이사 등을 할 때 관우상이나 대련을 선물로 하는 풍습이 남아 있다.

3) 민남 관우 문화의 해외 전파

천주는 해상 실크로드의 기점으로, 송원 때 "동방 제1의 항구"라고 불렸을 정도로 해상 무역과 해외 교류가 빈번했던 곳이다. 일찍부터 배를 타고 대만, 홍콩, 마카오 및 동남아시아를 비롯한 바다를 오가며 상업활동에 종사하는 사람들이 많았고 그만큼 해외로 이주하여 정착한 이들의 수도 상당하였으니, 손꼽히는 '화교의 고향' 중의 하나이기도 하며, 해외로 가족을 보낸 이들이 많이 남아있는 곳이기도 하다. 동산은 대만해협을 사이에 두고 대만과 직선거리로 300킬로미터 이내에 위치한다. 물리적 거리가 가까웠기 때문에, 예로부터 동산인들의 대만 왕래는 빈번하였는데, 그만큼 대만으로 건너가 이주하게 된 인구도 많았다.

바다를 건넌 어부, 상인, 군인 등 민남인들에게 관우는 보호신이자 상업신으로 역할하였다. 그들은 관우를 경배하고 그 제단에 기도를 올리는 행위를 통하여 자신들의 생명 안전 및 생활의 평안 그리고 사업을 번창시킬 수 있다고 믿었다. 그들과 함께 민남의 관제 신앙도 바다 건너로 전파되었다.

대만에 최초로 건립된 관제묘인 개기무묘開基武廟를 비롯하여 문형전文衡殿, 성수궁聖壽宮, 협천묘協天廟, 행천궁行天宮, 협안궁協安宮, 홍모성무성묘紅毛城武聖廟 등, 민남의 묘우에서 분령하여 건립된 대만의 관제묘는 300여 곳이 넘고, 동남아시아의 태국, 싱가포르, 필리핀, 말레이시아 등지에도 민남 소재 관제묘에 뿌리를 두고 있는 분묘分廟가 존재한다.[10]

3. 현대 민남의 관우 문화 재해석

과거 중국 정부는 사회주의 종교관에 근거하여, 민간신앙을 '미신'으로 치부하였다. 그런데 개혁개방 이후부터 민간신앙에 대한 관점에 변화가 일어나기 시작한다. 민간신앙을 배격·타파해야 하는 '봉건 잔재'가 아니라, 계승·보전해야 할 '전통문화'의 범주에 포함하였다. 또한 그중 일부는 '무형문화유산[非物質文化遺産]'에 등재하여 그 가치를 선전하고 보전의 중요성을 강조하기도 한다.

국가 종교정책의 기조가 변화함에 따라, 그리고 시대가 변화함에 따라 민남 관우 신앙을 바라보는 시선이나 해석의 관점 역시 달라졌고 관우 숭배 문화는 부침을 겪게 되었다. 본 장에서는 먼저 개혁개방 이후 중국의 종교관 및 민간신앙에 대한 변화를 정리하고, 이어서 이와 같은 변화가 민남 관우 신앙에 미친 영향과 인식의 변화 등을 살펴보고자 한다.

---

10 何綿山, 「台灣關帝廟探源」, 『福州大學學報(哲學社會科學版)』, 福州大學, 第4期(總第116期), 2013, pp.5~6.

1) 민간신앙에 대한 재해석

1949년 건국 이후 중화인민공화국은 마르크스-레닌주의 종교관에 근거하여 종교를 착취계급이 인민대중의 계급의식이나 저항 의지를 약화하고 정신적으로 통제하는 도구, 즉 '인민의 아편'으로 여겼기에, 종교에 대해 부정적 입장을 가지고 있었다. 하지만 하루아침에 종교를 전면 금지하는 것은 현실적으로 불가능했기 때문에, 각급 정부 내에 종교 사무부를 두고 사원의 토지와 재산을 몰수하고 종교인의 활동을 강제하는 등, 각 종교에 대한 직접적 관리 및 통제를 실시하였다.[11]

문화대혁명이 발발하고 난 뒤 중국 정부의 종교정책은 탄압을 넘어 종교 소멸의 기조를 견지하였는데, 이러한 배경하에서 민간신앙은 마땅히 소거해야 할 '봉건 잔재'이며 타파해야 할 '미신'으로 취급되었다. 이 시기 대부분의 민간신앙과 유관한 유적이나 사묘가 파괴되었으며 신도들은 핍박받았다. 이에 종교 및 전통 신앙은 한동안 단절된다.

그런데 문화대혁명이 종결된 이후 중국의 종교정책에 변화가 일어나기 시작하였다. 중국 정부는 종교의 존재를 인식하고 종교신앙의 자유를 인정하는 유화책으로 선회하였고, 1982년에는 헌법에 종교신앙의 자유를 명시하였다.[12] 중국 정부의 종교에 대한 관용적 입장은 불교·도교·이슬람교·천주교·기독교 등에 부흥의 기회를 제공하였다.

5대 종교에 대한 태도 변화와 함께 민간신앙에 대한 인식 전환도 이루어졌다. 민간신앙은 그것을 공유하는 대만·홍콩·마카오나 해외 화

---

11 전성흥, 「中國의 改革과 宗敎 – 국가의 종교정책, 민간의 종교활동, 지방의 종교통제」, 『東亞硏究』 제30집, 서강대학교 동아연구소, 1995, p.150.

12 강준영, 「중국 개혁개방 이후 종교정책의 변화와 중국종교의 부활」, 『中國硏究』 제30권, 한국외국어대학교 중국연구소, 2002, pp.580~584.

교와의 유대감과 결속력을 고양하며, 외자 유치와 교류 촉진에 있어서 긍정적 결과를 끌어낼 수 있는 잠재력이 있었다. 개혁개방 이후 외자 유입이 시급한 상황에서 민간신앙에 대한 주목도가 높아졌는데, 민간신앙을 투자유치를 위해 활용하기에 앞서 기존의 인식과 정책에 전환이 필요했다.

먼저 그간 민간신앙에 덧씌워져 있던 봉건 미신이라는 오명을 지워낼 필요가 있었다. 그리고 민간신앙이 가진 종교적 색채를 희석하는 것 역시 긴요한 문제였다. 중국 정부가 종교신앙을 보장한다고 천명하기는 했지만, 이것이 결코 신앙의 자유에 대한 전면적 허용이나 종교에 대한 완전한 인정을 의미하는 것은 아니다. 사회주의와 종교는 원칙적으로 상호 모순되어 양립할 수 없는 이념이므로, 공산당 영도의 지배 체제를 고수하는 한 중국에서 종교에 대한 순전한 인정은 기대하기 어렵다. 따라서 1980년대 이후의 종교 허용 방침은 이상의 실현이 요원한 상황에서 당면한 현실을 고려한 결과라고 할 수 있다. 즉 종교의 현실성과 정치적 효용성에 대한 "소극적 용인"[13]일 따름이었다.

궁극적으로 종교 소멸을 지향하는 것이 공산당의 이상과 원칙인데, 민간신앙이 경제 수익 창출의 유용한 수단이 된다는 것을 인식했다손 치더라도 하루아침에 태세 전환을 하는 것은 쉽지 않다. 1970년대 내내 민간신앙은 봉건 잔재이니 금지라고 했다가, 투자획득을 위해 민간신앙을 부흥시키자며 정부가 전면에 나서는 것은 다소 거북한 면이 있다. 그래서 이러한 태도 변화를 논리적으로 설명할 수 있는 이론을 마련해야

---

13 현대 중국의 종교관 변천에 관한 자세한 내용은 강경구·김경아, 「중국특색사회주의 종교이론의 고찰」, 『중국학』 제61집, 2017, pp.4.

했고, 이러한 배경에서 찾아낸 전략이 바로 '문화'와의 결합[14]이다.

이후 민간신앙은 미신이 아니라 '민간신속民間信俗'으로 '전통문화' 중 하나로 분류되었고, 각급 지방정부는 이 '전통문화'를 수익성 있는 '문화상품'으로 개발하고자 하였다. 문화대혁명의 광풍으로 인하여 훼손되었던 전각을 보수하고 실전되었던 제례 의식을 복원하는 등 상당한 노력을 기울였다. 또한 신앙 활동이나 행사에 자금을 지원하거나 행정적 편의를 제공하기도 하는 등 다양한 활동에 앞장섰다.

2) 개혁개방 이후의 민남 관우 문화에 대한 재인식

(1) 경제적 측면

1980년대 이후 중국의 각급 지방정부는 "문화로 다리를 놓아, 무역을 활성화시키자"의 슬로건을 내세웠는데, 대륙 본토가 대만 동포 혹은 해외 화교와 같은 뿌리의 문화를 공유한다는 점을 강조하며 외래 자본을 유치하기 위한 목적이었다. 이때 민남지역이 내세운 문화는 바로 종교이다. 그리고 그중에서도 선봉에 배치한 것은 민간신앙이었고, 수많은 민남의 민간신앙 중에서 마조신앙과 관제신앙을 제일 앞줄에 위치시켰다.

---

14 중국의 학계에서 민간신앙에 '문화'가 덧붙은 것은 왕중신(王仲莘)의 「마조 문화 개발에 관한 건의(關於開發媽祖文化的建議)」(1987)가 시작이었는데, 마조 승천 1000주년 기념행사와 마조문화를 주제로 학술심포지엄 개최를 촉구하는 내용이었다. 다음 해 열린 심포지엄에서 린진원(林金文)은 "마조문화는 마조숭배나 마조신앙의 토대에서 탄생한 민속문화"이고 "중화민족문화"의 일부로 정의하였다. 또한 마조문화는 민족적 응집력을 키울 수 있고 中−外의 경제와 문화 교류에 긍정적 작용을 할 수 있다고 지적하였다. 이후 마조신앙을 마조문화로의 전환을 뒷받침하는 학술연구가 활발하게 이루어졌다. "마조문화"의 개념이 정립되자, 여러 민간신앙이 이를 모방하여 숭배 대상의 이름 뒤에 '문화'가 덧붙었다. 관우 신앙 역시 이로부터 관제문화(關帝文化) 혹은 관공문화(關公文化)로 칭해지게 되었다(陳春陽・林國平, 「文化節與閩台民間信仰－以東山關帝文化節和湄洲媽祖文化節爲中心」, 『東南學術』第3期, 福建省社會科學界聯合會, 2019, p.209).

민남지역이 화교·화인들과의 외자 유치를 확대하기 위하여 민간신앙을 교량으로 삼은 것은 선행 경험이 있었기 때문일 것이다. 1950년대 민남 출신의 해외 화교들은 고향에 남은 가족들에게 송금을 보내왔고 또 마을의 학교, 병원, 도로 건설 등의 공익사업에 자금을 쾌척하기도 하였다. 그리고 그들은 해외 정착지에서도 신앙 활동을 이어 나갔기에, 고향에 남은 가족들을 통하여 신앙 용품을 구매하였고 묘우 중수를 위해 거금을 기부하기도 하였다.[15] 1949년 건국 이후, 해외 화교는 민남의 지역 경제 성장 및 민간신앙의 존속에 있어서 물질적 기반을 제공하는 매우 중요한 존재였다. 이러한 경험을 통하여 민남은 민간신앙에 대한 화교들의 열정과 민간신앙으로 경제 수익 창출의 가능성을 확인한 바 있었다.

개혁개방 이후, 민남지역에서는 관제묘를 관리하고 관련 업무를 집행하기 위한 조직을 결성하여, 문화대혁명 기간 파괴된 묘우 중수, 전각 수리, 신상 재설치 등의 작업뿐 아니라 관우 숭배와 관련된 제반 활동을 관리하도록 하였다. 그리고 이들 조직은 관우 숭배 문화를 공유하는 대만을 비롯하여 동남아 등 해외의 관련 단체와 신연 네트워크를 결성하고, 교류 확대 도모의 거점이 되었다. 문화대혁명으로 인하여 단절되고 파괴되었던 민남의 관우 숭배 문화는 관련 조직의 노력 및 대만 및 해외 화교의 지지에 힘입어 1980년대 이후 급속하게 활력을 되찾았고 그 세를 넓혀나갔다.

1980년대 통회관악묘를 중건한 이후, 이곳을 찾는 삼포三胞-대만 동

---

15 徐文彬, 「1979~1989年閩南地區民間信仰的復興論略」, 『世界宗教文化』第5期, 中國社會科學院世界宗教研究所, 2017, pp.57~58.

포, 홍콩·마카오 거주자, 해외 화교·화인 참배객의 수가 매년 2만 명 이상이라고 한다. 2004년 기준으로 그들의 기부금이 묘우의 전체 재정 총액 중 24%를 차지할 정도였다고 하니,[16] 지금은 더 높아졌을 것으로 추측할 수 있다. 그리고 삼포의 자금 지원의 범위는 종교 활동으로 한정되지 않았다. 관제묘가 있는 고향의 도로 수리나 학교 설립 등 공공인프라 건설, 빈민 구제, 장학금 지원 등의 공익사업이나 공장투자에도 거금을 내어놓아, 결론적으로 민남지역 경제에 상당한 도움을 주었다.

삼포의 입장에서는 대륙 본토의 관제묘를 방문하고 참배하는 것이 종교 활동이었겠지만, 지방정부의 입장에서는 재정 수입을 증대할 기회였다. 중앙의 지원이 줄어들고 종교 단체가 운영 자금을 자체 조달할 수 있는 수단이 제한적인 상황에서, 삼포의 기부는 가뭄의 단비와 같았을 것이다. 따라서 그들의 방문을 경제적 수익 창출의 창구로 활용하기 위하여 상당한 노력을 기울였는데, 지역에서 열리는 관제문화제에 자금을 지원하거나 아낌없는 행정적 지원을 제공하기도 하였다.

사회주의 국가 중국에서 정부의 승인이나 지원이 뒷받침되지 않으면 이러한 활동을 진행하는 것이 거의 불가능하다. 1980년대 이후 중국 정부가 신앙의 자유를 선언하기는 했지만, 정부가 관리하고 통제하는 범위 안에서만 누릴 수 있는, 사실상 제한적 자유이기 때문이다. 민남 관우 문화는 정부의 뒷받침을 통하여 급속한 회복을 할 수 있었고 더 큰 활력을 구할 수 있었다 하지만 이는 정부의 관리와 통제의 영역 안에 완전히 포함되었다는 것을 의미하기도 한다.

---

16 郭延傑, 「泉州的關帝信仰」, 『文史雜志』第3期(總第111期), 四川省人民政府文史研究館, 2004, p.65.

(2) 정치적 측면

개혁개방 초기에는 관우 신앙을 활용하여 대만 및 화교·화인의 자본을 유치하고 경제 발전의 마중물로 활용하는 것에 주안점을 두었다. 하지만 특히 2000년대 이후에는 경제적 측면도 중요하지만, 대륙 본토 위주의 양안 통일의 정당성을 확보하고 당위성을 선전하는 데 관우 숭배 문화를 적극적으로 활용하고 있다.

살아생전 관우는 일편단심으로 유비를 모시며, 유비가 이룩하려고 했던 이상인 한실부흥漢室復興을 실현할 수 있도록 도왔다. 중국 정부는 관우가 일생 동안 "국가[天下]통일을 실현"하고 "중화민족의 일치단결"을 위해 분투하였으며, 그의 정신이 "대일통大─統"과 맥이 닿는다고 해석한다. 그래서 관우 숭배 문화가 중국 중심의 양안 통일의 과업, 즉 '하나의 중국'을 실현하는 데 있어 문화적 기초가 될 수 있다고 판단한 것으로 보인다.

민남의 관우 숭배 문화는 '하나의 중국'의 정당성을 선전하는 데 매력적인 수단이 될 수 있다. 관우 신앙은 양안 모두가 공유하고 현재에도 활발하게 신앙이나 문화 활동이 이어지고 있어, 문화적 동질성을 부각해 민족적 일체감을 강조하기에 유용하다. 중국과 대만이 같은 뿌리에서 나와 같은 문화를 공유한다고 역설하면 양안 통일 주장의 당위성을 높일 수 있다. 본래 하나의 민족이니 다시 하나로 합치는 것은 바람직한 귀결이라는 논리다. 그리고 이와 동시에 민진당 등으로 대표되는 현상 체제 유지나 대만 독립 등을 주장하는 세력을 반박 혹은 공격하기에도 유용하다.

다음은 민남지역 문화라는 점에 주목해 보자. 대만은 민남이 원적지인 인구가 매우 많고, 대만에 세워진 관제묘는 민남 소재의 관제묘를 조묘로 하는 곳이 아주 많다. 민남과 대만의 관제묘는 조묘祖廟-분묘分廟 관계로, 조상과 후계의 관계와 유사하다고 설명할 수 있다. 분묘는 주기적으로 조묘에 찾아와 진향進香[17]을 해야 한다. 1988년 이후 대만의 관제묘는 주기적으로 민남의 조묘로 가 진향을 한다.[18] 진향은 조묘와 분묘 사이에서 상-하의 위계가 있다는 것을 내포하고 있다. 민남이 뿌리이고 대만은 뻗어나간 가지로, 같은 혈통이기는 하나 양자관계에서 중심 혹은 우위는 대륙에 있다는 것을 드러내는 것이다.

민남에서는 탄신일이나 명절 혹은 기일에 행렬을 만들어 신상을 모시고 거리를 행진하는데, 이를 일러 '영신새회迎神賽會'라고 한다. 신도들의 입장에서는 중요한 의미가 있는 종교활동이지만, 고대에는 이 행사를 '악습'으로 규정하고 관부가 금지하기도 했다. '미신'으로 백성을 현혹하고 미풍양속을 해친다는 봉건 예교의 관점에 입각한 비판도 있었지만, 상당한 재화가 낭비되고 거리를 행진하는 과정에서 집단 간의 계투械鬪가 종종 발생했기 때문이었다.

그런데 민간신앙을 봉건미신이 아니라 '민간신속'으로 범주화하게 된 이후, 중국 학계는 이 활동의 부정적 측면보다는 긍정적 효과에 더욱 주목하고 있다. 영신새회를 위하여, 깃발을 들고 풍악을 울리며 마을을 순유하는 동안 백성들은 잠시나마 고된 일상을 잊고 해방감을 느꼈을 것

---

17 분묘가 계승 관계를 유지하고 신력을 강화하기 위하여 일정 간격으로 조묘에 참배하고 조묘가 거행하는 종교행사에 참여해야 하는데, 이러한 활동을 일러 '진향(進香)', '진향알조(進香謁祖)' 혹은 '알조진향(謁祖進香)'이라고 한다.

18 대륙 본토와 대만 사이의 왕래가 다시 시작된 개혁개방 이후 대만 소재의 관제묘는 진향(進香)을 위해 민남의 조묘를 방문할 수 있게 되었다. 1988년 가오슝 문형전(高雄文衡殿)의 관계자와 신도 십 수명이 동산관제묘를 방문하였는데, 이는 1945년 이후 대만인의 진향이 최초로 성사된 것이다.

이다. 또한 집단 의례를 통하여 공동체 의식의 강화와 구성원의 단결을 도모할 수 있었을 것이다. 따라서 최근 중국 내 연구에서는 영신새회에 봉건 미신적 색채가 전혀 없는 것은 아니지만, 사회 질서를 유지하는 데 유용한 바가 있었다는 점을 강조하고 있다. 이뿐만 아니라 민국 32년 1943에 통회관악묘가 영신새회를 거행함으로써 당시 천주에서 기승을 부렸던 전염병의 확산을 막아낸 일을 구체적 예로 들면서 그것의 공익적 측면을 부각하기도 한다.[19]

최근 순유 활동을 두고 중국과 대만이 서로 맞부딪친 적이 있었다. 1995년 처음으로 대륙의 관제상이 대만 전역을 순유한 이후[20] 대륙에서 대만으로 향한 순유 활동이 계속 이어졌다. 그런데 2023년에는 대만 정부로부터 방문 승인을 얻어내지 못한 일이 발생하였다. 이를 두고 중국 국무원 대만 사무 판공실台灣事務辦公室 대변인 천빈화陳斌華는 대만의 대륙위원회台灣大陸委員會'가 나서 가로막은 것으로 의심하며, 민진당 정부가 고의적으로 순유를 방해한 것이 최대 "악의"라고 비판을 쏟아냈다.[21] 이에 대응하여 대만 측은 중국 단체가 낸 신청서에 기재된 내용에 오류가 있었고 제출해야 하는 자료가 미비해서 여러 차례 설명과 보정을 요청하였다고 밝히면서, 동시에 무신론을 신봉하고 장기간 종교 자유를 억압한 중국 정부가 통일전선이라는 정치적 목적으로 민간신앙을 이용하

---

19 林国平·陈静, 「闽台民间信俗的文化内涵与现代价值」, 『福州大学学报』第1期(总第119期), 2014, pp.15~16.

20 1995년에 복건성 장주시 동산관제묘의 관제상이 반년 동안 대만 전역을 순유하였다. 이는 대륙에서 대만으로 순유 온 첫 사건이다.

21 "陳斌華表示, 這椿椿件件難道不是"遭駁回"、被阻擋? (…중략…) 要說"惡意", 民進黨當局粗暴阻擋媽祖、關帝金身赴台巡安, 就是最大的惡意."(中共中央台灣工作室·國務院台灣事務辦公室, 「國台辦 : 民進黨當局惡意阻擋媽祖關帝金身赴台事實清楚、不容狡辯」, 2023.11.29. http://www.gwytb. gov.cn/m/fyrbt/202311/t20231130_12584895.htm).

는 것이라고 응수하였다.[22] 순유 행사가 열리지 못한 일을 두고 중국과 대만 양측이 서로를 '정치적'이라고 비판한 사건이다. 양측 중 누가 진실을 말하고 있는가를 정확히 알 수 없고 그것을 우리가 판단할 필요 역시 없다. 하지만 한 가지 분명한 것은 중국에서 대만으로 이어지는 순유巡遊의 이면에는 '정치'가 숨어있고, 쌍방 모두가 이를 인식하고 있다는 것이다.

4. 민남 관우 문화의 현대적 활용

본 절에서는 지금의 중국이 민남 관우 숭배 문화를 어떻게 활용하고 있는지 실례를 통하여 살펴보고자 한다. 이를 위하여 중국에서 민간신앙을 중심 테마로 삼아 '문화절文化節'이라는 명칭으로 개최하는 종교 문화 페스티벌의 시초이자 민남지역의 관우 관련 문화 행사 중 가장 큰 규모와 영향력을 자랑하는 장주 동산의 해협양안(복건동산)관제문화여유절海峽兩岸(福建東山)關帝文化旅遊節을 사례로 삼겠다. 해당 문화제를 개괄하는 것과 동시에 개혁개방 이후 민남 관우 문화에 대한 재인식의 내용이 어떻게 구현되고 있는지, 관방이 주도하고 있는 관우 문화 선양에 내포된 함의는 무엇인지 확인하고자 한다.

---

22 "政府正面看待各種兩岸交流能健康有序進行(包括兩岸宗敎交流), 台灣重視宗敎自由與民間信仰的多元及開放, 我們歡迎宗敎交流, 這也是台灣宗敎信仰自由的價値, 但希望陸方不要一面信奉無神論, 長期打壓迫害宗敎自由不遺餘力, 又爲了政治統戰, 操控利用宗敎民間信仰, 善良虔誠的台灣民衆不會相信陸方這種政治性的胡亂指控."(朱紹聖,「媽祖、關帝金身來台卡關? 陸委會稱是這原因」, 『中國時報』, 2023.11.29. https://www.chinatimes.com/realtimenews/20231129005035-260409?chdtv).

앞서, 1980년대 이후 민남은 관우 숭배 문화를 이용하여 양안 사이의 교류 촉진과 유대감의 강화를 시도하였다고 상술한 바 있다. 그런데 이 작업이 최초로 시작된 지역이 바로 장주 동산이었다. 동산은 대만에 인접한 곳 중 하나이고, 동산관제묘는 대만 소재 관제묘 상당수의 조묘이기 때문에, 동산관제묘는 대만 신도들과의 교류 촉진에 있어서 선도적 역할을 하였다.[23]

현재 동산은 민남의 양안 교류 촉진의 거점 중 하나로, 1992년부터 대만의 분묘들을 비롯한 관련 단체들과 연합하여 관제를 주제로 하는 문화제를 개최하고 있는데, 지금은 해협양안(복건동산)관제문화여유절 ^{이하 '동산관제문화제'}라는 명칭을 사용하고 있다.

처음 동산관제문화제를 처음 계획하고 개최한 것은 양안의 관우 사당과 관련 협회 등 민간이었고, 초기에는 참배와 제사, 순유 등의 종교 행사 위주로 진행되었다. 그런데 점차 문화제의 영향력과 규모가 커지면서 당국의 관여 범위가 점차 확대되었는데, 1996년 제5회부터 동산현 정부가 공식 주최하고 동산현 여유국이 주관하는 관영 행사로 변모하기 시작하였다. 이후 계속해서 주최 단위가 늘어나고 현 정부에서 시 정부, 성 정부로 상급 기관의 참여가 더해졌다. 주목도가 높아지면서 중국 정부의 관심과 관여 범위도 높아진 것이다.

관의 개입은 문화제 프로그램의 구성에도 변화를 가져왔다. 기존에 해오던 종교 관련 프로그램 외에도 학술대회, 서화 전시회, 양안의 협회나 단체 간의 우호협력협정 체결식, 수산물박람회 등등, 문화뿐만 아니

---

23 동산관제묘는 1988년 대만의 신도들의 성지순례[謁祖進香]가 최초로 이루어진 곳이다.

라 경제적 교류 활동까지 그 범위가 매우 다양해졌다.[24]

〈표 10-1〉 동산관제문화제의 명칭, 주최 및 내용

차수	명칭	주최단위	내용
제1회~제4회 (1992~1995)	관제절(關帝節)	민간	종교, 민속행사 등
제5회~제12회 (1996~2004)	관제문화절(關帝文化節)	각급 정부	종교, 민속 활동, 학술대회 등 추가
제13회 이후 (2005~)	해협양안(복건동산)관제문화여유절 海峽兩岸(福建東山)關帝文化旅遊節	각급 정부, 민간기업	상업 박람회 등 추가

관방 주도의 문화제는 안정적인 재원 확보를 가능하게 하였다. 관방의 재원 투입과 행정 지원은 문화제 규모의 확대와 프로그램의 다양성 확보에 일조하였다는 점에서 긍정적이다. 그러나 다양한 단체와 기관의 참여로 인하여 조직된 각양각색의 프로그램은 관우문화제의 근간인 종교적 색채를 점점 옅어지게 만들었고, 이와 동시에 문화제의 상업성과 오락성이 부각되었다. '종교의 상업화'라는 비판을 피해 가기 어려운 실정이 되었다.

동산관제문화제는 동산의 관광, 무역 등의 동산과 인근 지역 산업에 획기적인 발전을 이끌어 냈고, 양안의 민간 교류의 활성화와 다각화에 상당한 역할을 하였다. 그런데 최근 관우문화제는 경제·문화적 성과를 증대하려는 의도뿐만 아니라 정치적 함의가 내포되어 있다. 이는 문화제의 주제 변화에서 확인할 수 있다.[25] 양안 공통의 신앙을 구심점으로 삼아, 대륙과 대만을 "중화민족"으로 결속시키고 조묘대륙-분령묘대만의

---

24 鄭舒翔, 「閩南海洋社會與民間信仰 - 以福建東山關帝信仰爲例」, 福建師範大學碩士論文, 2008, pp.51~52; 唐黎·康惠玲, 「閩南文化産業與旅遊産業融合發展研究 - 以東山關帝文化旅遊節爲例」, 『廣西師範學院學報』第6期, 2016, p.92.

25 陳春陽·林國平, 앞의 글, pp.211~214.

관계 부각 등을 통하여 체제 통일, '하나의 중국'을 달성하기 위한 밑거름으로 활용하고자 하는 중국의 의도가 강하게 표현되고 있다.

5. 나가며

관우 숭배는 처음 중원의 민간에서 발원하였으나, 중원의 이주자들을 통하여 민남으로 유입되었다. 처음에는 중원과 마찬가지로 관우신은 무신이나 재물신, 벽사신 등의 신격으로 수용되었으나, 시간이 흐르면서 점차 타지역과 차별화되는 특징을 드러내게 된다. 관우신앙이 민남의 장소성의 영향으로 인해 고유한 특색을 가지게 된 것이다. 바다를 주요 생계 수단으로 삼는 주민들의 수가 상당했고 해외이주자 많았기에 해신의 신격이 추가되었고, 천계를 겪은 역사로 인하여 관우는 이곳에서 조상신이 되었다. 또한 해상 무역에 종사하는 인구의 비율도 높아서, 이곳에서는 상인 보호나 재물신의 신성이 특히 부각되기도 하였다.

고대 민남은 관우 신앙을 통하여, 정신적 위안을 얻었고 구성원의 단결과 공동체의 결속을 유지하고자 하였다. 수백 년을 훨씬 상회하는 오랜 세월 동안 면면히 이어져 온 관우 숭배 문화는 현재까지도 민남에서 유효하다.

그런데 개혁개방 이후 관우 신앙은 단순한 민간신앙이나 종교로 그치는 것이 아니라, 선양하고 보전해야 할 전통문화의 범주로 포함되었다. 이는 관우 숭배 문화가 정치, 경제를 비롯한 다양한 방면에서 정부 당국이 당면한 문제를 해결하는 데 있어서 유용한 측면이 있기 때문이다.

민남은 대만인을 비롯하여 화교·화인의 원적지이므로 상호 간의 문화적 동질성이 높다. 그리고 관우는 일생동안 한실부흥 혹은 유비의 천하통일을 위해 분투하였다. 또 민남의 상당수 관제묘는 바다 건너에 자리하고 있는 수많은 관제묘의 조묘이다. 이러한 요소로 보건대 민남 관우 숭배 문화는 경제·정치 외교적 측면에서 활용도가 상당하다. 이를 포착한 중국 정부는 개혁개방 이후 과거와 다른 인식으로 민남 관우 숭배를 바라보게 되었다. 전통문화로 범주화하여 종교·신앙적 색채를 약화한 뒤, 경제와 정치에 유익한 수단으로 재해석하였다. 정치·경제·문화·사회적 환경의 변화에 따라, 중국 사회에서 민남의 관우 문화는 이전과 달리 인식되었고 또 과거와 구분되는 함의를 가지게 되었다.

민남 관우 문화를 현대적으로 활용한 대표적인 실례 동산관우문화제는 개혁개방 이후 관우 문화에 대한 재해석에 기반하여 진행되고 있다. 문화제는 종교 행사 외에도 음악과 미술 분야의 문화 행사, 무역 박람회나 투자설명회와 같은 경제 활동, 양안 단체의 교류 활동 등의 프로그램으로 구성된다. 근래에 와서는 문화제의 주제를 통하여 양안 통일을 노골적으로 강조하는 추세를 보인다.

참고문헌

1. 단행본

東山關帝廟理事會, 『東山關帝廟志』, 東山風動石管理處, 2007.

林國平, 『閩台民間信仰源流』, 人民出版社, 2013.

吳幼雄·李少園 主編, 『通淮關岳廟志』, 中國社會科學出版社, 2008.

2. 연구 논문

강경구·김경아, 「중국특색사회주의 종교이론의 고찰」, 『중국학』 제61집, 대한중국학회, 2017.

강준영, 「중국 개혁개방 이후 종교정책의 변화와 중국종교의 부활」, 『中國硏究』 제30권, 한국외국어
　　대학교 중국연구소, 2002.

김경아, 「개혁개방 이후, 화교 자본의 유입과 중국 전통문화의 재건-마조 신앙(媽祖信仰)을 중심으
　　로」, 『中國人文科學』 제82집, 중국인문학회, 2022.

이민경, 「중국 동남 연해지역의 관우문화 고찰-福建 東山을 중심으로」, 『中國學』 제85집, 대한중국
　　학회, 2023.

전성흥, 「中國의 改革과 宗敎-국가의 종교정책, 민간의 종교활동, 지방의 종교통제」, 『東亞硏究』 제
　　30집, 서강대학교 동아연구소, 1995.

陳春陽·林國平, 「文化節與閩台民間信仰-以東山關帝文化節和湄洲媽祖文化節爲中心」, 『東南學
　　術』 第3期, 福建省社會科學界聯合會, 2019.

丁玲玲, 「泉州民間信仰的多元化和功利性」, 『經濟與社會發展』 第2卷第6期, 廣西社會科學院, 2004.

何綿山, 「台灣關帝廟探源」, 『福州大學學報』 第4期, 福州大學, 2013.

李國宏, 「泉州通淮關帝信仰文化新論」, 『三生萬物-老子思想論文集』, 福建省閩學研究會, 2003.

林國平·陳靜, 「閩台民間信俗的文化內涵與現代價值」, 『福州大學學報』 第1期, 2014.

吳鴻麗, 「關帝信仰的閩南社會元素」, 『中國社會經濟史研究』 第二期, 廈門大學歷史研究所, 2014.

徐文彬, 「1979~1989年閩南地區民間信仰的複興論略」, 『世界宗教文化』 第5期, 中國社會科學院世
　　界宗教研究所, 2017.

鄭舒翔, 「閩南海洋社會與民間信仰-以福建東山關帝信仰爲例」, 福建師範大學碩士論文, 2008.

3. 기타자료

中共中央台灣工作室·國務院台灣事務辦公室, 「國台辦-民進黨當局惡意阻擋媽祖關帝金身赴台事
　　實淸楚、不容狡辯」, 2023.11.30(http://www.gwytb.gov.cn/m/fyrbt/202311/t2023113
　　0_12584895.htm).

朱紹聖, 「媽祖、關帝金身來台卡關? 陸委會稱是這原因」, 『中國時報』, 2023.11.29(https://www.chi
　　natimes.com/realtimenews/20231129005035-260409?chdtv)

표류기를 통해 본 동아시아해역의 근세 세계화

신상원

1. 들어가며

야스다 왈, "동문同文은 곧 주나라 시기의 비간과 기자의 문예를 같이 배운다는 것을 말하는 겁니까? 다른 복장이라는 것은 곧 다른 의복의 복제를 말하는 겁니까?" 이응호는 대답했다. "그렇습니다."[1]

이는 19세기 조선에 표착한 일본 무사 야스다 요시카타安田義方가 조선의 선비 이응호가 쓴 시에 관해 나눈 대화이다. 왜 이응호는 동문과 다른 복장을 본인의 시에서 표현했고, 야스다는 그것을 되물었을까? 근세 세계화archaic globalisation는 19세기 중반 초기 세계화proto-globalisation가 그것을 완전히 대체하기 전까지 지속되었다. 초기 세계화는 근세 세계화의 형태를 지속해서 활용, 잠식했다.[2] 19세기의 동아시아는 그런 초

---

1 야스다 요시카타(安田義方), 이근우 · 김윤미 역, 『조선표류일기』, 소명출판, 2020, p.152.
2 C.A. Bayly, "'Archaic' and 'Modern' Globalisation in the Eurasian and African Arena, ca.

기 세계화가 점차 기존의 동아시아에 존재하고 있던 근세 세계화를 대체하고 있던 시기라고 할 수 있다. 당시 대다수의 동아시아 사회들은 19세기 말 개항을 하기 전까지는, 근세 세계화의 영향력이 강했다. 아직 초기 세계화는 일본의 나가사키長崎나 마카오澳門 등으로 제한적이었다. 현대의 세계화와 달리, 근세 세계화는 다양한 복장, 언어, 추방으로 민족적, 문화적 차이가 두드러졌다.[3] 당시의 표류기들은 이런 동아시아의 근세 세계화의 특징을 잘 보여주는 사료이다. 동아시아 근세 세계화에서 중국의 광대한 왕권 개념이 교환되었다. 다음으로, 문명화된 것으로 여겨지는 문자 전통이 수반되었다. 크게 이 두 가지의 교환으로 근세 세계화 내의 사회들은 대부분 세계화 사회의 특성인 동질성을 가지게 되었다. 그러나 이것은 근대 세계화 및 현대 세계화와 같은 형태의 동질성을 강화하는 것과는 달랐다. 오히려 근세 세계화에서 느슨한 형태의 동질성과 그보다는 강하게 드러나는 다양성이 공존하였다.

표류기들은 이런 근세 세계화의 동질성과 다양성을 잘 보여준다. 여러 표류기들이 남아있는데, 조선표류일기는 야스다 요시카타라는 사쓰마 번의 중급 무사가 조선에 표착하여 일본에 돌아가기까지 여정을 회화와 글로 상세하게 기록한 19세기의 표류기이다. 표주록은 17세기 부산과 울산에 살던 이지항李志恒, 1647~?과 김한남金漢男 등 8명이 일본 북해도 표착한 뒤, 1년여 동안 일본을 거쳐 다시 조선으로 돌아온 기록이다. 표해일록은 제주도 사람 김대황金大璜이 표류하여 베트남에 표착하였다

1750~1850", in Hopkins, eds, Globalization in World History, London : Pimlico (2002), p.50.
3 Bayly, "'Archaic' and 'Modern' Globalisation in the Eurasian and African Arena, ca. 1750~1850", p.47.

가, 중국 상선을 타고 조선으로 다시 돌아온 경험을 기록한 표류기이다. 해남잡저는 청나라 진사進士 채정란蔡廷蘭, 1801~1859이 대만에서 복건성으로 가던 중 태풍으로 표류하여 베트남에 표착한 뒤 청나라로 돌아온 경험을 기록한 것이다. 안남기유는 청나라의 또 다른 표류기로 반정규潘鼎珪가 17세기에 베트남을 방문하고 온 뒤 남긴 저작이다. 표박이여는 청나라의 세 가지 표류기로 구성되어 있으며, 류큐와 일본의 표착 한 뒤 다시 돌아온 일을 기록하고 있다.

이전의 연구들은 다양한 표해록의 가치와 활용 방안 연구들이나, 조선표류일기에 나타난 조선 관료들의 복식과 송환 절차 및 접대에 대한 연구들, 그리고 조선 관료와 일본 표류인의 교류 및 회화자료 등에 주목하였다.[4] 그러나 이 연구들은 표류기에서 나타난 한문을 통한 교류나, 각국 상인들의 모습들로 나타나는 근세 세계화의 측면을 주목하지는 않았다. 이런 모습들은 광대한 왕권 이데올로기와 고전 문자 전통의 공유로 나타난 느슨하게 연결된 동질성의 결과였다. 그러나 또한 그 속에 복식과 언어 등 종족 및 문화적 차이가 강하게 드러나고 있었다.

---

4 고석규, 「조선시기 표류경험의 기록과 활용」, 『도서문화』 제31호, 국립목포대학교 도서문화연구원, 2008; 김강식, 「李志恒 漂舟錄 속의 漂流民과 海域 세계」, 『해항도시문화교섭학』 제16호, 한국해양대학교 국제해양문제연구소, 2017; 김경옥, 「18세기 張漢喆의 漂海錄을 통해 본 海外體驗」, 『역사학연구』 제48호, 호남사학회, 2012; 김재천, 「朝鮮漂流日記의 記錄 體裁와 特徵」, 『동북아문화연구』 제67호, 동북아시아문화학회, 2021; 문경호, 「朝鮮漂流日記의 사료적 가치와 활용방안」, 『진단학보』 제135호, 진단학회, 2020; 손승철, 「조선후기 강원도의 표류민 발생과 송환 : 1819년 안의기 일해 표류를 중심으로」, 『인문과학연구』 제45호, 강원대학교 인문과학연구소, 2015; 심민정, 「朝鮮漂流日記(1819)에 나타난 표류왜인 호송과 접대 실태」, 『한일관계사연구』 제70호, 한일관계사학회, 2020; 이수진, 「조선후기 제주 표류민의 중국 표착과 송환 과정 - 제주계록(濟州啓錄)을 중심으로」, 『온지논총』 제53호, 온지학회, 2017; 이윤정, 「조선표류일기 속 상급 관리들의 복식양상」, 『동북아문화연구』 제65호, 동북아시아문화학회, 2020; 윤영숙, 「일본 무사와 조선 지방관리의 교류 - 야스다와 윤영규를 중심으로」, 『동북아문화연구』 제66호, 동북아시아문화학회, 2021; 이근우, 「조선표류일기의 회화자료에 대하여」, 동북아역사논총 제64호, 동북아역사재단, 2019.

이를 근세 동아시아 사회들 사이에서 나타난 다양한 교류는 무역이나 교류에 한정해서 이해하기에는 부족하다. 이들 사이에 나타난 것은 종교, 경제, 정치, 문화, 사상 등 다양한 측면에서 상호 교류하였기 때문이다. 그렇기 때문에, 원격지 무역, 상업혁명 등의 설명은 이런 다양한 측면에서 동시다발적으로 나타난 상호 교류를 보여주는 것은 부족하다. 세계화는 세계 여러 지역이 광범위한 상호 교류를 통해 동시적으로 연결성과 의존성이 증가하는 현상이다. 근세 세계화는 근대 이전의 동아시아 사회들 사이에서 나타난 연결성과 의존성의 증가를 광범위하게 이해하는 데 도움을 줄 수 있을 것이다. 이 글은 여러 표해록을 통해 광대한 왕권 이데올로기와 고전 문자 전통으로 느슨하게 연결된 동질성과 복식에서 강하게 나타난 다양성을 분석하여 동아시아의 근세 세계화를 규명하고자 한다.

2. 동아시아해역의 세계화

1) 근세세화 초기 및 근대 세계화

경제, 문화, 정치, 기술 등에서 세계의 다양한 사회와 사람들 사이의 상호 연결성 및 의존성이 강화되는 것이 세계화globalisation이다. '유럽 주도의 초기 세계화European-led proto-globalization'와 유럽 제국들과 근대 자본주의 근대 세계화 modern globalisation이 1800년대 중반에 전 세계에 완전히 퍼지기 전까지 근세 세계화archaic globalisation가 존재했다. 초기 및 근대 세계화와 다르게 근세 세계화는 종교, 경제, 정치, 문화, 사상의 교역 또는 교류였다.[5] 자넷 아부-루고드Janet Abu-Lughod, 1928~2013에 따르면 근세 세계화는 중국, 중동, 인도 아대륙, 지중해 분지 등 3~4개의 '핵심지역'을 연결하는 8개의 중첩된 '무역 회로'로 구성된 초기 '세계 체제'로 12세기에서 14세기에 시작되었다.[6] 그리고 유럽계 미국 자본주의와 국민국가에서 등장한 새로운 형태의 세계화에 근세 세계화가 종속되었다. 초기 세계화는 근세 세계화의 형태를 지속해서 활용하면서 잠식했고, 19세기에 등장한 근대 세계화가 이것을 완전히 대체했다.[7]

초기 및 근대 세계화는 다양한 사회와 사람들 사이의 동질성을 증가시켰다. 다양한 사회의 사람들이 동일한 나이키 신발을 신고 청바지를 입는 것처럼 동일한 소비와 삶의 형태이다. 그러나 근세 세계화는 동질성이나 공통 규범만을 강하게 추구하지 않았고, 복잡성과 다양성도 같이 선명하게 나타났다.[8] 근세 세계화에서 광대한 왕권 개념이 교환되었다. 다음으로, 문명화된 것으로 여겨지는 문자 전통이 수반되었다. 크게 이 두 가지의 교환으로 근세 세계화 내의 사회들은 대부분 세계화 사회의 특성인 느슨한 동질성을 가지게 되었다. 그러나 느슨한 동질성과 강

---

5 A.G. Hopkins, ed., 『Globalization in World History』, New York : Random House, 2002, p.3; Stearns, Peter N., 『Globalisation in World History (Themes in World History)』, London and New York : Routledge, 2009, pp.45~72·81; Zinkina, Julia, et al., 'Introduction Globalisation Context' in 『A Big History of Globalization』, Gewer bestrasse : Springer, 2019.

6 Janet Abu-Lughod,『Before European Hegemony : The World System AD 1250~1350』, New York and Oxford : Oxford University Press, 1991.

7 Bayly, C.A. 「'Archaic' and 'Modern' Globalization in the Eurasian and African Arena, ca. 1750~1850」, in A.G. Hopkins, ed., 『Globalization in World History』, New York : Random House, 2002, p.49.

8 Bayly, 앞의 글, pp.45~72; Yarrow, Simon, 「Economic imaginaries of the global Middle ages」, 『Past & Present 238』 no. suppl_13, 2018, p.222; Marshall G. S. Hodgson, 『Rethinking World History : Essays on Europe, Islam and World History』, Cambridge : Cambridge University Press, 1993.

한 다양성이 공존하였다. 광대한 왕권 개념과 문자 전통의 공유로 동질성이 나타났지만, 그 속에 복식과 언어 등 종족 및 문화적 차이로 다양성이 두드러졌다.

근세 세계화는 그 범위가 전 지구적이지 않았다는 비판이 있다. 근세 세계화에서 장거리 무역, 종교, 제국의 등장 등의 현상이 있었지만, 그 거리는 대부분 전 지구적이라기보다는 지역적이라는 것이다. 근대 이전 시대에는 이러한 현상이 글로벌화될 수 있는 대양 횡단적 범위가 대규모로 존재하지 않았다. 이는 부분적으로는 기술의 발달로 인해 사람과 사상의 대양 횡단 이동이 용이하지 않았기 때문이다. 둘째, 거리상 범위뿐만 아니라 참여 인구의 비율에도 한계가 있었다. 상호작용의 수준은 주로, 상인, 지식 엘리트, 성직자, 군대 등 관련 과정의 주체들에게만 국한되어 있었기 때문에 인구의 특정 부분으로 제한되었다. 이 단계에서는 선별된 종류의 제품, 종종 사치품이 거래되었지만, 전근대시대에는 대량 생산, 글로벌 운송 및 통신의 글로벌 관계를 유지하는 데 필요한 기술과 부를 갖추지 못했다. 다음으로는, 세계적 의식은 적어도 엘리트층을 넘어서는 것은 아니었고, 전 세계적으로 대륙을 넘나드는 의식은 없었다. 세계적 의식은 주로 엘리트층에만 국한되어 있었다.[9]

그러나, 비판에서 언급된 특징은 동아시아의 근세 세계화에 잘 들어맞는다. 이 근세 세계화는 동아시아지역에 국한된 세계화였으며, 그 지역 내의 사회에서 정부의 승인을 받은 상인들이나 유학자나 승려 등이 세계화 교류에 참여하였다. 또한 중국의 광대한 왕권 개념이 교류되고,

---

9　Martell, Luke, 『The Sociology of Globalization』, Cambridge : Polity Press, 2010.

그 기반 아래에 동아시아 각 사회의 엘리트들은 공통의 예술적 패턴, 공통의 정치적 이상, 그리고 공통적 법 형식을 공유하였기 때문이다.

2) 동아시아의 근세 세계화

서양에서 바라본 동아시아 역사의 특징은 17세기 전반을 뒤흔들었던 격변 이후 은둔으로 후퇴했다는 점이다. 17세기 이후 동아시아 사회들은 각 사회 내에서는 정치적, 문화적 통합을 추구하고 해외에서는 외교적, 상업적 접촉을 의도적으로 축소한 것처럼 보인다.[10] 그러나 동아시아 사회들의 연결과 교류는 근세와 근대 세계화에서 결코 끊어진 적이 없었다. 19세기 초 조선은 당시 직접적으로 유럽의 근대 세계화와 연결되지는 않았다. 그러나 중국과 일본 상인들을 통해 간접적으로 연결되어 있었다. 한 동래상인은 이 간접 연결을 통해 "옥색 비단 상하의 1비, 서양주西洋紬 1단, 삼승 2필, 경광주 화본 1쌍, 만수 향 3속"[11]을 선물로 구매하였다. 서양주와 서양목西洋木은 시전市廛에도 큰 경쟁력을 가지고 팔리고 있었다. 당시 시전 상인은 "서양목西洋木이 들어온 이후로 토산 무명이 쓸데없게 되어 직업을 잃게 되는 데에 이르렀습니다"[12]라고 주장하며, 청나라 상인들이 사들여 오는 것을 방지해야 한다고 주장하고 있다. 또한 서양의 각종 물건이 들어와 있음을 보여주고 있다.[13]

---

10 Darwin, John. 『After Tamerlane : the global history of empire since 1405』. London : Penguin Books. 2008, p.125.
11 정성일, 「[특집 동아시아 상인 열전 - 상인(商人)의 창을 통해 역사를 보다] 동래상인 정자범(鄭子範)의 대일무역 활동 - 1833년과 1846년의 사례」, 『민족문화연구』 제69호, 고려대학교 민족문화연구원, 2015, p.111.
12 국역 비변사등록 234책, 헌종 13년 1847.01.25.(음).
13 국역 비변사등록 234책, 헌종 13년 1847.01.25.(음).

개항하기 전 19세기의 조선이 근대 세계화와 연결되어 있었듯이, 동아시아에 있었던 근세 세계화의 연결도 끊어진 적이 없었다. 17세기부터 19세기까지, 대다수의 동아시아 사회는 모두 급속한 인구 증가, 광범위한 농업 식민지화, 내부 상업의 확대, 도서에 대한 수요 증가를 경험했다. 동아시아 내 사회들의 이러한 힘은, 1750년 이후 유럽 외 세계 대부분에서 느껴진 유럽 주도의 초기 세계화 팽창의 맞서 동아시아 문명을 강화하는 데 결정적인 역할을 했다.[14] 이것이 동아시아 내의 근세 세계화가 지속되게 하는 원동력이었다. 따라서 15~19세기부터 동아시아 사회들 사이의 국제무역은 상당한 발전을 이루게 된다.[15]

특히 16세기 후반부터, 중국의 개방, 일본의 상업 및 해양 확장과 유럽 무역의 유입이 함께 결합하여 사람, 상품, 사상의 이동이 촉진되었다.[16] 예를 들어 스리비자야 해상 왕국Srivijaya, 601~1300은 13세기까지 말레이군도를 지배하여 여러 항구도시에 대한 정치적 통제권을 주장했다. 이 왕국은 이슬람 세계의 상품을 중국과 교역했으며 관세 징수와 운반 사업을 보충하기 위해 상류지역 사회에서 장뇌樟腦, 백단 나무 기름白檀油, 향香, 정향丁香 등을 채취했다.[17] 또한 방글라데시에서 생산된 수달 모피는 1600~1800년 사이에 베이징과 북쪽까지 거래되었는데, 이는 고급 모

---

14 Darwin, 앞의 책, p.125.
15 이백중, 「다양한 유형과 다중의 신분 – 15~17세기 전반 동아시아 국제무역 속 상인」, 『민족문화연구』 제69호 민족문화연구원, 2015, p.9; Gunn, Geoffrey C., 『History without borders : The making of an Asian world region, 1000~1800 Vol. 1』, Hong Kong University Press, 2011, p.281; Hodgson, 앞의 책, p.281.
16 Darwin, 앞의 책, p.50; 민덕기, 「동아시아 해금정책의 변화와 해양 경계에서의 분쟁」, 『한일관계사연구』 제42호, 한일관계사학회, 2010, pp.193~195.
17 Yarrow, Simon, 「Economic imaginaries of the global Middle ages」, 『Past & Present 238』 no. suppl_13, 2018, p.224.

피 장식이 중국 고대 왕조의 그림에 묘사된 복식의 한 형태였기 때문이다.[18] 이것은 명나라와 청나라 유학자들의 복장 규정과 장신구는 단순한 부유층의 저속한 옷차림과 달리 유학자의 구별을 중시하는 유교적 예에 대한 역사화 된 관념에서 비롯되었다.[19] 청대의 시기에는 중국과 조선 사이에서 공무역뿐만 아니라 사무역 분야에서도 포목布木, 약재, 서적, 인삼 등 다양한 상품들이 해상과 육상을 통한 무역으로 나타났다.[20]

해상을 통해 무역하다 조선에 잡혀 송환되는 중국 상인들은 매년 있었다. 명나라 초기 이후 중국과 조선 간의 사무역이 넓게 보면 엄격히 금지되었지만, 양국의 민간 무역은 결코 중단된 적이 없었다.[21] 조선과 일본 사이의 무역 또한 동래의 왜관을 통해 지속해서 이어졌다.[22] 17세기 말, 부산으로 입항한 일본의 교역선은 매년 60회로 매월 4~5회에 이른다.[23] 중국과 일본 사이의 무역은 중국과 조선 사이의 무역보다 더 빈번했다. 청나라 상인이었던 장용화張用和, ?~?는 19세기 초 산동으로 향해 가다가 표류하여 일본에 도착하게 된다. 이 청나라 표류인들은 당시 일본 규슈九州 나가사키에 청나라 소주蘇州의 상인들이 일본의 구리銅를 구매하기 위해 머무르고 있는 것을 보았다. 이 소주 상인들은 순무巡撫가 발급한 증명서를 가지고 있기에, 합법적인 상인들이었음을 알 수 있다.[24]

---

18 John Adam on trade in central Asia, 15 September 1814, Home Miscellaneous Series, vol. 645, Oriental and India Office Collections, British Library, London; Bayly, 앞의 책, p.51.
19 Bayly, 앞의 책, p.51.
20 장해영, 「14~18세기 중국-조선의 민간무역과 상인」, 『민족문화연구』 제69호, 민족문화연구원, 2015.
21 장해영, 앞의 글, p.83; 명종 9년(1554년) 7월 19일 정사 3번째 기사.
22 정성일, 앞의 글.
23 박화진, 「전근대 부산포 초량왜관의 해양교류 양상 - 일본선 부산포 입항사례를 중심으로 (1689~1691)」, 『동북아문화연구』 제60호, 동북아시아문화학회, 2019, pp.67~91.

이 표류인들이 목격한 것처럼, 중국 상인들은 일본에서 구리를 구하기 위해 정기적으로 일본을 방문했다. 청나라 정부는 안정적인 구리 수입을 위해 호부戶部에서 상인들을 모집하고, 그 상인들을 관리하기 위한 행정 절차도 따로 마련했다. "북경에 있는 상인 중, 구리를 수입하기 위해 국외로 나가려면, 적당한 예산이 있어야 하고, 수입할 구리에 대한 보증을 입증한 후에 호부에 신청해야 한다. 그러면 호부는 황제에게 이 것을 보고하고 승인을 받아야 한다. 이러한 절차 후, 승인을 받은 상인들은, 절강성浙江省 또는 강소성江蘇省 관리에게 이를 통지한 후, 국외로 나가 구리를 구매 할 수 있다."[25] 구리가 이처럼 일본의 인기 있는 수출 상품이 된 것은 중국에서 일본산 구리에 대한 수요가 많았기 때문이다. 18세기 중반 중국 남서부의 운남雲南 구리 광산이 개발되기 전까지 중국은 동전 주조를 위해 일본산 구리에 의존하고 있었다.[26] 동아시아의 근세 세계화는 동남아시아 사회와 중국 사이에서도 활발했다. 이곳에서 나타났던 근세 세계화의 특징은 무역을 통한 물건의 교류뿐만 아니라 사람들의 교류도 일어난 것이다.

1687년에 표류한 제주의 김대황金大璜, ?~?과 이덕인李德仁, ?~? 등 24명이 베트남으로 표류한 이야기를 기록한 표해일록漂海日錄에 이런 활발한 교류의 모습이 드러난다. 이들은 베트남에서 돌아갈 날을 하염없이 기다리다가 마침내 베트남 정부는 일본 상인에게 뱃삯을 주어 돌려보내 주겠다고 한다. 그러나 일본 상인이 이를 꺼림으로 결국 중국 복건성福建

---

24 정광조(鄭光祖), 「표박이여」, 최정섭 역, 『아시아의 표해록』, 소명출판, 2019, p.254.
25 Nagase-Reimer, Keiko, 『Copper in the Early Modern Sino-Japanese Trade』, Leiden and Boston : Brill, 2015, p.96.
26 Nagase-Reimer, 앞의 책, p.54.

舶으로 돌아가는 중국 상인에게 이들을 부탁하여 돌려보낸다.[27] 당시 베트남에서는 베트남 사회에 '중국 배가 돌아간다,'라고 하는 속담이 있을 정도로 시장에 찻잎, 약, 자기 등 다양한 중국 상품들이 중국의 상선을 통해 베트남으로 들어왔다.[28] 이것은 일본과 중국에서 수시로 상인들이 무역을 위해 베트남에 드나들었던 것을 보여준다. 이 지역에서 근세 세계화가 오랜 기간 지속되고 있었던 탓이다.

이런 근세 세계화의 지속은 해남잡저海南雜著에서도 잘 보인다. 채정란이 겪은 이야기 중에는 중국과 베트남 사회 사이에 인적 교류, 특히 중국인들이 많이 이주해서 화교 사회를 일찍이 구축하고 있던 모습을 전하고 있다. 이 화교들과 채정란은 베트남에서 서로 만나서 기뻐하며, 서로의 고향이 가까운 것에 따라 친밀감과 소속감을 느낀다.[29] 이런 이주민들이 가지는 친밀감과 소속감은 근대 세계화의 이주민들 사이에서 나타나는 특징 중의 하나이다.[30] 채정란의 표류 경험은 19세기 초에 일어난 일이므로, 그들이 가진 친밀감과 소속감이 근대 세계화에 편입되는 과정에서 나타난 것이라고 이해될 수도 있다.

그러나 이런 인적 교류와 이주민들의 소속감 공유를 완전히 근대 세계화의 특징이라고 보기에는 어렵다. 왜냐하면, 이곳에 있는 화교들은, 채정란이 보고한 대로 19세기 훨씬 이전 즉, 근대 세계화가 근세 세계화를 대체하기 이전부터 베트남으로 왔기 때문이다. 베트남에서 이들을

---

27 김대황(金大璜), 「표해일록」, 서광덕 역, 『아시아의 표해록』, 소명출판, 2019, p.97.

28 채정란(蔡廷), 「해남잡저」, 안재연 역, 『아시아의 표해록』, 소명출판, 2019, pp.189~193.

29 채정란, 「해남잡저」, pp.156~159 · 195.

30 Hoerder, Dirk. 「Migrations and belongings」, in Emily S. Rosenberg, ed., 『A World Connecting 1945』, Cambridge(Massachusetts) and London(England) : The Belknap Press of Harvard University Press, 2012, p.482.

통해 중국의 관료 체제를 받아서 사용하고 있고,[31] 베트남의 의술, 명리학, 샤머니즘 종교 등을 이 화교들이 맡고 있었다.[32] 즉, 이 근대 세계화 이전에 이미 근세 세계화의 한 특징으로서 인적 교류가 나타났고, 그 인적 교류의 목적은 베트남이 중국의 문물을 교류하고 수용하는 과정에서 나타난 것이다. 이것이 근세 세계화 동안 일찍이 그리고 지속해서 나타났다.

이렇듯 세계화에 따라 이루어진 교류는 조선, 중국, 일본, 베트남에서 나타난 표류인 송환 방법에서도 드러난다. 이들 나라에는 표류인이 자국에 도착했을 때, 그들의 나라로 송환하는 별도의 규칙이 있었다. 이 규칙은 세부 사항은 다르더라도, 공통점이 있다. 대다수의 표류인은 해상을 통해 돌려보내는 것이다.[33] 이런 송환방법을 잘 보여주는 것이 조선의 만기요람萬機要覽 군정편軍政篇의 표도인漂到人 조항이다. "표도인 이국인異國人이 표착漂着한 보고서가 들어오면 뱃길이나 육로를 불문하고 자기가 원하는 대로 송환시키는 방침으로 아뢰어 하되, 피복 및 뱃길을 통과하는 동안의 식량과 잡인을 금하고 호송하는 제반 절차를 엄중 시달할 것이며, 표착인이 만일 경기京畿를 통과하여 갈 경우에는 홍제원에 들어온 뒤에 낭청을 파견하여 다시 사정을 사문査問하고, 피복과 잡종 물품을 따로 내어 주도록 한다. 전라도에서는 표착인[漂人]이 뱃길로 돌아가기를 원하면 회송되는 공문을 기다릴 것 없이 바로 떠나 보내고, 뒤에 경과를

---

31 채정란, 앞의 책, p.139.
32 채정란, 앞의 책, p.192.
33 채정란, 앞의 책, p.141; 요시카타, 앞의 책, pp.174, 246, 301~302; 이지항(李志恒), 「표주록」, 서광덕 역, 『아시아의 표해록』, 소명출판, 2019, pp.50~55·63~67; 김대황, 앞의 책, p.97; 충청병영계록(忠淸兵營啓錄) 순조(純祖) 19년(1819), 7월 29일; 명종실록 1년(1546) 7월 17일 신미; 명종실록 9년(1554) 3월 10일 경술; 명종실록 12년(1557) 4월 21일 갑진.

보고하도록 정종 계해년에 규례를 정하였다. 표착한 중국인이 육로로 돌아가기를 원하는 자는 내지인內地人이면 따로 자관咨官을 정하여 호송하고, 만일 외지인外地人이면 의주부[灣府]의 통역관이 호송하고, 봉성鳳城에까지 가서 넘겨주고, 중국에 보내는 문서는 금군을 정하여 의주부로 내려보낸다."[34]

표류인들에 대해 그들의 사정과 배경을 조사하고, 이들이 원하는 대로 송환하는 것을 방침으로 한다. 그러나 육로와 해로의 송환 방침 중 육로 송환은 대체로 중국인들에 한하는 것을 보여주고 있다.[35] 중국인 표류인들의 경우 그들이 조선에 표착하는 장소에 따라 육로 송환과 해상 송환 두가지 방법이 있다.[36]

이는 조선과 중국이 국경을 면하고 있기 때문이다. 이외의 표류인들은 '회송되는 공문을 기다릴 것 없이 바로 떠나보내'라는 것으로 보아, 해상 송환이 그 기본 방침인 것을 알 수 있다. 만약 육로 송환이 기본 방침일 경우, 모든 표류인을 육로를 통해 중국으로 보내, 중국에서 각자 나라로 돌아가도록 할 것이기 때문이다. 이것은 표해일록의 김대황을 송환해 온 중국 상인들을 육로로 송환하자, 강희제康熙帝, 재위: 1661~1722가 "왜 꼭 [육로로] 데려왔는가?"[37]라고 하자, 이후 중국 표류인들이 배가 있으면 해상으로 송환하고 없으면 요동으로 데려다주는 것을 기본 방침으로 삼게 되었다는 것에 부합된다.[38] 해상 송환 자체가 해상 교역의 지

---

34 만기요람(萬機要覽) 2, 군정편(軍政篇) 1, 표도인(漂到人).
35 만기요람(萬機要覽) 2, 군정편(軍政篇) 1, 표도인(漂到人); 김대황, 앞의 책, p.103.
36 이수진, 앞의 글.
37 김대황, 앞의 책, p.103.
38 김대황, 앞의 책, p.103.

속성을 시사한다. 해상 송환은 먼 거리 해상 교류를 통해 그 물길을 잘 알고 있었기에 가능한 것이다. 따라서 해상을 통한 교역이 지속해서 이루어졌음을 보여준다.

3. 동아시아 근세 세계화의 동질성

1) 광대한 왕권

근세 세계화의 느슨한 동질성을 가져왔던 특성 중 하나는 광대한 왕권 이데올로기이다. 광대한 왕권은 민족성을 전제로 한 영토적 국민국가라는 현대 개념과 구별된다. 중국의 천명天命이 가장 잘 알려진 역사적 예이다.[39] 하늘의 아들이 하늘의 본을 따르는 것이 바로 통치자의 임무였다. 동중서董仲舒, 195? BCE~105? BCE는 "오직 천자만이 천명을 받는다, 천하는 천자天子의 명령을 받아들인다"고 썼다.[40] 또 "통치자는 국가의 기원이다. 그의 말하고 행동함이, 만물의 중추이다"라고 했다.[41]

중국의 광대한 왕권 세계는 특히 명나라 건국과 함께 이런 국제 질서가 새롭게 재편되어 기존의 형식적이며 소극적이던 책봉과 조공 체제에서 "실질적인 힘과 화이질서華夷秩序에 기반한 의례儀禮가 [결합한] 적극적인 책봉-조공 관계로 변화되었다."[42] 이것은 명나라明, 1368~1644가 유교

---

39 Bayly, 앞의 책, pp.49~52.
40 동중서(董仲舒), 춘추번로(春秋繁露), 卷11, 為人者天第四十一, '傳曰 : 唯天子受命於天,, 天下受命於天子'.
41 동중서, 앞의 책, 卷6, 立元神第十九, '君人者, 國之元, 發言動作, 萬物之樞機'.
42 조용헌, 「15세기 한중 관계사 : 禮制的--元的 책봉·조공의 확립」, 『동양사학연구』제140호 동양사학회, 2017, 2면.

이데올로기를 활용하여 중국뿐만 아니라 오랑캐의 세계까지 자신의 실제적인 영향력 권역으로 인식한 원나라元, 1271~1368의 국제질서를 계승했기 때문이다.[43] 이를 이어 받은 청나라 또한 티베트와 중앙아시아는 물론 동남아시아 전체에까지 권리와 의무를 진 위대한 한족으로서 스스로를 만주 세계 정복자로 여겼다. 16~19세기 사이에 대규모 무역과 문화 교류에 관한 비교적 새로운 지역 간 연결 고리가 증대되었으며, 문화적 형태는 하나의 국가라는 지역을 초월하여 세계화가 진행되었다.[44] 이 문화적 교류의 증대에 맞춰 광대한 왕권의 세계화가 강하게 나타났고, 그것이 적극적인 책봉과 조공 체제로 나타난 것이다.

중국 체제를 세우고 유지한 이 광대한 왕권은 이후 오랫동안 중국의 지속된 기준점이 되었다. 중국은 거대한 물리적 규모를 달성하고, 상업과 생산을 세계적 규모의 경제로 통합했으며, 수 세기 동안 국가 권력을 지탱하는 제도를 고안하고, 성공을 설명하고 홍보하는 강력한 문화적 틀을 개발했으며, 오랜 기간 동안 황제의 권력에 대한 묵인을 보장했다.[45] 다양한 제국들은 중국의 천명과 비슷한 주장을 했다. 이를 주장한 제국들은, 이 주장을 통해 장거리 정복을 정당화하는 것 외에도 전근대 왕들이 먼 곳의 사람들을 소중히 여기고, 보편적 지식과 보편적 역사에 대한 목록을 만들고, 자신의 직접적인 영역의 경계를 넘어 조공품과 선택적 상품을 소비하려고 노력하도록 장려했다. 광대한 왕권을 소유한

---

43 조용헌, 앞의 글, 2면.

44 Bayly, 앞의 책, pp.49~52; Larsen, Kirk W. 『Tradition, Treaties, and Trade : Qing Imperialism and Choson Korea, 1850~1910』, Cambridge(Massachusetts) and London(England) : Harvard University Press, 2008, pp.6, 54~55.

45 Burbank, Jane and Cooper, Frederick, 『Empires in World History : Power and the politics of difference』, Princeton : Princeton University Press, 2010, p.4.

왕은 무수히 많은 성지, 상품, 동물, 인간 등 신의 다양한 창조물을 다스리는 군주였다. 그의 목표는 신이 주신 다양성을 하나로 동화시키는 것이 아니라 통합하고 질서화하는 것이었다.[46] 중국도 제국으로서, 관료제를 통해 지도 제작 기술을 활용하여 제국의 경계를 구분하고, 제국 국경 안팎의 광범위한 피지배 민족을 관찰하고 분류했으며, 어렵게 획득한 영토에 대한 [중국의] 지배를 공고히 하기 위해 이주와 식민지화를 적극적으로 장려했다.[47] 인도차이나의 동해안과 자바의 북쪽 해안을 잇는 해상 항로는 중국의 '공간'으로 중국 남부의 큰 항구와 연결되는 바다였다. 이곳은 유교의 영역이었으며 연구자들이 조공 무역이라고 부르는 영역이기도 했다.[48]

경제, 문화, 정치 체제 등에서 중국보다 상대적으로 약한 주변국들이었던 조선, 일본, 베트남 등의 국가들은 이 광대한 왕권이라는 중국 국제질서 원리를 수용했다. 이것은 책봉과 조공 제도로 이루어졌다. 이 국제질서의 원리에서 중국은 스스로를 천조天朝라고 칭하였고, 조공을 바치는 국가들을 번방藩邦 또는 번속국藩屬이라고 불렀다. 조공하는 국가들은 중국을 상국上國이라고 불렀다.[49] 책봉은 중국의 천자가 주변국 왕에게 칭호·임명장·인장 등을 수여함으로써 관념적, 명분으로 군신 관계를 맺는 것이다.[50] 조공은 중국과 주변 국가 사이의 전근대적인 무역 형

---

46 Bayly, 앞의 책, pp.49~52.
47 Larsen, 앞의 책, p.7.
48 Abu-Lughod, 앞의 책, pp. 253.
49 진상승, 정재균, 「동아시아지역의 전통적 국제질서에 관한 몇 가지 문제」, 『한중인문학포럼 발표 논문집』 1, 한중인문학포럼, 2014, p.303.
50 정동준, 「북위와 고구려의 사례를 통해 본 책봉의 의미」, 『한국사연구』 제202호, 한국사연구회, 2023, p.38.

태이다. 번속국은 중국의 황제에게 공물을 가져가 존경을 표시했다. 그 대가로 중국 황제는 회사回賜로 경제적 포상을 주었다.[51] 이 둘은 중국과 주변국들 모두에게 이익이었다. 왜냐하면 주변국들은 이들을 통해 무역 특권을 노리고, 대외적 정당성을 확보할 수 있었다. 반대로 중국의 입장에서는 제국의 문명적 우월성을 표현하는 의식을 준수하는 것만으로도 추가적인 힘의 과시 없이도 국내 및 국가 간 안정을 유지할 수 있었다.[52] 조선도 왕이 새로 즉위하게 되면 중국에 책봉주청사冊封奏請使를 보내, 중국 황제의 관념 및 명분적 군신 관계를 다시금 인정받았다.[53]

베트남 지도자들은 중국의 이러한 보편적 우월성을 공개적으로 거부하지 않았고, 따라서 직접적인 대결을 피했다.[54] 오히려 베트남의 왕들은 이런 중국의 광대한 왕권을 이용하기도 했다. 이는 근세 세계화에서 일어난 종교, 경제, 정치, 문화, 사상의 교역 또는 교류이기도 했다. 베트남 응우옌 왕조家阮, 1558~1777, 1802~1945는 광저우에서 중국 타일 장인을 고용하였다. 이는 중국의 고전적인 기하학적이고 우주론적인 중국의 황실 디자인을 의도적으로 재현함으로써 응우옌 왕조는 하늘에 대한 자신들의 권위를 강화했다.[55] 이런 베트남의 현실적 국력 차이로 인한 직접적 대결의 회피와 의식적인 광대한 왕권의 이용은 근세 세계화 속 베트남 사회의 다양성을 통합하고 질서화하였다. 이것은 단순히 궁궐 디

51 Nagase-Reimer, 앞의 책, pp.61~62.
52 Spruyt, Hendrik, 『The World Imagined : Collective Beliefs and Political Order in the Sinocentric, Islamic and Southeast Asian International Societies』, Cambridge : Cambridge University Press, 2020, p.121.
53 영조 즉위년(1724) 10월 6일 병자 2번째 기사.
54 Spruyt, 앞의 책, p.121.
55 Gunn, 앞의 책, p.76.

자인에만 그치지 않았다. 해남잡저의 채정란은 이것을 자세히 기록하고 있다. 베트남은 유교를 숭상하고, 중국을 공경하였다.[56] 관료들과 그들의 직책과 품관의 명은 중국의 그것을 따라 했고, 서원과 그 교재 및 선비들, 그들의 글과 공문은 중국과 다르지 않았다.[57] 그리고 율례律例는 중국의 법을 따라 정죄한다.[58] 베트남의 법전인 황월율례皇越律例가 사실상 청나라의 대청율례大淸律例를 거의 그대로 모방[59]했기 때문에 중국법을 그대로 따라 정죄한다고 채정란은 생각한 것이다.

조선의 통합성은 베트남보다 조금 더 광대한 왕권 이데올로기의 핵심으로 통합되고 질서화된 모습을 보여준다. 이것은 당대 조선의 유학 정통성과 기자箕子, ?~?에 대한 인식에서 엿볼 수 있다. 조선인들의 인식에 따르면 유교의 깨달음은 홍범구주洪範九疇에 있다. (…중략…) [그리고] 기자는 [우 임금禹, ?~?으로부터 내려 온] 홍범구주를 전수받은 사람이다.[60] 전수받은 홍범구주를 기자는 주나라周, 1046 BCE~256 BCE의 무왕武王, ?~1043 BCE에게 전했다.[61] 이는 매우 중요했는데, 중국의 천자, 즉 광대한 왕권을 주장할 수 있는 것이 바로 하늘의 도가 유학 성군들로 부터 이어져 왔기 때문이다. "삼대三代 이전은 도통道統의 전수가 임금에게 있었으니, 요임금堯, ?~?, 순임금舜, ?~?, 우[임금]이 서로 전한 정일精一과 탕왕湯王의 중中, 무왕武王의 극極이 바로 이것이다."[62] 즉, 기자는 이런 도통을 전수한

---

56 채정란, 앞의 책, p.183.
57 채정란, 앞의 책, pp.135·183·184.
58 채정란, 앞의 책, p.186.
59 유인선, 『근세 베트남의 법과 가족』, 위더스북 2014, pp.15~16.
60 최립(崔岦), 『간이집(簡易集)』, 稀年錄, 洪範學記.
61 Chung, Chai-sik, 『A Korean Confucian encounter with the modern world : Yi Hang-no and the west』, Berkeley : Institute of East Asian Studies, University of California, 1995, 13.
62 서거정(徐居正), 『사가집(四佳集)』 5, 서(序).

이로써, 기자가 이후 조선을 분봉分封 받았으니, 조선에 바로 홍범구주가 있게 된 것으로 조선의 문물 전승은 중국과 거의 같은 것이다.[63]

이런 모습은 야스다의 조선표류일기에도 생생하게 드러난다. 야스다는 조선에 표류한 기간 많은 관료 및 선비들과 시문을 교류한다. 교류한 시문 중, 조선의 시문들에서는 일본의 야스다가 조선과 같은 문자 문화를 공유하는 것에 대한 즐거움과 호기심을 표현한 것들이 있다. 이것은 순수한 즐거움으로 끝나지 않고, 같은 유학의 도, 특히 기자로부터 내려오는 유학을 배우는 선비로 인식했음을 보여준다. 충청도 연막종사 이응호가 "(…중략…) 같은 글을 쓰는 기자국에, 다른 옷을 입은 살마薩摩의 배로다. (…중략…)"[64]라고 시를 써서 주자, 야스다는 곧 "동문同文은 곧 주나라 시기의 비간과 기자의 문예를 같이 배운다는 것을 말하는 겁니까? (…중략…)"라고 묻는다. 이에 이응호는 "그렇습니다"라고 대답하였다.[65] 조선 관료와 선비들과 시문을 교류 하여 조선이 주장하는 기자의 유학 또는 도를 잘 알게 된 야스다 또한 이런 기자를 시에서 언급한다. "배 탄 객이 그대를 부모처럼 여기고 맞이하네, 세상에서 오래도록 기자의 의리를 들었더니, 사람 사는 온 세상이 모두 형제 사이로다."[66] 이는 조선 사람들을 통해 들은 기자의 내용이 어땠던지를 간접적으로 보여준다. 즉, 조선의 관료와 선비들 모두 그들이 주나라 때부터 기자가 가져온 도를 계승하고 있다고 여겼다.

베트남과 조선에서 나타난 이런 모습들은 중국의 광대한 왕권의 영향

---

63 정도전(鄭道傳), 『삼봉집(三峯集)』 8, 부록(附錄).
64 요시카타, 앞의 책, p.151.
65 요시카타, 앞의 책, p.152.
66 요시카타, 앞의 책, p.219.

아래에서 나타난 것이다. 근세 세계화의 특징적인 모습 중 하나로, 근대 세계화가 이를 완전히 대체하기 전까지 강하게 존속했다. 베트남에 표착한 반정규는 '우리 중하中夏를 존중하여 천조라고 불렀고, 우리 중하인을 천조인이라고 불렀다.'라는 기록을 남겼다.[67] 유구도 일찍이 이 근세 세계화에 속해 있어, 중국과 교류를 지속해 왔으며 중국의 광대한 왕권에 수용했다. 이후 근세 세계화와 근대 세계화의 분기점에서 중국과 유구사이에 나타난 외교 모습에서 근세 세계화가 오랫동안 지속되는 모습을 확인할 수 있다. 1840년대 프랑스가 유구와 접촉하자 유구는 자문咨文을 청나라에 보낸다. 복건성 관리는 도광제道光帝, 재위 : 1820~1850에게 즉시 보고한다. "유구는 천조의 속국으로 칭신하고 조공을 하며 가장 공손하고 순종합니다. 이번 프랑스의 함선이 그 영토로 갑자기 들어와 [통화通和와 선교宣敎를] 말합니다. 이 국왕은 평소 중국의 큰 은혜를 받아 두세 번 사양하였는데, 더욱이 시종 신하의 절개를 충실히 지키는 것을 보았습니다. 우리 황상은 [화이華夷의] 모든 주인으로 이 국왕이 이미 이 일의 본말과 내막을 [번사藩司에] 갖추어 [자문咨文하여] 스스로 논의 하지 않고 상신하기를 간청합니다."[68]

동아시아 내의 근세 세계화를 지탱했던 특성 중 하나인 중국의 광대한 왕권은, 근대 세계화가 점차 근세 세계화를 대체함에 따라 새롭게 변화된다. 1850~1910년 청-조선 관계의 일반적인 궤적은 관습적이고 의례에 기반한 관계가 서구식 조약에 기반하고 조약에 따른 개항 양보, 외교적 대표, 그리고 가장 '근대적인' 제국주의의 다른 모든 부수적인

---

67 반정규(潘鼎珪), 「안남기유」, 최정섭 역, 『아시아의 표해록』, 소명출판, 2019, p.239.
68 진상승, 정재균, 앞의 글, p.323.

요소에 의해 활성화된 관계로 변화했다. 그러나 이것은 전근대적(또는 전통적인) 관계에서 근대적 형태의 관계로의 변화보다 오히려 동아시아와 서양의 메커니즘과 제도가 혼재된 것이었다. 청-조선 관계에서 상국 중국과 번국 조선 간의 오랜 선린 관계라는 개념을 유지하는 데 확실히 관심이 있었다. 그러나 또한 중국은 그들의 안보에서 상업적 이익에 이르기까지 다양한 다른 문제에도 관심이 있었던 것이다.[69] 이렇게 근세 세계화를 근대 세계화가 대체하기 전까지, 근세 세계화는 동아시아 각 사회에 광대한 왕권이라는 느슨하게 연결된 동질성을 지속게 하였다.

2) 고전 문자 전통

동아시아 근세 세계화에서 앞서 말한 광대한 왕권 이데올로기와 함께 고전 문자 전통의 교류가 있었다. 이 고전 문자 전통의 교류는 곧 하나의 문자 문화가 동아시아 내 다른 사회들에서 문명화된 문자언어로 자리매김했다. 이것은 각 사회가 같은 언어를 사용하지 않았고, 독자적 문화를 가지고 있었음에도 공통된 문자 문화를 가지게 된 이유였다. 근세 세계화 느슨한 동질성의 한 측면으로, 동아시아의 표류기에서는 이런 공통된 문자 문화의 모습이 다양하게 드러난다. 이 같은 표류기에서 나타난 문자 전통의 동질성에 주목한 몇몇 연구들이 있다.[70] 이들의 연구는 같은 한자 문화권으로서 나눈 시와 문학에 대한 분석과 표현 양식 차이에 대한 분석이었다. 그러나 표류기에 나타난 고전 문자 문화는 근세 세계화에서 일어난 교류와 느슨하게 연결된 동질성의 한 측면으로 이해

---

69 Larsen, 앞의 책, pp.10·15~17.
70 김재천, 앞의 글; 정해선·이근우, 앞의 글; 윤영숙, 앞의 글.

할 수 있다.

문명 초기에 각 언어 영역은 서로 상대적인 자율성을 가지고 발전한 것으로 보이지만, 상당히 이른 시기에 특정 문자가 문화적 가치가 유난히 풍부한 것으로 인식되었다. 해당 문자가 탄생한 사회의 언어를 모국어로 사용하지 않는 종족에서도 이 특정 문자는 문명화된 문자 언어로 여겨졌다. 지식 문화를 향유하여, 이 고전 문자 전통을 존중하는 엘리트들이 있는 대부분 사회는 어떤 의미에서 하나의 문명을 형성하게 되었다. 그들은 공통의 용어와 공통의 기준을 가지고 있었으며, 때로는 고전 문자 전통에 대한 인식이 다양한 수준의 공통의 예술적 패턴, 공통의 정치적 이상, 그리고 공통의 법 형식을 수반하기도 했다.[71] 이 공통 문자 문명 기반은 세계화를 위한 준 세계적 질서이기도 했다. 이 기반에서 문화적-정치적 패러다임이 교차하며, 지식 교류가 일어나고, 지역 간 무역, 이주, 선교, 다른 문화를 넘어 대화가 이루어졌기 때문이다.[72] 동아시아 근세 세계화에서는 바로 중국의 한자 전통이 이런 공통 문자 문명의 기반이었다.

이 지역은 주나라시대부터 뚜렷한 지역을 형성했는데, 그 지역이 확장되면서 조선과 일본은 물론 그 주변의 소국들이 공통의 정치적 기준을 인식하고 중국 제국의 권위에 대한 공통의 경외심을 가지면서 문학적, 종교적 지역뿐만 아니라 공통의 외교 지역을 형성하게 된다. 중국과 그 주변의 사회들은 유교 고전의 이름으로 통치되었으며, 동아시아 각

---

71 Hodgson, Marshall, 「The Interrelations of Societies in History」, 『Comparative Studies in Society and History』, 5.2, 1963, p.236.
72 Yarrow, 앞의 글.

사회의 '높은 문화적' 수준에서 교육받은 대부분 엘리트는 특정 문자 전통과 연관된 자신을 발견할 수 있었다.[73] 이 엘리트들은 중국의 풍속과 인물에 매우 통달하였다.[74]

동아시아 표류기에서 나타난 많은 모습은 당시 동아시아 근세 세계화에서 고전 문자 문화의 전통은 한자 문화였으며, 각 사회의 엘리트들은 그들만의 공통의 용어와 공통의 기준을 가지고 있었으며, 그 사회들은 공통의 예술적 패턴, 공통의 정치적 이상, 그리고 공통적 법 형식을 공유하고 있었음을 보여준다. 조선표류일기에서는 조선과 일본의 엘리트들이 이러한 기반 위에서 교류한 모습을 잘 보여준다.

공통의 예술적 패턴은 가장 흔하게 드러나는 고전 문자 문화의 전통이다. 일례로 조선표류기에는 총 72수의 한시漢詩가 실려있다. 이것은 당시 표류한 야스다가 한시를 지을 수 있다는 것이 주변 조선 사대부들에게 알려지자, 많은 조선인 관료와 지방 사대부들이 직간접적으로 한시 교류를 했기 때문이다.[75] 조선 사대부들은 한문과 한시를 쓰고 지을 수 있는 야스다를 동문으로 인정하였다.[76] "이처럼 적극적으로 한시를 주고받으려는 배경에는 동아시아의 삼국 조선, 중국, 일본이 한문과 [유학儒學, 불교佛敎, 선교仙敎] 사상 등을 공유하며 '천하동문天下同文'이라는 인식이 작동하고"[77] 있기 때문이다. 즉, 이 천하동문 사상은 각 사회 엘리트가 높은 문화적 수준에서 자신이 한자 문화 전통과 연관되어 있음을 인지

---

73 Hodgson, 앞의 책, p.281; Hodgson, 앞의 글, p.236.
74 채정란, 앞의 책, p.152.
75 정해선·이근우, 앞의 글, p.20.
76 요시카타, 앞의 책, p.151.
77 정해선·이근우, 앞의 글, p.20.

하고 있었고, 서로 공통의 용어와 기준을 가지고 있었음을 보여준다. 이 근우에 따르면 조선표류일기에 나타난 시 교류를 통해 당시 조선과 일본 엘리트들이 유교 및 도교적 정서를 공유하고 있다.[78] 특히, 송흠재宋欽載가 보여준 진사 송익진宋益鎭의 시 '까마귀를 노래하다咏烏'에 대한 야스다의 반응은, 그가 이미 한자 문화 전통 중 중국의 고사와 도교에 대해 깊은 이해를 하고 있으며, 도교에 대한 공통의 정서가 있음을 보여준다고 지적하였다.[79]

조선표류일기에 나타난 조선 사대부와 야스다 사이에서 나타난 이 예술 패턴은 다른 표류기에서도 잘 드러난다. 이지항의 표주록에서, 이지항은 표류하여 일본에 도착하였을 때, 송전번松前藩의 일본 엘리트들과 사서 교류를 적극적으로 행하였고 서로의 공감대를 확인할 수 있었다.[80] 송전번의 태수는 시를 짓는 것과 회화를 좋아해서 이지항이 지은 시를 차운次韻하여 보낸 것이나,[81] 서류라는 중이 자주 시를 지어 보내왔기에 나 또한 계속 화답한 것들이 그 예이다.[82] 김대황의 표해일록에서, 김대황은 처음 베트남에 표착하여 문자로 대화를 나눈다. "우리들은 조선 사람이오. 장사하려고 배를 타고 바다에 나왔다가 홀연 큰바람을 만나 이곳에 표류하여 도착하게 되었고, 잘 모르겠지만, 여기가 그대 나라의 어느 지방이오?" 그리고 답변도 문자로 받았다. "이 땅은 안남국安南國 회안부淮安府 땅이오."[83] 이후 김대황은 청나라 복건성 상인의 배로 청나라를

---

78 정해선·이근우, 앞의 글, pp.29~31.
79 정해선·이근우, 앞의 글, p.30.
80 남미혜, 「표주록을 통해 본 이지항(李志恒)(1647~?)의 일본 인식」, 『이화사학연구』 제33호, 이화사학연구소, 2006, p.109; 이지항, 앞의 책, pp.57~59·61~62.
81 이지항, 앞의 책, pp.57~59.
82 이지항, 앞의 책, pp.61~62.

거쳐 돌아가게 된다. 김대황은 청나라에서도 동아시아 근세 세계화를 관통하던 공통된 한자 문화를 겪는다. 각 사회의 지배 엘리트들이 공유하는 이 문자 전통은 이들이 서로에게 동질감을 느끼게 하였다. 청나라 관료 천총千摠 심보국과 정해현 보타산의 산사의 주지 스님이 시를 써서 그런 동질감에서 비롯된 친밀함을 드러낸다. 보타산 산사 주지의 시는 근세 세계화의 엘리트들이 가지고 있었던 공유하던 문자 전통을 확인할 수 있다.

모든 나라가 원래 한 집안이므로
의관과 문물 등이 모두 중화를 따르네
인연 따라 그대들 여러 얼굴을 보게 되니
천리 밖 부는 바람 손으로 잡아 다녔으리
무진 섣달 8일 마침 조선 사람이
우연히 왔기에 내가 처음 보는지라
아주 기쁘고 기뻐서 이렇게 쓰노라.[84]

위의 시에서 말하는 '모든 나라가 원래 한 집안이므로, 의관과 문물 등이 모두 중화를 따르네'는 바로 이런 공통된 문자 전통이 바로 중국의 한자 문화였으며, 그것이 동아시아 근세 세계화에서 공유되고 있음을 보여준다.

공통의 정치적 이상을 공유하고 있음을 또한 엿볼 수 있다. 야스다는

---

83 김대황, 앞의 책, p.92.
84 김대황, 앞의 책, p.101.

두서자휘책頭書字彙冊 18권, 첩좌종진람서帖佐宗辰覽書 48권, 장곡장직부람집서책長谷場織部覽集書冊 72권, 주역대전周易大全 1권, 운책韻冊 1권 등을 가지고 있었다.[85] 이것을 통해, 야스다는 조선과 중국 등 다른 사회 엘리트들처럼 이미 유학적 소양이 상당하며, 다른 사회 엘리트들과 같은 정치적 이상을 가지고 있다는 것을 알 수 있다. 특히 주역대전을 소유하고 있었다는 것이 이것을 강하게 뒷받침한다. 주역대전은 유학의 핵심 고전 중 하나인 주역周易에 관련된 여러 논의를 주희朱熹, 1130~1200의 성리학性理學에 맞춰 한데 모아서 정리한 것이다.[86]

유교의 기본 취지를 담은 책으로는 논어論語, 맹자孟子, 대학大學, 중용中庸의 사서四書와 오경五經인 주역, 시경詩經, 서경書經, 예기禮記, 춘추春秋가 있다.[87] 주역은 유학 고전 중 최초의 고전으로,[88] 주역은 자연과 우주의 변화를 태극太極과 음양陰陽으로 설명하고, 자연과 우주의 모든 것이 음양의 대응으로 이루어진다고 보았다. 이 설명은 하늘과 땅, 인간을 연결하는 순환 체계를 강조했는데, 이 체계에서 음과 양은 하늘, 땅, 인간 사이의 상호작용을 초래한다. 이는 각 요소가 다른 요소에 영향을 미칠 수 있음을 의미한다. 즉, 자연과 우주의 변화는 인간의 삶에 영향을 미치므로 삶에 영향을 미칠 수 있는 것이다.[89] 주역은 그렇기에 유학의 핵심 통치

---

85 충청병영계록(忠淸兵營啓錄) 순조(純祖) 19년(1819), 7월 17일; 충청병영계록(忠淸兵營啓錄) 순조(純祖) 19년(1819) 7월 29일.
86 정해선·이근우, 앞의 글, p.20.
87 Duncan, John B., et al., 『The Institutional Basis of Civil Governance in the Chosŏn Dynasty』, Seoul : Seoul Selection, 2009, p.77.
88 Ming Dong Gu, 「The 'Zhouyi (Book of Changes)' as an Open Classic : A Semiotic Analysis of Its System of Representation」, 『Philosophy East and West』 55 (2), 2005, p.257.
89 정빈나, 「율곡(栗谷)의 천인관계론에서 나타난 인간의 위상에 관한 고찰」, 『유교사상문화 연구』 제66호, 한국유교학회, 2016, p.97.

이념, 천인합일天人合一과 연결된다.[90] 온 우주를 인간의 형상으로, 하늘과 인체는 마음으로 연결되어 하늘과 사람, 마음과 자연이 하나로 합쳐지는 것이다.[91] 유학 이념에서 이를 통해 군주는 "하늘과 백성 사이의 중개자이자 왕조의 위임장을 전달하는 자"[92]가 되며, 그렇기에 그 통치의 정당성이 성립하게 된다. 이러한 정치적 이상은 아이들을 가르치는 서당에서는 사서, 경사經史, 고문古文 그리고 시부詩賦를 교재로 사용하여, 교재를 통해서 공유되었다.[93]

공통적 법 형식은 근세 세계화 속 동아시아 사회들은 그들의 행정절차와 법률 특히 형법을 고전 문자 전통에서 구하였다. 채정란이 표착한 베트남에서 본 법률로써 백성을 다루는 것이 바로 이것이었다. 베트남은 당시 죄인을 다루며 형을 집행할 때 중국 법에 따라 정죄하였다.[94] 베트남은 여조형률黎朝刑律을 그 기본 법전으로 하였다. 그러나 중국의 당률唐律과 대명률大明律을 극히 일부만 제외하고 그대로 수용하였다. 여조형률은 전부 15장 722개 조인데, 9개장의 명칭과 배열순서, 그리고 722개 조 가운데 314조가 그대로 당률을 따르고 있다. 더하여, 3장은 대명률을 따르고 있다.[95] 이와 비슷한 모습은 조선에서도 드러난다. 베트남

---

90 Shaw, William. 「The Neo-Confucian revolution of values in early Yi Korea-its implications for Korean legal thought」, in McKnight, Brian E., ed., 『Law and the State in Traditional East Asia : six studies on the sources of east Asian law』, Honolulu : University of Hawaii Press, 1987, p.155; 정약용(丁若鏞), 『목민심서(牧民心書)』愛民 6, 慈幼.

91 권근(權近), 『입학도설(入學圖說)』, 천天人心性合一之圖.

92 Kim, JaHyun Haboush, 『The Confucian kingship in Korea』, New York : Columbia university press, 2001, p.35~36.

93 채정란, 앞의 책, p.142.

94 채정란, 앞의 책, p.186.

95 유인선, 「베트남 黎朝刑律의 체재와 내용-唐律의 繼受와 관련하여」, 『법사학연구』 제27호, 한국법사학회 2003, pp.323 · 328~329.

처럼 당률 및 대명률을 그대로 수용하여 사용하지는 않았으나, 대명률은 경국대전과 함께 조선 왕조의 주요 법률 서적이었다. 이는 조선 왕조의 일반적인 형법 중 하나였다.[96] 공통의 법 형식은 행정적 측면에서도 공유되는 특성이었다. 조선, 일본, 베트남과 중국의 공문은 한자 문화를 기반으로 하여 비슷한 양식을 공유하고 있었다. 각자 사회에서 전혀 다른 사회로 표착한 표류인들은 그들이 마주하게 되는 관료들과 송환 과정에서 진행되는 문정 등을 통해 행정절차와 공문을 접하게 된다. 이들은 그들이 보게 된 것들을 묘사하면서 자신들 사회에서 사용되는 양식과 같음을 보고 하고 있다.[97]

그러나 근세 세계화에 빗겨있어, 같은 동아시아 사회들과 교류가 거의 없는 사회는 이런 문자 전통을 공유하지 못했다. 이들 사회는 동아시아 사회의 문자 전통을 공유하는 엘리트들에 의해 철저히 배제되고, 야만인으로 규정되었다. 표주록에 등장하는 아이누인들에 대한 일본 문자 엘리트들의 묘사는 이것을 잘 보여준다.[98] 아이누와는 아예 글이 통하지 않아, 이지항은 송전번에서 일본 엘리트들과 나누었던 것과 같은 동질성을 경험하지 못한다.[99] 이것은 이후 같은 문자 전통을 공유하는 일본인들을 만나게 된 이지항은 아이누 사람들의 이질적 언어를 그들이 공유하는 한문을 통해 논의하는 모습과 매우 대조적이다.[100]

---

96 Shin, Sangwon, 『Confucian rhetoric, Legal codes, and the Abolition of government-owned nobi in late Chosŏn Korea』, unpublished PhD thesis. London : SOAS (University of London), 2021, p.67~68.
97 김대황, 앞의 책, pp.102~103; 채정란, 앞의 책, pp.135~137・183~184; 요시카타, 앞의 책, pp.301~302; 이지항, 앞의 책, pp.50~55・63~67.
98 이지항, 앞의 책, pp.44~46.
99 이지항, 앞의 책, pp.33~43.
100 이지항, 앞의 책, pp.46.

4. 동아시아 근세 세계화의 다양성

광대한 왕권 이데올로기와 고전 문자 전통은 근세 세계화 속 느슨하게 연결된 동질성뿐만 아니라 다양성 유지에 기여하였다. 야스다는 조선에 표착하고, 이후 그들을 조사하러 온 조선 관료들과 문자로 소통하고자 곧바로 준비한다.[101] 즉 고전 문자 전통의 공유를 보여준다. 그리고 이와 동시에, 야스다는 복식을 통해 즉시 종족적·문화적 차이를 알아챈다. 그는 맨 처음 만난 조선 관료, 이동형李東馨을 보고 '긴 소매에 높은 관을 쓰고 있었다고'[102] 기록하고 그림을 남겼다. 그리고 하급 관인과 양인 및 노비들의 복장에 대해서 기록을 남기고 있다.[103] 또한 야스다와 진지한 교류를 한 윤영규의 복장에 대해 역시 그림으로 아주 상세하게 남기고 있다. 윤영규와는 표착한 기간 내내 깊은 정을 나누었으므로, 더 자세한 그림으로 그 복식을 남기고 있다.[104] 망건과 상투를 튼 모습까지 윤영규를 모델로 하여 그림을 남기고 있는데, 이렇게 자세히 남기기 위해서는 친밀감이 상당했기 때문에 가능했을 것이다. 또, 이렇게 친밀한 이에게 말하여 그 세세한 복식을 그림으로 남긴 것은, 바로 이런 조선의 복식 형태가 일본의 그것과는 아주 상이했기 때문일 것이다.

조선에 표류한 야스다 및 다른 일본인 선원들을 조사한 조선 관료들은 그들의 모습을 표류 문정 보고서에 자세히 남기고 있다.

---

101 요시카타, 앞의 책, pp.50.
102 요시카타, 앞의 책, pp.50.
103 요시카타, 앞의 책.
104 요시카타, 앞의 책, pp.58~59.

저들의 모양貌樣과 생김새는 이마 위의 두발은 깎아버리고 다만 머리 뒤로 짧은 두발이 있는데 왜밀倭蜜을 발라 작은 상투를 지었습니다. 의복은, 바지와 버선은 착용하지 않고 다만 척포尺包를 사용하여 양다리 사이를 가려서 감싸고 작은 띠로 묶었으며, 착용한 두루마기[周衣]는 푸른색 · 검정색 · 얼룩무늬[靑黑斑] 등 각가지 색으로 동일하지 않으며, 모양은 유의襦衣처럼 생겼는데 소매가 조금 둥글며, 길고 넓은 띠로 거듭 돌려 묶었는데 묶은 매듭은 뒤쪽에 있었습니다. 신발은 마치 묶지 않은 미투리처럼 생겼는데 발가락 사이에 거꾸로 착용하고 있었습니다.

표류인 중 한 명의 정수리의 검은 사마귀가 있다는 것을 기록할 정도로 세세하게 이들의 복식과 생김새를 기록하였다.[105] 이처럼 세세하게 기록한 것은 조선 관리들이, 일본인 표류인들에게서 조선의 복식과 다름을 발견했기 때문이다. 만약 이들의 복식에서 조선의 복식과 큰 다름을 발견하지 못했다면, 그만큼 놀라지 않아, 복식에 관한 기록을 몇 번이나 적지는 않았을 것이다. 표박이여의 장용화라는 청나라의 상인은 일본에 표착하였는데, 일본의 집에 대한 것은 한 문장을 빼고는 언급하지 않는다. "집은 중국과 대략 같"기 때문이다.[106]

조선에 표류했던 야스다는 조선의 다양한 복식을 그림으로 남겼다. 특히 상투와 망건, 그리고 탕건을 한 모습을 남겼는데, 이는 조선이 상투를 틀 때, 일본은 앞머리를 깎는 것이 보통이었기 때문이다. 머리카락의 모양에서 서로의 차이를 분명하게 알 수 있었기 때문이다.[107] 조선의

---

105 충청병영계록(忠淸兵營啓錄) 순조(純祖) 19년(1819), 7월 17일.
106 정광조, 앞의 책, p.253.

관료들과 야스다가 서로의 복식을 보고, 이질적인 문화권에서 온 복장을 통해 종족적·문화적 차이를 바로 알아차릴 수 있었다. 베트남에서 김대황도 이런 복식의 차이를 포착했다.[108]

표박이여에 드러난 복식 기록은 표박이여에서 다른 것을 묘사하는 기록보다 더 길고 자세하다. 일본에 표착한 청나라 상인도 이런 의복의 다양성에 주목하였다. 모두 맨발로 중국과는 다른 옷을 입고 있는 모습을 기록하고 있다.[109] 일본 복식에는 남녀의 큰 구분이 없으며, 남자와 여자의 머리 모양과 귀걸이의 착용 유무, 그리고 소매의 차이가 가져오는 사회위계 질서의 모습을 묘사한다. 또한 치맛주름까지도 다름을 기록하고 있다.[110] 당시 대청회관大淸會館이 있을 정도로 청나라와 일본의 교류는 정기적이었고, 공식적이었다.[111] 그리고 조선과 베트남은 앞서 설명한 것처럼, 중국의 광대한 왕권과 법제 그리고 고전 문자 전통에 있어서, 동질성을 상대적으로 강하게 가지고 있었다. 그러나 그런 근세 세계화 속에서 복식에 있어서는 동질성의 강요는 일어나지 않고, 다양성은 계속 지켜졌다. 이런 민족적 문화적 특성에서 나타난 두드러진 차이는 바로 근세 세계화가 가졌던 다양성이었다.

이러한 근세 세계화의 다양성은 광대한 왕권과 고전 문자 전통의 이데올로기 때문이었다. 특히 광대한 왕권은 장거리 정복을 정당화하는 것 외에도 전근대 왕들이 "먼 곳의 사람들을 소중히 여기고", 보편적 지

---

107 이근우, 앞의 글, p.242.
108 김대황, 앞의 책, pp.91·95.
109 정광조, 앞의 책, p.251.
110 정광조, 앞의 책, p.253.
111 정광조, 앞의 책, p.252.

식과 보편적 역사에 대한 목록을 만들고, 자신의 직접적인 영역의 경계를 넘어 조공품과 선택 상품을 소비하려고 노력하도록 장려했다. 예를 들어, 중국의 천자 이데올로기는 다양한 지역을 목록화하고 그것에 대해 공물을 올리도록 했다. 그리고 그것을 소비했다. 이것은 천자는 하늘의 창조물을 다스리는 군주였음을 보여주는 것이기도 했다. 천자는 수없이 많은 영토, 물품, 동물, 인간 등 다양한 하늘의 창조물을 다스리는 이였다. 따라서 각 지역의 다양성과 특이성, 차이점은 오히려 보존되어야 했고, 또 소중히 여겨졌다.[112] 이는 여러 지역과 문물, 사람들 사이에 다양성과 차이들이 존속되도록 하였다.

근세 세계화의 각 사회는 천명으로 대표되는 중국의 광대한 왕권에 포섭되어 있었다. 그것은 조공 무역과 책봉으로 대표되는 외교관계로 나타났다. 그러나 각 사회 내부적으로는, 그 사회의 왕권은 스스로 중국의 천자와 비슷한 형태의 권위를 광대한 왕권 이데올로기로 유지하고 있었다. 각 사회 내부에서 또 다양한 지역과 문물, 사람들을 다스리는 '천명을 받은 왕'이었던 것이다. 다양한 표류기에서 표착인들이 포착한 것은 근세 세계화의 다양성이었다.

김대황은 베트남에서 중국의 연호 대신 자국의 연호인 정화正和를 사용하고 있음을 전하고 있다.[113] 일본 또한 본인들의 연호인 문화文化를 사용하고 있으며, 천황天皇으로 그 왕을 지칭하고 있다.[114] 야스다는 본인의 표류기를 시간에 따라 기록하고 있는데, 날짜를 기록할 때마다 일본의 연

---

112 Bayly, 앞의 책, pp.50~52.
113 김대황, 앞의 책, p.95.
114 충청병영계록(忠淸兵營啓錄) 순조(純祖) 19년(1819) 7월 초8일; 요시카타, 앞의 책, p.62.

호를 사용하고 있다.[115] 일본은 조선 및 베트남과 달리 이 광대한 왕권 이데올로기가 자국 내에서 더 적극적으로 전개했다. 천황을 정점으로 하는 일본 안에 각지에 66개 국國이 존재했다.[116] "사쯔마주는 곧 사쯔마주의 제후가 분봉 된 나라입니다. 그러므로 관직은 모두 사쯔마주 제후에(게) 속한 것입니다."[117] 일본 안에 또 다른 천하가 존재한 것이다.

조선도 그 내부적으로는 광대한 왕권 이데올로기를 비슷하게 유지하고 있었다. 조선의 왕은 유학 성군인 요, 순, 우의 도통을 이어받은 것으로 여겨졌다.[118] 조선은 황제에게만 사용되는 지칭과 용어들을 왕에게 사용하였다.[119] 성군聖君·성덕聖德·성명聖明·성상聖上·성세聖世·성심聖心 등이 그 용어들로, 오래전부터 조선의 독자적인 천하관天下觀을 유지했음을 보여준다.[120] 중국의 광대한 왕권과 느슨하게 연결된 동질성을 가지면서, 국내적으로 다양성을 유지하는 것을 잘 보여주는 예는 베트남에서도 보인다. 베트남은 그들만의 여러 문화를 유지하고 있었다.[121] 그 예중 하나는, 베트남의 관료들은 백성들을 대할 때나 국왕을 만날 때에도 관冠과 신발을 신지 않았다. 그러나 "큰 제사를 지낼 때만 품계에 따라 복장, 도포, 홀, 신발, 모자를 착용하는데 모두 [한나라漢, 202 BCE~220의] 제도를 따른다".[122]

---

115 요시카타, 앞의 책.
116 충청병영계록(忠淸兵營啓錄) 순조(純祖) 19년(1819) 7월 초8일.
117 요시카타, 앞의 책, p.62.
118 Sangwon Shin, 앞의 책, pp.44~58.
119 김백철, 「조선의 유교적 이상국가 만들기 : 서주와 요순의 재인식과정」, 『국학연구』 제17호, 한국국학진흥원, 2010, pp.260·262.
120 김백철, 앞의 글, pp.57·259.
121 채정란, 앞의 책, pp.184·188~189.
122 채정란, 앞의 책, p.185.

각 사회가 내부적으로 주장한 광대한 왕권의 차이는, 지배 엘리트들의 차이로 드러나기도 했다. 야스다와 비인 태수 윤영규는 서로 교류를 하면서 각 사회의 지배 엘리트들의 차이에 대해서 인식하게 된다. 야스다가 "(…중략…) 우리나라의 무武는 (…중략…) 나라를 다스리는 데 있어서 또한 경위를 펴는 것이 곧 무사武士의 직분입니다. (…중략…)"[123]라고 말하자, 윤영규는 "(…중략…) 천하를 다스리는 일은 사士의 임무"이며, "(…중략…) 사와 무는 서로 대립되는 말이고, 두 가지를 겸할 수 있는 명칭이 아닙니다. 공의 말은 지나친 것 (…중략…)"이라고 대답한다.[124]

각 국가의 왕권은, 지역마다의 물품을 공물로써 수취하였고, 지역마다의 특산품의 목록을 작성하였다. 예를 들면, 조선에서 이런 수취제도와 공물의 정당성은 공전과 왕토 및 공민과 왕민이라는 왕토사상에 기반하였다.[125] 또 국제적으로 조공품이나 교역품으로 그 사회에 전달되어 소비되었다. 이 수취되거나 교역된 것들에서 드러나는 특별한 품질과 풍미 등의 차이로 드러나는 문화적 정수는 귀중히 여겨지며 소비되었다. 이 문화적 정수의 소비는 먼 지역의 특산품과 품질을 강조하고 그 차이를 귀중히 여기는 점에서 현대 자본주의 소비와는 달랐다.[126]

조공무역과 민간 교역은 광대한 왕권하에서 문화적 정수의 소비를 자극하였다. 왕권은 이런 특별한 품질과 풍미의 차이가 있는 조공품이나 공물을 신하에게 하사했다.[127] 베트남의 국왕은 "공이 있는 자에게 허리

---

123 요시카타, 앞의 책, p.264.
124 요시카타, 앞의 책, p264.
125 송양섭, 「18세기 '공(公)' 담론의 구조와 그 정치·경제적 함의」, 『역사와현실』 제93호, 한국역사연구회, 2014, pp.32~33.
126 Bayly, 앞의 책, pp.51~52.
127 Bayly, 앞의 책, p.51.

띠와 신발을 하사"하였다.[128] 광대한 왕권 이데올로기의 중심이었던 중국과 조선사이에서도 마찬가지 였다. 중국은 이런 소비를 위해, 조선의 독수리나 매와 같은 조류의 깃털은 이국적인 미와 품질이 있다고 여겨진 것들을 끊임없이 조공품으로 요구하였다. 명나라와 원나라를 비롯한 제국들은 매를 조공으로 바칠 것을 요구했고, 이는 왕조에게 큰 부담이 되었다.

이는 또한 조선이 더 큰 세계와 연결될 수 있는 수단이기도 했다. 주변국과의 사냥감 및 다양한 동물 부위 교역과 마찬가지로 맹금류도 대외 외교의 한 축을 담당했다. 고려와 조선 초기의 궁정에서 매사냥은 비록 작은 규모의 사냥감을 생산했지만, 고대의 전통을 반영하고 이웃 대륙 제국과의 관계를 맺는 데 큰 역할을 했다.[129] 조공품 요구뿐만 아니라 민간 교역에서도 이러한 소비를 위한 요구는 계속 증대되었다. 정조대의 영의정 김치인金致仁과 유사당상 서유린徐有隣은 "'(…중략…) 피물皮物은 곧 군문軍門의 긴요한 수용임에도 거의 싹쓸이하다시피 들여가고, 지·주·저·포·면紙地紬苧布綿 등 일용日用의 여러 물건은 산 이를 봉양하고 죽은 이를 보내는 것으로서 모두 그렇지 않은 것이 없습니다'라며, '후시란 명목은 만부의 편의를 위한 정책임에 지나지 않습니다. 그러나 지금은 우리나라 산물이 항간에서 모두 바닥이 나 저·포·주·면苧布紬綿 우·모·치·혁羽毛齒革이 날로 비싸져 백성들이 생활할 수 없습니다. 폐단이 이 지경에 이르렀으니 변통이 있어야 하겠습니다. 만부의 일은 결국 논

---

128 채정란, 앞의 책, p.185.
129 Kallander, George, 『Human-Animal Relations and the Hunt in Korea and Northeast Asia』, Edinburgh : Edinburgh University Press, 2023, pp.219~220.

의하여 폐지한 뒤에 시정해야 하겠으나 우선 폐지하여 사리와 체면을 바로잡는 것이 타당할 듯싶습니다'"라며 비판하고 있다.[130]

일본 송전번에 표착한 이지항의 표류기에서 이런 모습이 드러난다. 이지항과 그 일행이 마침내 송전번을 떠날때가 되자, 송전번에서는 많은 물건들을 주었다. 선물들은 검은색 명주明紬, 푸른 명주 2단, 백포白布 2단, 풀솜雪綿子 5편, 옥색 명주로 만든 요 1부, 독수리 날개鷲羽 1미尾, 황금 2전과 음식 등이다.[131] "(…중략…)그러나 그 가운데 검은색은 우리나라 사람들이 좋아하지 않는다 (…중략…)"[132]라며 검은색 명주는 돌려주고 싶다고 이야기 한다.[133] 이중에 금과 독수리 날개는 이지항이 특별히 달라고 부탁한 것이었다.[134] 독수리 깃은 화살과 모자, 그리고 관모와 군대의 깃발旗纛에 장식하는 용도였다.[135] 그리하여 공물로 많이 진상되었으나, 잡는것이 어렵고 귀한 물건이었다.[136] 그리고 중국이 조선에 있는 특별한 품질과 풍미의 차이가 있다고 여겨지는 매와 그것의 깃을 요구한 것처럼, 이지항도 일본의 독수리 깃을 요구한 것이다.

근세 세계화의 다양성은, 근대 세계화가 등장하고 근세 세계화를 대체하면서 사라진다. 근대 세계화는 다양성을 인정하지 않고, 세계적 표준이 되는 동질성과 강하게 연결되도록 동아시아 각 사회에 강요하였

---

130 국역비변사등록 170책, 정조 11년(1787) 5월 25일.

131 이지항, 앞의 책, p.59.

132 이지항, 앞의 책, p.56.

133 이지항, 앞의 책, p.59.

134 남미혜, 앞의 글, 106쪽.

135 성종실록 성종 17년(1486) 2월 3일 기묘 4번째 기사; 연산군일기 연산 5년(1499) 3월 27일 병술 1번째 기사; 중종실록, 중종 3년(1508) 12월 2일 을축 1번째 기사.

136 태종실록 태종 18년(1418) 7월 6일 갑인 1번째 기사; 성종실록 성종 14년(1483) 5월 11일 임인 5번째 기사; 명종실록 명종 2년(1547) 8월 30일 무신 2번째 기사; Kallander, 앞의 책, pp.42, 226~227.

다. 표해일록에 베트남 국왕과의 만남은 근세 세계화의 특징에서 나타나는 다양성을 보여준다. 베트남 국왕은 표착한 김대황과 그 일행들이 베트남의 예법을 모르자, '그대 나라의 예법대로 절을 하라'고 말한다.[137] 각 문화권의 다양성은 인지하고 그것에 동일성을 부과하려는 강제성이 없었음을 보여준다.

2세기 후, 근대 세계화가 이 근세 세계화를 대처한 후의 모습은 이것과 전혀 다른 모습을 보여준다. 조선 정부는 처음으로 미국으로 사절단을 보내게 된다. 조선 사절단은 공식적으로 근대 세계화 속의 일원으로 미국과 접촉을 하게 된다. 이것은 당시 근세 세계화에 속했던 조선 사절단과 근대 세계화 만남을 잘 보여준다. 미국 대통령을 만났을 때 사절단은 조선의 예법으로 첫 인사를 하게 된다. "(…중략…) 동양적인 분위기로 인상적이었다. (…중략…) 그들은 한 줄로 들어왔습니다. 그들이 문안에 있을 때 모두 무릎을 꿇고 [큰 절을] 했는데, 이번에는 동양 제후들의 풍습에 따라, 즉 대통령에게 직접 인사하지 않고 한쪽으로 고개를 숙였습니다. (…중략…)[138]" 이 모습은 미국 언론과 국민들에게 아주 '인상깊은' 일이 되고, 신문의 첫 페이지를 장식한다.[139]

근대 세계화에서는 민족적 다양성을 지양하고, 밀접하게 연결된 동질성을 지향했기 때문이다. 그 밀접하게 연결된 동질성이라는 것은 근대 세계화를 주도하는 서양식 예법이었다. 당시 서구에서는 서로의 예법과 예식을 국제적인 규범으로 만들기 위해 노력하던 시기였다.[140] 미국도

---

137 김대황, 앞의 책, p.95.

138 Frank Leslie's Illustrated Newspaper, 29 Sep 1883, p.87.

139 Frank Leslie's Illustrated Newspaper, 29 Sep 1883, p.81.

140 Hobsbawm, Eric, 『Terence Ranger : The Invention of Tradition』, Cambridge :

예외는 아니었다. 보빙사가 만난 아서 체스터Chester A. Arthur, 1829~1886도 백악관의 새로운 예법과 예식을 규정한 미국 대통령으로 잘 알려져있다. 이런 상황속에서 조선의 전통 예법은 '일반적'이지 않은 예법으로 여겨졌다. 그렇기에 조선의 전통 복식과 예식은 근세 세계화에서 보여진것 처럼 각 사회의 문화와 다양성을 대표하지 못했다. 근대 세계화 속의 보빙사들의 전통 복식과 예법은 미국인들에게 "낯설게 느껴졌"고, 그들이 묵었던 "[호텔] 투숙객들에게 놀라움"을 주었다.[141] 조선 사절단들이 근대 세계화의 동질성을 내면화할 정도로 밀접하게 가질 때, 비로소 한 사회를 대표하는 것으로 여겨졌다. "간단한 영어를 재빨리 습득하고, 미국 문명과 풍습에 곧 적응했다"[142]고 긍정적인 논조로 보도한 Boston Daily Globe는 그것을 잘 보여준다.

5. 나가며

오랫동안 17세기 이후 동아시아 사회는 국외적으로 외교적, 상업적 접촉을 의도적으로 축소한 것처럼 여겨졌다. 유럽 주도의 초기 세계화가 이들을 연결하기 전까지, 동아시아의 각 세계는 정적이고 해상을 통한 도전을 두려워했다고 이해했다. 그러나 초기 세계화가 이 지역에 도착하기 전에도, 전근대 동아시아 세계는 근세 세계화로 연결되어 서로

Cambridge University Press, 2012.

141 New York Times, 18 Sep 1883.

142 김원모, 「조선 보빙사의 (報聘使) 미국사행 (1833) 연구 (하)」, 『동방학지』 제50호, 연세대학교 국학연구원, 1986, p.334.

의 연결이 끊어진 적이 없는 지역이었다. 오히려 19세기 중반까지 초기 세계화는 이 근세 세계화를 완전히 대체하지 못했다. 동아시아 내 근세 세계화에서 동남아시아는 교역을 통해 성장한 해상 왕국이 그 지역의 교역과 교류를 촉진했고, 조선과 중국 사이에서는 조공 무역으로 대표되는 공무역뿐만 아니라 사무역이 지속되었다. 조선과 일본 사이에 일어난 공무역과 사무역도 마찬가지였다. 왜관에 도착하는 일본의 교역선의 수는 매월 4~5회에 이르렀다. 중국과 일본 사이에서 무역은 더 공식적이고 정기적이었다. 특히 구리 무역은 중국 정부에서 상인들에게 허가증을 내어주어 일본과 교역을 하게 하였다. 중국과 베트남 사이에서는 단순한 물적 교류에서 인적 교류에 이르기까지 다양한 세계화의 측면이 나타났다. 해상 이동 중 표류하여 각자의 사회를 떠나 다른 사회에 표착한 표류인들은 이런 세계화를 모습을 보고 기록하였다.

표류인들이 기록한 것은 세계화 속의 교류뿐만 아니라 근세 세계화 속에서 각 사회는 느슨하게 연결된 동질성의 공유도 있었다. 그것은 근세 세계화의 광대한 왕권 이데올로기와 고전 문자 전통이었다. 근세 세계화 전체를 아우르는 중국의 광대한 왕권 이데올로기를 각 사회는 동일하게 수용하고 그로 인해 국외적으로 책봉과 조공 무역을 할 수 있었다. 동아시아 내 근세 세계화에서 고전 문자 전통의 교류가 일어났다. 표류인들은 이 고전 문자 전통에 기반하여 서로 필담筆談을 나누었다. 그러나 더 중요한 것은 이 고전 문자 전통은 각 사회에 다양한 수준의 공통적 법 형식, 공통의 정치적 이상, 공통의 예술적 패턴을 수반했다는 것이다. 표류인들은 그들이 표착한 사회의 사람들과 한시를 교류하며, 다른 부연 없이 한시에 나타난 다양한 은유와 함의를 파악할 수 있었다.

공통의 정치적 이상도 고전 전통문화에 따라 소개되고 교육되고 공유되었다. 표류인과 표착한 지역의 사람들이 이해하는 '성군'은 다르지 않았다. 법과 행정절차 또한 공통의 양식으로 공유되고 있었다.

그러나 근세 세계화는 느슨한 형태의 동질성과 함께 강하게 드러나는 다양성을 지속되게 하였다. 각 사회가 지닌 동일한 특징 중 하나인 광대한 왕권 이데올로기가 두드러진 다양성을 유지한 원인 중 하나였다. 동아시아 각 사회는 국내적으로는, 광대한 왕권 이데올로기가 각 지역의 다양성을 보존하였다. 광대한 왕권은 여러 지역의 다양성을 목록화하고 공물을 올리게 하고, 그것을 소비하였다. 무수히 많은 성지, 상품, 동물, 인간 등 다양한 하늘의 창조물을 다스리는 군주였음을 보여주는 것이었다. 동아시아 각 사회의 군주들은 이 광대한 왕권을 국내적으로 수용하여, 자기 국가의 다양한 지역들을 목록화하고 공물을 수취했다. 이것은 각 지역의 다양성과 특이성, 차이점을 보존시켰고, 또 소중히 소비되도록 하였다. 여러 지역과 문물, 사람들 사이에 다양성과 차이들이 존속된 것이다. 표류인들은 표착한 곳의 다양한 복식과 다양한 물품, 그리고 예법을 즉시 알아차리고 기록하였다.

표류기에서 나타난 여러 모습에서 광대한 왕권 이데올로기와 고전 문자 전통의 느슨하게 연결된 동질성을 확인할 수 있었다. 그러나 또한 그 속에 각 지역에서 복식과 예법 등 종족 및 문화적 형태에서 두드러진 차이가 강하게 나타나고 있었다. 이는 동아시아 내 근세 세계화의 존재를 말해 주는 것이었다. 표류인들이 찾은 근세 세계화의 느슨하게 연결된 동질성과 강하게 드러난 다양성의 공존은, 근대 세계화가 등장하고 근세 세계화를 대체하면서 사라졌다. 근대 세계화는 이 같은 느슨하게 연결된 동일성이 강하게 존재하는 다양성과 공존하는 것을 인정하지 않았다. 유럽 주도의 세계 표준이 내면화할 정도로 밀접하게 동질성을 지니도록 동아시아 각 사회에 강요하였다.

참고문헌

1. 표류기

이지항(李志恒), 「표주록」, 서광덕 역, 『아시아의 표해록』, 소명출판, 2019.

김대황(金大璜), 「표해일록」, 서광덕 역, 『아시아의 표해록』, 소명출판, 2019.

채정란(蔡廷), 「해남잡저」, 안재연 역, 『아시아의 표해록』, 소명출판, 2019.

반정규(潘鼎珪), 「안남기유」, 최정섭 역, 『아시아의 표해록』, 소명출판, 2019.

정광조(鄭光祖), 「표박이역」, 최정섭 역, 『아시아의 표해록』, 소명출판, 2019.

야스다 요시카타(安田義方), 『조선표류일기』, 이근우·김윤미 역, 소명출판, 2020.

2. 신문

New York Times.

Frank Leslie's Illustrated Newspaper.

3. 연대기

『조선왕조실록 (朝鮮王朝實錄)』.

『충청병영계록(忠淸兵營啓錄)』.

『비변사등록(備邊司謄錄)』.

『만기요람(萬機要覽)』.

4. 문집

권근(權近), 『입학도설(入學圖說)』.

동중서(董仲舒), 『춘추번로(春秋繁露)』.

서거정(徐居正), 『사가집(四佳集)』.

정도전(鄭道傳), 『삼봉집(三峯集)』.

정약용(丁若鏞), 『목민심서(牧民心書)』.

최립(崔岦), 『간이집(簡易集)』.

5. 연구 논문

고석규, 「조선시기 표류경험의 기록과 활용」, 『도서문화』 제31호, 국립목포대학교 도서문화연구원, 2008, pp.3~32.

김강식, 「李志恒 漂舟錄 속의 漂流民과 海域 세계」, 『해항도시문화교섭학』 제16호, 한국해양대학교 국제해양문제연구소, 2017.

김경옥, 「18세기 張漢喆의 漂海錄을 통해 본 海外體驗」, 『역사학연구』 제48호, 호남사학회, 2012.

김나영, 「조선시대 제주도 漂流·漂到人을 통한 정보·지식의 유입 양상」, 『역사민속학』 제54호, 한국역사민속학회, 2018.

김미선, 「표해록으로 본 18세기 제주도 선비 장한철과 섬사람들」, 『東洋學』 제78호, 檀國大學校 東洋學研究院, 2020.

김백철, 「조선의 유교적 이상국가 만들기−서주와 요순의 재인식과정」, 『국학연구』 제17호, 한국국학진흥원, 2010.

김원모, 「조선 보빙사의(報聘使) 미국사행 (1833) 연구 (하)」, 『동방학지』 제50호 연세대학교 국학연구원, 1986.

김재천, 「朝鮮漂流日記의 記錄 體裁와 特徵」, 『동북아문화연구』 제67호, 동북아시아문화학회, 2021.

남미혜, 「표주록을 통해 본 이지항(李志恒)(1647~?)의 일본 인식」, 『이화사학연구』 제33호, 이화사학연구소, 2006.

문경호, 「朝鮮漂流日記의 사료적 가치와 활용방안」, 『진단학보』 135, 진단학회, 2020.

미야지마 히로시, 「[여행기에 나타난 한국] 최부 표해록(漂海錄)의 일역(日譯) 당토행정기(唐土行程記)에 대하여−강호시대(江戸時代) 일본유학자의 동아시아관과 그 딜레마」, 『대동문화연구』 제56호, 대동문화연구원, 2006.

민덕기, 「동아시아 해금정책의 변화와 해양 경계에서의 분쟁」, 『한일관계사연구』 제42호, 한일관계사학회, 2010.

박화진, 「전근대 부산포 초량왜관의 해양교류 양상−일본선 부산포 입항사례를 중심으로(1689~1691)」, 『동북아문화연구』 제60호, 동북아시아문화학회, 2019.

손숭철, 「조선후기 강원도의 표류민 발생과 송환−1819년 안의기 일해 표류를 중심으로」, 『인문과학연구』 제45호, 강원대학교 인문과학연구소, 2015.

송양섭, 「18세기 '공(公)' 담론의 구조와 그 정치·경제적 함의」, 『역사와현실』 제93호, 한국역사연구회, 2014.

심민정, 「朝鮮漂流日記(1819)에 나타난 표류왜인 호송과 접대 실태」, 『한일관계사연구』 제70호, 한일관계사학회, 2020.

유인선, 「베트남 黎朝刑律의 체재와 내용−唐律의 繼受와 관련하여」, 『법사학연구』 제27호 한국법사학회, 2003.

이근우, 「조선표류일기의 회화자료에 대하여」, 『동북아역사논총』 제64호, 동북아역사재단, 2019.

이백중, 「다양한 유형과 다중의 신분−15~17세기 전반 동아시아 국제무역 속 상인」, 『민족문화연구』 제69호, 민족문화연구원, 2015.

이수진, 「조선후기 제주 표류민의 중국 표착과 송환 과정−제주계록(濟州啓錄)을 중심으로」, 『온지논총』 제53호, 온지학회, 2017.

이윤정, 「조선표류일기 속 상급 관리들의 복식양상」, 『동북아문화연구』 제65호, 동북아시아문화학회, 2020.

이 훈, 「표류를 통해 본 근대 한일관계−송환절차를 중심으로」, 『한국사연구』 제123호, 한국사연구회, 2003.

윤영숙, 「일본 무사와 조선 지방관리의 교류−야스다와 윤영규를 중심으로」, 『동북아문화연구』 제66호, 동북아시아문화학회, 2021.

조용헌, 「15세기 한중 관계사−禮制的−一元的 책봉·조공의 확립」, 『동양사학연구』 제140호, 동양사학회, 2017.

장해영, 「14~18세기 중국−조선의 민간무역과 상인」, 『민족문화연구』 제69호, 민족문화연구원, 2015.

정빈나, 「율곡(栗谷)의 천인관계론에서 나타난 인간의 위상에 관한 고찰」, 『유교사상문화 연구』 제 66호, 한국유교학회, 2016.

정동준, 「북위와 고구려의 사례를 통해 본 책봉의 의미」, 『한국사연구』 제202호, 한국사연구회, 2023.

정성일, 「[특집 동아시아 상인 열전-상인(商人)의 창을 통해 역사를 보다-] 동래상인 정자범(鄭子範)의 대일무역 활동-1833년과 1846년의 사례」, 『민족문화연구』 제69호, 고려대학교 민족 문화연구원, 2015.

정해선·이근우, 「조선표류일기를 통해 본 19세기 초 조선 선비와 일본 무사의 시문 교류」, 『동북아 문화연구』 제68호, 동북하시아문화학회, 2021.

진상승, 정재균, 「동아시아지역의 전통적 국제질서에 관한 몇 가지 문제」, 『한중인문학포럼 발표논문 집』 1, 한중인문학포럼, 2014.

최영화, 「조선시대 표류를 통한 해외 정보의 수집과 활용의 추이」, 『열상고전연구』 제45호, 열상고전 연구회, 2015.

6. 단행본

유인선, 『근세 베트남의 법과 가족』, 위더스북, 2014.

7. 외국 논저

Abu-Lughod, Janet Lippman, "The World System in the Thirteenth Century : Dead-End or Precursor?", in Michael Adas, ed., *Islamic and European Expansion : The Forging of a Global Orde*, Philadelphia : Temple University Press, 1993.

_____, *Before European Hegemony : The World System AD 1250-1350*, New York and Oxford : Oxford University Press, 1991.

Bayly, C.A. "'Archaic' and 'Modern' Globalization in the Eurasian and African Arena, ca. 1750~1850", in A.G. Hopkins, ed., *Globalization in World History*, New York : Random House, 2002.

Burbank, Jane and Cooper, Frederick, *Empires in World History : Power and the politics of difference*, Princeton : Princeton University Press, 2010.

Chung, Chai-sik, *A Korean Confucian encounter with the modern world : Yi Hang-no and the west*, Berkeley : Institute of East Asian Studies, University of California, 1995.

Cooper, Frederick, "States, Empires, and Political Imagination", in idem., *Colonialism in Question : Theory, Knowledge History*, Berkeley : University of California Press, 2005.

_____, "What is the concept of globalization good for? An African historian's perspective", *African Affairs* 100, 2001.

Darwin, John, *After Tamerlane : the global history of empire since 1405*, London : Penguin Books, 2008.

Duncan, John B., Chung-chŏl Yi, Chŏng-il Yi, Michael An, and Jack A Davey, *The Institutional Basis of Civil Governance in the Chosŏn Dynasty*, Seoul : Seoul Selection,

2009.

A.G. Hopkins, ed., *Globalization in World History*, New York : Random House, 2002.

Gunn, Geoffrey C., History without borders : The making of an Asian world region, 1000~1800 Vol. 1, Hong Kong University Press, 2011.

Hobsbawm, Eric, *Terence Ranger : The Invention of Tradition*, Cambridge : Cambridge University Press, 2012.

Hoerder, Dirk,"Migrations and belongings", in Emily S. Rosenberg, ed., *A World Connecting 1945*, Cambridge(Massachusetts) and London(England) : The Belknap Press of Harvard University Press, 2012.

Hodgson, Marshall, "The Interrelations of Societies in History", *Comparative Studies in Society and History*, 5.2, 1963.

_____, *Rethinking World History : Essays on Europe, Islam and World History*, Cambridge : Cambridge University Press, 1993.

Kallander, George, Human-Animal Relations and the Hunt in Korea and Northeast Asia, Edinburgh : Edinburgh University Press, 2023.

Kim, JaHyun Haboush, *The Confucian kingship in Korea*, New York : Columbia university press, 2001.

Larsen, Kirk W., *Tradition, Treaties, and Trade : Qing Imperialism and Choson Korea, 1850-1910*, Cambridge(Massachusetts) and London(England) : Harvard University Press, 2008.

Nagase-Reimer, Keiko, *Copper in the Early Modern Sino-Japanese Trade*, Leiden and Boston : Brill, 2015.

Rosenberg, Emily S., ed., *A World Connecting 1870-1945*, Cambridge(Massachusetts) and London(England) : Harvard University Press. 2012.

Shin, Sangwon, *Confucian rhetoric, Legal codes, and the Abolition of government-owned nobi in late Chosŏn Korea*, unpublished PhD thesis, London : SOAS (University of London), 2021.

Martell, Luke, *The Sociology of Globalization*, Cambridge : Polity Press, 2010.

Ming Dong Gu, "The 'Zhouyi (Book of Changes)' as an Open Classic : A Semiotic Analysis of Its System of Representation", *Philosophy East and West* 55 (2), 2005.

Pomeranz, Kenneth, "Teleology, Discontinuity and World History", *Asian Review of World Histories* 1.2, 2013.

Spruyt, Hendrik, *The World Imagined : Collective Beliefs and Political Order in the Sinocentric, Islamic and Southeast Asian International Societies*, Cambridge : Cambridge University Press, 2020.

Yarrow, Simon, "Economic imaginaries of the global Middle ages", *Past & Present 238* no. suppl_13, 2018.

Shaw, William, "The Neo-Confucian revolution of values in early Yi Korea—its implications for Korean legal thought", in McKnight, Brian E., ed., *Law and the State in Traditional East Asia : six studies on the sources of east Asian law*, Honolulu : University of Hawaii Press, 1987.

Stearns, Peter N., *Globalisation in World History* (Themes in World History), London and New York : Routledge, 2009.

Zinkina, Julia, et al., *A Big History of Globalization*, Gewerbestrasse : Springer, 2019.

식민 해역도시 부산과 서적 유통 연구

1930년대 국정교과서 판매권 분쟁을 중심으로

임상민

1. 들어가며

이 글에서는 일본 제국의 확장과 함께 동북아해역 상업도시에서 문화도시로 변모해 가는 식민도시 부산을 중심으로, 일본인 경영 서점의 역할 및 학지 구축의 판매망 분석을 목적으로 한다. 특히, 서점 간의 과도한 경쟁을 막기 위해 1921년에 결성된 조선서적상조합^{朝鮮書籍商組合}, 일본 전국서적상조합연합회는 1920년 결성 전후의 해역도시 부산의 서적 유통 시스템의 변화와 1930년대 초반의 국정교과서 판매권을 둘러싼 서점 간 분쟁이 가지는 동시대적 의미를 탐색하고자 한다.

먼저, 1930년대에 부산에서 영업하고 있는 일본인 경영 서점에 대해서 간단하게 살펴보면, 1935년에 일본에서 발행된 『전국서적상총람』에는 당시 일본 내지의 도매업자와 거래하고 있는 부산의 서점에 대해서 하쿠분도^{博文堂},[1] 구레타케도^{呉竹堂}, 고분도^{広文堂},[2] 마야케타쿠조서점^{三宅琢造書店} 등의 4곳을 소개하고 있다. 물론 이곳 서점들은 당시 『전국서적

상총람』의 거래처 조사에서 회신이 있었던 서점만을 목록화한 것이며,
부산의 모든 서점을 총망라한 것은 아니다. 예를 들면, 당시 부산부 및
부산상공회의소에서 각각 발행한『부산부편찬』과『부산상공회의소』의
'서적' 항목을 보면, 위의 조사와는 달리 조금 더 다양한 서점을 확인할
수 있다.

〈표 12-1〉과 〈표 12-2〉를 비교해보면, 앞서 소개한『전국서적상총
람』의 4곳 이외에도 분카도文化堂, 미에출판사三重出版社, 도쿄도東京堂, 구레
타케도지점吳竹堂支店 등의 서점을 확인할 수 있다. 또한, 1930년 9월 5일
에는 조선서적상조합 창립 10주년을 기념해서 경성에서 전국의 서점
관계자가 출석한 가운데 근속 점원에서 표창식을 거행했는데, 부산에서
표창을 받은 점원은 하쿠분도서점에서 4명, 후타바야二葉屋에서 1명, 미
야케서점에서 1명, 가노서점加納書店에서 1명이다.[3] 특히, 가노서점에서
는 다른 서점과 달리 조선인 이기득李奇得이 근속 5년 점원으로 표창을

1　新聞之新聞社 編,『全国書籍商総覧』, 東京 : 新聞之新聞社, 1935年, pp.16~18. 요시다 이치지로
　　(吉田市次郎)는 1880년 니이가타 출생이며, 1904년에 조선으로 이주한다. 1906년에 이시구로
　　다다노리(石黒忠悳) 자작에게 조언을 구하고, 도쿄 하쿠분칸(博文館)의 오하시 신타로(大橋新太
　　郎)에게 소량의 도서를 받아 영업을 시작한다. 1912년에는 조선에 국정교과서 공급 제도를 확립
　　시키고, 강원도를 포함한 남선 7개도의 특약판매소를 개설・운영한다. 이후, 1919년에는 오사
　　카야고서점(大阪屋号書店) 경성지점 지점장 나이토 사다이치로(内藤定一郎), 간쇼도(巌松堂)
　　경성점의 아라이 다케노스케(新井武之輔) 등과 함께 조선서적상조합을 조직했으며, 이시구로
　　자작의 조언에 따라 정치계에는 진출하지 않고, 조선서적상조합 부회장, 부산니이가타현인 회장
　　을 역임했다.

2　다케다 노부요시(武田信義)는 1903년 히로시마 출생이며, 1927년에 에이분도(栄文堂)를 매수
　　하면서 영업을 시작하게 된다. 서점의 상호는 영업주가 히로시마 출신이라는 이유에서 고분도
　　(広文堂)로 변경했으며, 서점은 일본식 2층 건물이다(『全国書籍商総覧』, 1935年, p.10).

3　「朝鮮書籍商組合総会, 釜山の表彰者」,『朝鮮時報』, 1930.9.8. 가노서점의 주소는 대창정(大倉町)
　　이라는 점에서 하쿠분도서점 근처에 소재했던 것으로 추정되며, 동 서점에서는 이기득(李奇得)
　　이 근속 점원으로 표창을 받았다. 또한 1931년 2월 22일『조선신문』의 기사(「裸体美人のブロマ
　　イド, 釜山署で押収」)에 의하면, 2월 19일에 서점 밖에 나체미인의 브로마이드를 진열했다는 이
　　유로 부산경찰서에서 압수했다고 보도하고 있다.

받았는데, 당시 구레타케도의 경우에는 점원수 11명 중 7명이 조선인 점원이었으며, 미야케서점의 경우에는 점원수 20명 중 6명1명은 조선인 여성 점원이 조선인이었다는 점을 생각하면, 식민도시 부산의 일본인 경영 서점의 고객층은 단지 재조일본인뿐만 아니라 조선인 역시 주요 고객층으로 상정하고 있었다는 사실을 알 수 있다.

〈표 12-1〉해역도시 부산의 일본인 경영 서점(『부산부편찬』, 1934년)

서점, 서점주, 주소	1932년	1934년
広文堂書店(武田信藏・大廳町2-12)	○(小売)	○(武田信義)
文化堂書店(境好太郎・幸町1-34)	○(小売)	○
三光堂書店(山田勝男・富平町3-45)	○(小売)	○(山田時彦)
大林信一(大倉町4-29)	○(小売)	×
博文堂(吉田市次郎・大倉町3-8)	○(卸小売)	○
鈴木静雄(弁天町1-18)	○(卸小売)	○
鈴木成彦(草梁町172)		○(小売)
高瀬優(大倉町2-24)		○(小売)
松井武一郎(富平町1-39)		○(小売)

〈표 12-2〉해역도시 부산의 일본인 경영 서점(『부산상공회의소』, 1935년)

서점, 서점주, 주소	1932년(영업세)	1934년(영업세)	1935년(영업세)
博文堂(吉田市次郎・大倉町3-8)	○(146.76)	○(133.20)	○(125)
広文堂(武田信義・大廳町2-12)	○(14.40)	○(14.40)	○(22)
呉竹堂(鈴木静雄・本町1-23)	○(20.40)	○(16.80)	○(18)
文化堂(境好太郎・幸町1-34)		○(12.60)	○(15)
三宅琢造書店(三宅琢造・大倉町4-36)		○(200.78)	○(202)
三重出版社(土屋高一・大廳町1-39)		○(113.83)	○(109)
東京堂(高瀬優・大倉町2-28)			○(10)
呉竹堂支店(鈴木成雄・草梁町172)			○(11)

또한, 1928년 5월 9일에 실린 『부산일보』의 도쿄 박문관 발행 제국 문고 예약 모집 광고와 같은 해 12월 7일에 실린 박문관 발행 일기 판

매 부산 특약점의 이름을 살펴보면, 부산 제국문고의 예약처는 하쿠분도서점이며, 시내 대리점으로는 가노서점, 고분도, 후타바야, 미야케상점, 구레타케도, 분카도, 산코도三光堂, 마츠오상점松尾商店이 담당하고 있다. 다만, 가노서점의 경우에는 위의 『부산부편찬』과 『부산상공회의소』에서 동 서점명을 확인할 수 없다는 점을 생각하면, 적어도 1932년 이전에는 폐업했을 가능성이 높다.

다만, 주의할 점은 이와 같은 서점의 개업과 폐업이 후술하듯이 1933년에 부산의 하쿠분도서점과 부산서적상조합 간의 국정교과서 판매권을 둘러싼 분쟁과 깊이 관계되어 있다는 사실이다. 예를 들면, 부산의 국정교과서 판매권을 독점하고 있었던 하쿠분도서점의 영업세는 1932년에 146.76엔에서 1935년에는 125엔으로 1933년 분쟁 이후 감소하고 있는 반면, 오바야시서점은 1934년 시점에는 폐업되었고, 고분도의 경우에는 1932년에 14.40엔에서 1935년에는 22엔으로 큰 폭으로 상승, 미야케서점은 1934년에는 200.78엔에서 1935년에는 202엔으로 소폭 상승, 분카도서점은 1934년에는 12.60엔에서 1935년에는 15엔으로 영업 실적이 상승 곡선을 그리고 있다.

따라서 이 글에서는 『부산상공회의소』와 『부산부편찬』의 '서적' 항목에서 누락되거나 추가된 부산 소재 서점의 개업과 폐업에 대해서, 1930년대 초반에 전개된 하쿠분도서점과 부산서적상조합釜山書籍商組合 간의 국정교과서 판매권을 둘러싼 분쟁의 맥락 속에서 고찰하는 것을 목적으로 한다.

2. 1910년대 하쿠분도서점의 광고 전략

현재, 조선에 진출한 일본인 경영 서점에 대한 연구는 1906년에 각각 개업한 부산의 하쿠분도서점과 경성의 일한서방日韓書房[4]을 중심으로 진행되고 있지만, 1902년에 출판된『한국안내』[5]에서는 경성의 히라타서점平田書店과 경성상품진열소京城商品陳列所, 인천의 야마오카서점山岡書店과 마치다이치요서점町田一葉書店, 부산의 요시미서점吉見書店과 오가타서점尾縣書店 등이 1905년 을사조약 이전부터 일본 내지와의 유통시스템을 구축한 도매서점으로 소개되고 있다.[6]

그렇다면, 다음으로 부산 최대 규모를 자랑하던 하쿠분도서점의『부산일보』와『조선시보』[7]의 광고를 중심으로 시대별 특징에 대해서 살펴보도록 하자. 현재,『조선시보』의 지면은 국사편찬위원회의 홈페이지를 통해 1914년 11월 2일 기사부터 확인이 가능한 상태인데, 하쿠분도서점과 관련된 광고는 신간소개 등의 서적 관련 광고가 아니라 다음과 같이 국정교과서 판매 광고를 중심으로 게재되기 시작했다.

여러분, 평안히 지내고 계시는지요? 초등학교 교과서 판매와 관련해서 혼

---

[4] 신승모,「조선의 일본인 경영 서점에 관한 시론 - 일한서방(日韓書房)의 사례를 중심으로」,『일어일문학연구』제79호, 2011, 322쪽.
[5] 香月源太郎,『韓国案内』東京 : 青木嵩山堂, 1902年, p.62.
[6] 平田賢一,「日中戦争前夜の植民地朝鮮で流通していた日本語書籍」,『アジア太平洋研究センター年報』第14号, 2017年, p.70. 히라타 겐이치는 조선에 처음으로 진출한 일본인 경영 서점은 1892년에 함경북도에서 개점한 회령박문관(会寧博文館)이라고 소개하고 있다.
[7] 현재, 국사편찬위원회(한국사데이터베이스)의 홈페이지를 통해서 일반 공개되고 있는 부산지역 신문『부산일보』와『조선시보』는 각각 1914년 12월 1일과 1914년 11월 2일 기사부터 열람이 가능한 상태이다.

잡함을 피하기 위해 예년과 같이 각 학교의 허가를 얻어 다음과 같이 출장 판매를 실시하고자 합니다.

    3월 25일 보수정 심상고등소학교

    동同 28일 대청정 제1심상소학교

    동 26일 보수정 제2심상소학교

    동 27일 초량 제3심상소학교

    동 26일 목도 제4심상소학교

◎ 상업전수학교, 고등여학교, 상업학교, 보습과 교과서는 28일 본점에서 구매 가능합니다.[8]

위의 광고에 의하면, 하쿠분도서점은 단순히 소설 및 서적 유통·판매뿐만 아니라 '국정교과서 특약판매소'로 소개되고 있고, 그 범위 역시 부산에 한정하지 않고 강원도를 포함한 남선 전체의 모든 학교에 독점권을 가지고 교과서를 공급하는 서점이라는 사실을 강조하고 있다. 물론, 국정교과서 판매 이외에도 도쿄의 하쿠분칸博文館[9]과 도쿄다이키도東京大気堂[10] 등의 서점에서 공급하는 서적의 특약점으로 소개되고 있고, 서적뿐만 아니라 "운동의 절기 도래하다!! 정구, 야구 그 밖의 각종 운동기구 일절을 갖추고 있습니다"[11] 등과 같이, 책상 및 칠판 제작·판매를 포함한 학교 용품을 취급하는 서점으로 광고가 게재되어 있다.

다만, 이와 같은 국정교과서 및 학교 용품을 중심으로 게재되던 하쿠

---

8 「教科書販売に付き謹告, 博文堂書店」, 『朝鮮時報』, 1915.3.24.
9 「広告, 博文堂書店」, 『朝鮮時報』, 1914.11.17.
10 「広告, 博文堂書店」, 『朝鮮時報』, 1915.9.14.
11 「広告, 博文堂書店」, 『朝鮮時報』, 1915.9.7.

분도서점 광고는 1910년대 중반까지 계속되다가, 1910년대 후반부터는 소설 중심의 신간서적 광고가 적극적으로 게재되기 시작한다.

예를 들면, 1917년 12월에는 12월 4일에 단 하루만 서점 광고가 게재된 반면, 1918년부터 월 3, 4회 신간 광고가 실리기 시작하고, 같은 해 12월부터는 무려 16회에 걸쳐 소설 중심의 신간 도착 광고가 실리게 된다. 당시, 부산에 이주해서 '1년 반'을 생활한 우가 라몬烏賀羅門은 1910년대 초반의 부산의 출판 시장에 대해서 '폭풍우 속 항구도시'와 같이 문학다운 문학이 확립되어 있지 않았다고 지적하면서, 부산에 유통된 문학 작품은 "저급, 통속적인 것이나, 혹은 당대의 인기 작가의 책"[12]밖에는 유통되지 않는다고 기록하고 있다. 그리고 이와 같은 독자층이 다수 차지하는 이유는 부산에는 '간사이사람関西人'[13]이 다수 이주해서 살고 있기 때문이라고 설명하고 있다.

하지만 『부산일보』1918년 12월 6~12일의 신간 광고란을 살펴보면, 1914년 단계에서는 전혀 읽히지 않았던 나쓰메 소세키夏目漱石가 1918년 시점에서는 신문 광고를 장식하고 있고, 쓰보우치 쇼요坪內逍遙, 다야마 가타이田山花袋, 히구치 이치요樋口一葉 등의 순문학 작가의 작품 역시 다수 서점에

---

12 烏賀羅門, 『朝鮮へ行く人に』, 大阪 : 朝鮮へ行く人に編纂所, 1914年, pp.132~133. 부산에는 부산의 서점 5곳과 헌책방 3곳, 그리고 책 대여점 1곳이 영업을 하고 있다고 소개하고 있다.

13 부산상업회의소, 『釜山要覧』부산상업회의소, 1912, 12~13쪽. 1912년 당시, 부산에 거주했던 일본인의 본적별 분포를 살펴보면, 야마구치(山口) 4766명, 나가사키(長崎) 3229명, 후쿠오카(福岡) 2031명, 히로시마(広島) 1918명, 오이타(大分) 1441명, 오사카(大阪) 993명의 순으로 되어 있듯이, 동경 및 동북 지방에 비해서 부산과 지리적으로 가까운 '간사이사람'이 압도적으로 다수를 차지하고 있는 것을 알 수 있다. 또한 일본인들의 주요 직업구성을 살펴보면, 관공리 467호, 잡화 274호, 고물상 129호, 백미소매상 115호, 음식점 115호, 이발소 72호, 하숙집 77호, 술판매상 59호, 전당포 47호, 무역상 39호, 신탄상 39호, 의사 38호, 목욕탕 31호, 포목상 29호, 여관 27호 등의 경제활동을 하고 있듯이, 부산에 거주하고 있는 대부분의 일본인이 상업과 유통, 그리고 서비스업에 종사하고 있다는 사실을 알 수 있다.

입고되어 소개되고 있다. 즉, 1910년대의 식민도시 부산의 독자층은 결코 고정적이지 않고, 유동적이며 가변적으로 변화하고 있다는 사실을 확인할 수 있다.

이상과 같이, 하쿠분도서점의 1910년대 초반의 광고는 국정교과서 및 학교 용품, 그리고 단순 서점 안내 광고를 중심으로 게재되었지만 1910년대 후반에 접어들면서 각종 서적 리스트가 신문 광고란에 대대적으로 등장하면서 변화를 보이기 시작한다. 특히, 이와 같은 변화는 1910년대 후반에 들어서면서 부산에 거주하는 재조일본인의 인구가 3배 가까이 급증했기 때문이며, 또한 부산으로 이주한 재조일본인의 출신지역과 직업 역시 서일본 및 간사이지역에서 전국적으로 확장된 결과라고 해석할 수 있다. 부산 최대 규모를 자랑하던 하쿠분도서점은 이와 같은 가변적인 독자층을 대상으로 일본 내지에서 인기를 누린 신간 서적을 실시간으로 부산에 유통시켜 선전하는 방식으로 광고 전략을 수정했고, (대중소설에서 순문학으로 장르의 전환 역시 추구하면서) 이를 통해 해역 상업도시에서 벗어나 문화도시로 변모해가는 부산의 학지 구축에 중요한 역할을 했다고 볼 수 있다.[14]

3. 1920년대 조선서적상조합 결성과 서적 유통

다음으로, 1921년에 조선서적상조합이 결성된 이후, 하쿠분도서점

---

14 임상민·이경규,「식민도시 부산의 서점 연구-1910년대『부산일보』의 서점 광고란을 중심으로」,『동북아문화연구』46호, 2016, 59쪽.

및 부산 소재의 일본인 경영 서점들은 1910년대와 달리 어떠한 영업방식 및 광고 전략을 수립해 갔는지에 대해서 살펴보도록 하자. 예를 들면, 1910년대 후반의 『부산일보』에 실린 하쿠분도서점의 신간 소개 광고를 살펴보면, 한 달에 무려 20회 전후의 광고 게재 및 1면 하단 고정, 또한 1회 신간 소개 역시 30권 전후의 서적 리스트를 대대적으로 홍보했지만, 1920년대에는 이와 같은 서점 및 서적 광고는 서서히 자취를 감추게 된다.

또한, 1910년대 후반에는 신문의 1면 하단에서 고정적으로 신간 리스트를 소개하던 하쿠분도서점은 1921년부터 서서히 지면 이동 및 광고 횟수가 감소하기 시작한다.[15] 즉, 1910년대부터 식민 해역도시 부산의 일본어신문에서 독보적으로 서점 및 서적 광고를 주도했던 하쿠분도서점은 1921년 3월부터 또 다시 신문 광고 전략이 변화하기 시작한다. 특히, 하쿠분도서점의 광고 횟수는 1921년 3월 이후부터 급격하게 줄어들 뿐 아니라, 신간을 소개하는 책의 권수 역시 눈에 띄게 감소한다.

예를 들면, 1921년 3월 하쿠분도서점의 광고는 단 1건도 확인되지 않고, 익월 4월에는 불과 5건에 그치고 있다면 역시 기존의 1면 광고에서 1면과 3면을 불규칙적으로 이동 게재. 뿐만 아니라, 신간 소개 역시 4월 10일에는 14권, 4월 19일에는 10권, 4월 20일에도 10권, 4월 22일에는 8권, 4월 27일에는 9권, 4월 30일에는 8권으로 감소하고 있는데, 이것은 1920년 3월 이전까지 매일 20권에서 30권 정도가 소개되었던 것과 비교하면, 광고의 지면 축소와 더불어 신간 역시 현저하게 감소했다는 사실을 알 수 있다.

---

15 다만, 1920년 4월부터 1921년 2월까지는 『부산일보』의 지면 누락으로 인해 국사편찬위원회 홈페이지에서 확인이 불가능한 상태이다.

그런데 주의할 점은 하쿠분도서점이 신문 신간 광고를 중단한 것과는 달리, 1921년도에는 구레타케도서점이 신문 광고를 주도했고, 그리고 1924년도 이후에는 에이분도서점榮文堂書店이 신문 광고를 시작한다는 점이다. 구레타케도서점의 경우에는 1921년 3월 24일에 "신간서적도착, 월간잡지각종, 그림엽서발행원, 문방구제잡화, 서적 잡지 매월 배달해드립니다"라는 광고를 싣고 있는데, 동시대의 서점은 단순히 고객을 기다리지 않고 적극적으로 서적과 잡지를 자택까지 배달해 주는 영업 방식을 취하고 있었다는 사실을 알 수 있다. 특히, 1921년 6월 4일 광고에는 "잡지, 서적, 신간 서적이 매일 도쿄에서 도착하고 있습니다. 한 번 들러서 구입 부탁드립니다. (…중략…) 영업종목-미술그림엽서, 앨범사진첩, 문구류, 명함전문인쇄"라고 홍보하고 있듯이, 기본적으로는 문구점의 역할도 겸하고 있고, 무엇보다도 일본 내지의 수도 '도쿄'에서 매일 입하되고 있다는 일본 수도와의 연계성과 거리적 근접성을 강조하고 있다. 그리고 동 서점은 1921년 6월 이후 서점 광고를 중단하게 되는데, 4년 뒤인 1925년 5월 2일에 재차 지면에 등장하면서는 동 서점 광고와 함께 '초량역 앞 지점'도 같이 표기되어 있듯이같은 달, 9회 광고 게재, 지점을 개업하면서 홍보 차원에서 기사를 싣고 있다는 사실을 알 수 있다.

또한 1920년대 중후반이 되면, 이러한 부산열람잡지회 등의 광고는 신문 지면에서 사라지게 되고, 이를 대신해서 일본 내지 출판사에 의한 파격적인 잡지 할인 광고가 등장하기 시작하고, 오사카 소재의 여러 서점들이 부산의 지역 신문에 다음과 같이 서점 창업 및 부업 광고를 싣기 시작한다.

문화적 ◀ 소자본

전업으로도, 부업으로도, 고풍스럽고 절대 성공 확실한 사업. 창업 이래 십
수 년 간 계속해서 영업하고 있는 본 서점 출판 서적을 소매로 판매하는 직업
입니다. 본 서점에서 발행하고 있는 서적은 저렴한 가격으로 일반인들의 취
향에 맞는 상품성이 뛰어난 것만을 판매하기 때문에, 매우 적은 자본으로 개
업할 수 있습니다. 활동사진이 그다지 경기를 타지 않는 것과 같이, 저희 서점
의 서적 역시 잘 팔리는 특징이 있기 때문에, 어떠한 아마추어라 할지라도 안
전하며 대단히 유리합니다.

오사카시大阪市 히가시구東区 빈고마치備後町 메이분칸明文館 출판부[16]

서점 개업 안내

안전제일의 부업, 재미있을 정도로 돈벌이가 된다.

▶특약지점 대모집◀

본 사업은 정가 판매이기 때문에 경험이 없어도 가족의 부업으로 깔끔한 가
게를 열 수 있고, 한 달에 백 엔 정도의 이익은 쉽게 손에 넣을 수 있습니다.
특히, 일정 가게를 소유하고 있다면, 가게 한쪽 공간에 서적부를 둘 수도 있습
니다. 또한, 서적의 순회 판매나 통신 판매 등도 재미가 쏠쏠하며, 자세한 사
항은 2전짜리 우표 3장을 보내 주시면 서적 도매상 가격표와 개업 안내를 희
망하는 분들께 보내드리겠습니다.

도서출판, 서적 도매상

오사카시大阪市 히가시구東区 미나미타마츠쿠리초南玉造町

---

16 「新商業広告, 明文館出版部」, 『釜山日報』, 1925.5.10.

위의 두 기사 모두 서점 창업과 관련된 광고인데, 메이분칸의 경우에는 본 서점에서 출판하는 서적을 직접 소매로 판매할 수 있는 직영 방식을 강조하고 있고, 하쿠에이도의 경우에는 현재 사업을 하고 있는 자영업자에게 "가게 한쪽 공간에 서적부"를 설치해서 운영할 수 있는 부업으로서의 서점 창업을 적극적으로 추천하고 있다. 특히, 부업의 경우에도 월 매출 '백 엔'현재 기준, 약 6만 3천엔은 충분히 보장할 수 있다고 말하고 있는데, 주의할 점은 부산에 적극적으로 공고를 싣고 있는 두 서점 모두 오사카 소재의 서점이라는 점이다. 즉, 1920년대가 되면 식민지 조선 외지에서도 안정적인 서적 공급망이 구축되고 이를 통해 일본 내지의 서점들이 적극적으로 조선 지점을 설치하듯이,[18] 부산 역시 저렴한 운송비와 빠른 배송을 보장되는 지리적으로 가까운 오사카와의 서적 유통시스템이 구축되기 시작한다.

또한, 오사카의 히구치류분칸樋口隆文館에서는 1923년부터 1933년까지 부산의 『조선시보』에 서점 부업 광고를 싣고 있는데, 예를 들면 1923년에는 "불경기를 모르는 안전 제일의 가장 적합한 부업은 소설 대여점입니다"[19]라고 하는 내용의 광고는 1927년이 되면, 책 대여점은

---

17 「書籍店開業案内, 博栄堂本店地方部」, 『釜山日報』, 1927.4.11. 특히, 본 광고에서는 단순히 매장에서 판매하는 영업 형태 이외에도 '순회 판매'와 '통신 판매'를 통해서 이익을 창출할 수 있다고 선전하고 있다는 점에서, 서점을 통한 학지 구축 프로세스가 다양한 형태로 이루어지고 있다는 사실을 확인할 수 있다.

18 日比嘉高, 「朝鮮半島における日本語書店の展開—戦前外地の書物流通(1)」, 『跨境』 創刊号, 2014年, p.18.

19 「小説卸売, 樋口隆文館」, 『朝鮮時報』, 1923.4.3.

부녀자 및 노인도 가능하며, 대소도시 및 농촌, 어촌, 유곽, 온천 등에서 책 대여점을 개업하는 것도 좋고, 업종별로는 화장품 및 문구점, 과자·식료품점, 담배, 목욕탕, 이발소 등, 사람들이 많이 모이는 곳은 소설 도매업 또는 부업, 겸업을 위한 최적의 사업장이라고 추천하고 있다.[20]

이상과 같이, 1921년에 조선서적상조합동 서적상조합에 가입하지 않으면 일본 내지에서 출판된 신간 서적 및 잡지의 유통·판매가 불가능이 결성된 이후의 서점 광고를 살펴보면, 하쿠분도서점을 비롯한 일본인 경영 서점들의 서점 광고 및 신간 도착 안내 광고가 압도적으로 감소한 반면, 서점 창업 및 부업·겸업을 선전하는 광고는 크게 증가하기 시작했다. 특히, 부산의 지역 신문에 서점 창업·부업 관련 기사를 싣고 있는 서점들은 대부분 오사카를 중심으로 한 관서 지방이라는 점을 생각하면, 해역도시 부산과 관서지역 및 서일본지역은 단순히 식민지 조선과 제국 일본이라는 이분법적인 구조에서 포착할 수 없는 트랜스내셔널한 공간으로 작동하고 있었으며, 이와 같은 지리적 이점을 살린 관계망을 통해 서점과 서적이 자유롭게 유통되고 있었다는 사실을 확인할 수 있다.

4. 1930년대 국정교과서 판매권 분쟁

마지막으로, 1930년대 초에 식민 해역도시 부산의 국정교과서 판매권을 둘러싼 서점 간의 분쟁이 가지는 동시대적 의미에 대해서 살펴보

---

20 「小説卸売, 樋口隆文館」, 『朝鮮時報』, 1927.1.17.

도록 하자. 앞서 살펴본 바와 같이, 국정교과서 판매권을 획득하고 대리판매소로 지정된다는 것은 서점의 정기적인 수입 보장은 물론이고 영세서점의 경우에는 경영적 측면에서 서점 자체의 생존과도 직결되는 문제라는 점에서, 서점 입장에서는 반드시 판매권을 유치해야 하는 일이기도 했다. 이와 같은 측면에서 생각하면, 1930년대 초에 국정교과서 판매권을 둘러싼 하쿠분도서점과 부산서적상조합 간의 충돌은 앞으로 부산의 학지 구축에 대해서 주체적으로 참여할 수 있는지에 대한 여부를 결정하는 대단히 중요한 문제라고도 볼 수 있다.

부산 부내의 각 소학교, 보통학교에서 사용하는 국정교과서는 부산 대창정에 위치하고 있는 요시다하쿠분도吉田博文堂가 남선 전매권을 가지고 있는 특약점・대리점으로서 도매 및 소매를 독점적으로 떠맡아 판매하고 있는 상황인데, 동 서점에서는 이미 교과서가 입고한 상태임에도 불구하고 각 학교별 출장판매일 이전에는 학생과 학부모에게 교과서를 판매하지 않고 또한 야간 영업도 하지 않은 채 가게 문을 닫는 등, 학생과 학부모에게 대단히 큰 불편을 끼쳐왔다. 이러한 사실을 고려하여, 같은 부내에서 영업하고 있는 구레타케도吳竹堂, 고분도廣文堂, 마츠이분세이도松井文盛堂, 오바야시서점大林書店, 산코도三光堂, 타카하시서점高橋書店 6곳 서점에서는 이번에 학생・학부모의 불편을 철저하게 해결하기 위해 과감하게 문제제기하여, 하쿠분도에 대해서 국정교과서 판매 규정에 따른 대리점을 신설해서 교과서 판매의 불편을 완화하는 길을 강구해야 한다는 점을 부산서적상조합의 명의를 통해 반성을 촉구하는 바이다.[21]

21 「国定教科書取次店を新設せよ － 府内の六書店から博文堂に要求す」, 『釜山日報』, 1932.3.30.

위의 이른바 탄원 성명서를 통해서 알 수 있듯이, 하쿠분도서점은 일제강점기 이후 부산을 포함한 남선의 국정교과서 독점 판매권을 가지고 있고, 이를 통해 교과서가 입고된 상태임에도 불구하고 판매일을 임의로 지정하는 등, 학생 및 학부모 중심이 아니라 거대 서점 중심의 비대칭적인 불공정 영업의 실태가 노출되었다. 따라서, 이와 같은 문제점을 해결하기 위해 위의 6곳 서점은 부산서적상조합1932년 당시, 조합원 16명의 명의로 일본 내지의 서적상조합에 문제점을 보고하고, 이를 통해 공정한 판매권 조정과 대리판매소 설치를 압박했다. 당시 신문에서는 이와 같은 분쟁을 하쿠분도서점에 대한 부산서적상조합의 대항, 그리고 대자본독점과 소자본무권리자의 분쟁으로 구도화해서 보도했는데,[22] 이에 대해 하쿠분도서점은 지금까지 국정교과서의 특약판매권을 실시해 온 역사적 과정을 다음과 같이 설명하며 정당성 확보를 시도한다.

1906년 4월에 요시다 씨가 하쿠분도를 창업하고, 서적·잡지 판매를 시작하던 당시에는 부산에 내지인이 2만 명 이내였고, 소학교라면 지금의 제1소학교가 있을 뿐이었으며, 교과서도 니시초西町의 우메다梅田라는 옷가게가 내지에서 주문해서 약간의 배송료를 받고 선의로 판매하고 있었다. 그때부터 시골에 드문드문 생기기 시작한 학교의 불편함은 실로 이루 말할 수 없는 것이었다. 요시다 씨는 이러한 점을 안쓰럽게 여겨 상경할 때마다 판매처인 국정교과서 공동판매소를 방문해서 아침저녁으로 내지와 동일한 판매제도를 도입해서 책임자를 지정하고 공급을 통일성을 도모하지 않으면 안 된다고 역설했다.[23]

22 「国定教科書販売問題で紛争」, 『朝鮮時報』, 1932.3.30.
23 「釜山吉田博文堂か国定教科書(上)販売権を得る迄」, 『釜山日報』, 1932.4.5.

하쿠분도서점의 창업주 요시다 이치지로는 을사조약 직후인 1906년 개점 당시, 부산에서 전문적으로 교과서를 취급하는 서점이 부재한 상황을 고려해서 일본 내지의 관련 기관을 지속적으로 찾아가 호소해서 마침내 식민지 부산에 국정교과서 판매제도를 수립했다고 강조한다. 물론, 이와 같은 역사적 배경이 있기는 하지만, 요시다 사장은 판매권을 둘러싼 협상 및 조율의 여지가 전혀 없었던 것은 아니라고 말한다. 예를 들면, 위의 탄원 성명서에 이름을 올리고 있지는 않지만 당시 부산서적 상조합의 간사를 맡고 있었던 미야케 다쿠조미야케서점는 1932년 3월 31일과 4월 1일에 두 차례에 걸친 회합을 통해 동 분쟁에 부산서적상조합 자체가 관여한 사실은 전혀 없다는 점, 그리고 하쿠분도서점이 동 서적 상조합을 탈퇴하더라도 판매권을 양보할 생각이 없다고 하는 소문 역시 전혀 사실이 아니라는 것을 알고 있다고 하면서, 마지막까지 하쿠분도 서점과 성명서를 낸 6곳 서점 간의 원만한 조율을 시도했다.

하지만, 이와 같은 미야케 다쿠조 간사의 노력에도 불구하고 하쿠분도서점의 요시다 사장은 지난 1월 16일에 위 성명서에 이름을 올린 일행이 자택에 찾아와서 관련 사정을 부탁했을 당시에는 내용의 특성상 즉답을 할 수 없지만, 희망하는 부분을 수용할 수 있도록 고려해보겠다고 하고 헤어졌다는 사실을 이야기하며, 본인 역시 처음에는 수용적 자세를 취했다고 반론한다. 다만, 본인의 양보와 수용적 자세와는 달리, "그 후에 어떤 사람들이 하쿠분도를 모함하고자 시도하며 책동한 사실이 실수로 신문에 보도되었습니다. 나는 아직 특정 서점에 부탁한다는 말을 하지 않은 상태인데도 불구하고, 만약 다른 곳에 판매권을 주면 우리 서점의 기반 자체가 무너지기 때문에 거절했다는 등, 실로 무법천만

한 강압적 태도로 나온 건 의외였습니다. 저는 처음부터 편법을 써서라도 그들의 요청을 수락할 생각이었지만, 이처럼 신용과 명예를 훼손하면서까지 판매권을 얻어내려는 심사를 가진 사람들이 있다고 한다면 판매권을 위임하는 것은 도저히 불가능합니다"[24]라고 불쾌감을 노골적으로 표출한다. 특히, 미야케 간사의 노력과 호의는 감사하지만 6곳 서점이 『부산일보』에 게재한 성명서는 마치 "사람을 바보 취급한 것이며 성의는 찾아볼 수 없습니다"라고 실망감을 드러내며, 앞으로 서점에 한정하지 않고 학교에서 인정하는 곳이라면 어디든 국정교과서 판매권과 대리판매소를 지정할 계획이라고 대답한다. 그리고 이와 같은 분쟁 이후, 다음 해인 1933년 초에 다음과 같이 부산 시내의 국정교과서 대리판매소가 발표된다.

국정교과서 남선 6개도 특약판매소 하쿠분도에서는 이미 부산 부내에 알맞은 대리판매소를 설치할 계획이었는데, 마침 올해가 일반 대리판매소 계약 개정 시기이기에 이번에 학교 당무 당국 및 각 학교와도 협의한 끝에 다음과 같이 대리점을 선정하여 이를 문부성 및 공급처인 오사카서적주식회사의 승인을 얻었으므로, 드디어 1933년도부터 공급을 담당하도록 했다.

　△ 제1소학교 대청정 2, 다케다서점武田書店

　△ 제3소학교 정문앞, 하시모토문구점橋本文具店

　△ 제4소학교 정문앞, 고마츠문구점小松文具店

　△ 제6소학교 정문앞, 다카하시서점高橋書店

24　「甚だ遺憾 誠意認められぬ 博文堂主語る」, 『釜山日報』, 1932.4.2.

△ 제8소학교 정문앞, 고고문구점後々文具店

△ 부산보통학교, 부산진보통학교, 다카서점高書店

△ 제2소학교, 제7소학교, 고등소학교, 부민보통학교, 마키노시마보
통학교 특약판매소 하쿠분도博文堂[25]

위의 대리판매소 명단을 보면, 여전히 하쿠분도서점이 압도적으로 많은 학교의 특약판매소로 이름을 올리고 있지만, 그럼에도 불구하고 국정교과서 판매권 분쟁 이전과 비교하면 절반 이상의 학교를 기타 서점 및 문구점에 양보한 상태라는 것을 알 수 있다. 또한, 최초 대리판매소 명단에서 부산보통학교와 부산진보통학교를 담당했던 다카서점은 두 달 후에는 '일신여학교'가 추가되는 형태로 천명당서점天命堂書店[26]으로 변경되어 있는 것을 생각하면, 대리판매소 지정을 둘러싸고 새학기가 시작되는 마지막까지 서점 간의 치열한 경쟁 상황을 확인할 수 있다.

또한, 부산서적상조합의 간사를 맡고 있던 미야케 다쿠조가 운영하고 있는 미야케서점의 경우에는 1928년 6월 15일에 부산역 앞으로 증개축 이전하면서 미야케타쿠조본점과 지점기존 대청정 점포으로 분리·운영하면서 사업을 확장하고 있는데'미야케타쿠조상점' 등 상호 사용, "교육괘도, 이화기계, 표본모형, 악기운동구, 칠판책상걸상, 농업양잠기구, 서적문구도매, 등사기, 표구"[27] 등과 같이, 서적뿐만 아니라 학교 용품 및 농기구까지 취급하는 상점이었다는 점에서, 출판업을 운영하는 미에출판사와 함께

---

25 「国定教科書取次販売所新設釜山府内に六ヶ所」, 『釜山日報』, 1933.1.27.

26 「国定教科書取次販売所設置広告」, 『朝鮮時報』, 1933.3.23.

27 朝鮮新聞, 「三宅琢造本店, 三宅支店」, 1928.6.18.

충분히 경쟁력이 있는 사업을 하고 있었기 때문에 비록 국정교과서 대리판매소로 지정되지는 않았지만 동 판매권 분쟁으로 큰 타격을 받지 않았던 것으로 추정된다.

당시, 하쿠분도서점은 오사카서적주식회사에 소속되어 조선 남선에서의 국정교과서 판매권을 독점하고 있었는데, 1932년 말에는 각도 국정교과서 판매대리점 34곳의 계약이 만료됨에 따라 이를 계기로 부산의 대리판매소도 일부 신설하게 된다. 이와 관련해서 요시다 사장은 "문부성의 취지를 받들고 사심을 배제했으며, 최우선적으로 학교의 편리성을 중심으로 정한 것으로, 대부분 학교의 추천을 받은 것이기 때문에 가장 공정하게 배치한 것이다"[28]라며 일부 양보하는 방식으로 5곳을 판매대리점으로 지정했지만, 주의할 점은 초등학교 이외의 중학교 및 기타 학교 9곳의 교과서에 대해서는 여전히 하쿠분도서점이 판매일을 지정하며 독점적으로 운영하고 있다는 사실이다.

즉, 1930년대 초반의 하쿠분도서점과 부산서적상조합일부 조합원 서점 간의 국정교과서 판매권을 둘러싼 분쟁은 하쿠분도서점이 초등학교 국정교과서에 한정해서 일부 서점 및 문구점에게 대리판매소를 설치해 주는 방식으로 양보하면서 종결된다. 물론 이러한 과정에서 영업 이익은 다소 감소했지만, 하쿠분도서점이 주체적으로 국정교과서 판매권을 재조정하면서 부산에서의 압도적인 위상을 재확인시키는 계기가 되었다. 특히, 하쿠분도서점이 문부성과 조선총독부, 그리고 부산 부내의 각 학교와 긴밀하고 밀접한 관계를 구축하고 있다는 사실을 대외적으로 표면화

---

28 「国定教科書取次販売所新設釜山府内に六ヶ所」, 『釜山日報』, 1933.1.27.

하면서, 이를 통해 서점 간의 서열화와 식민 해역도시 부산의 학지 구축 공급망을 재편하는 계기를 마련했다고 해석할 수 있다.

5. 나가며

이 글에서는 일본 제국의 확장과 함께 동북아해역 상업도시에서 문화도시로 변모해 가는 식민도시 부산을 중심으로, 일본인 경영 서점의 역할 및 학지 구축의 판매망 분석을 목적으로 했다. 특히, 서점 간의 과도한 경쟁을 막기 위해 1921년에 결성된 조선서적상조합 전후의 해역도시 부산의 서적 유통 시스템의 변화와 1930년대 초반의 국정교과서 판매권을 둘러싼 서점 간 분쟁이 가지는 동시대적 의미를 탐색하고자 했다.

그 결과, 하쿠분도서점의 1910년대 초반의 광고는 국정교과서 및 학교 용품, 그리고 단순 서점 안내 광고를 중심으로 게재되었지만 1910년대 후반에 접어들면서 각종 서적 리스트가 신문 광고란에 대대적으로 등장하면서 변화를 보이기 시작했다. 특히, 이와 같은 변화는 1910년대 후반에 들어서면서 부산에 거주하는 재조일본인의 인구가 3배 가까이 급증했기 때문이며, 또한 부산으로 이주한 재조일본인의 출신 지역과 직업 역시 서일본 및 간사이지역에서 전국적으로 확장된 결과라고 해석할 수 있다. 부산 최대 규모를 자랑하던 하쿠분도서점은 이와 같은 가변적인 독자층을 대상으로 일본 내지에서 인기를 누린 신간 서적을 실시간으로 부산에 유통시켜 선전하는 방식으로 광고 전략을 수정했고, 이를 통해 해역 상업도시에서 벗어나 문화도시로 변모해가는 부산의 학지 구축에 중요한 역할을 했다고 볼 수 있다.

또한, 1921년에 조선서적상조합이 결성된 이후의 서점 광고를 살펴보면, 하쿠분도서점을 비롯한 일본인 경영 서점들의 서점 광고 및 신간 도착 안내 광고가 압도적으로 감소한 반면, 서점 창업 및 부업·겸업을 선전하는 광고는 크게 증가하기 시작했다. 특히, 부산의 지역 신문에 서점 창업·부업 관련 기사를 싣고 있는 서점들은 대부분 오사카를 중심으로 한 관서 지방이라는 점을 생각하면, 해역도시 부산과 관서지역 및 서일본지역은 단순히 식민지 조선과 제국 일본이라는 이분법적인 구조에서 포착할 수 없는 트랜스내셔널한 공간으로 작동하고 있었으며, 이와 같은 지리적 이점을 살린 관계망을 통해 서점과 서적이 자유롭게 유통되고 있었다는 사실을 확인할 수 있다.

마지막으로, 1930년대 초반의 하쿠분도서점과 부산서적상조합일부 조합원 서점 간의 국정교과서 판매권을 둘러싼 분쟁은 하쿠분도서점이 초등학교 국정교과서에 한정해서 일부 서점 및 문구점에게 대리판매소를 설치해 주는 방식으로 양보하면서 종결된다. 물론 이러한 과정에서 영업이익은 다소 감소했지만, 하쿠분도서점이 주체적으로 국정교과서 판매권을 재조정하면서 부산에서의 압도적인 위상을 재확인시키는 계기가 되었다. 특히, 하쿠분도서점이 문부성과 조선총독부, 그리고 부산 부내의 각 학교와 긴밀하고 밀접한 관계를 구축하고 있다는 사실을 대외적으로 표면화하면서, 이를 통해 서점 간의 서열화와 식민 해역도시 부산의 학지 구축 공급망을 재편하는 계기를 마련했다고 해석할 수 있다.

참고문헌

1. 단행본 및 연구논문

부산상업회의소, 『釜山要覧』 부산상업회의소, 1912.

신승모, 「조선의 일본인 경영 서점에 관한 시론―일한서방(日韓書房)의 사례를 중심으로」, 『일어일
　　　문학연구』 제79호, 2011.

임상민・이경규, 「식민도시 부산의 서점 연구―1910년대 『부산일보』의 서점 광고란을 중심으로」,
　　　『동북아문화연구』 제46호, 2016.

烏賀羅門, 『朝鮮へ行く人に』 大阪:朝鮮へ行く人に編纂所, 1914.

香月源太郎, 『韓国案内』 東京:青木嵩山堂, 1902.

後藤金壽 編輯, 『全国書籍商総覧』 東京:新聞之新聞社, 1935.

日比嘉高, 「朝鮮半島における日本語書店の展開―戦前外地の書物流通(1)」, 『跨境』 創刊号, 2014.

平田賢一, 「日中戦争前夜の植民地朝鮮で流通していた日本語書籍」, 『アジア太平洋研究センター年
　　　報』 第14号, 2017.

2. 신문 및 잡지

「新商業広告, 明文館出版部」, 『釜山日報』, 1925.5.10.

「書籍店開業案内, 博栄堂本店地方部」, 『釜山日報』, 1927.4.11.

「小説卸売, 樋口隆文館」, 『朝鮮時報』, 1927.1.17.

「朝鮮書籍商組合総会, 釜山の表彰者」, 『朝鮮時報』, 1930.9.8.

「国定教科書取次店を新設せよ―府内の六書店から博文堂に要求す」, 『釜山日報』, 1932.3.30.

「釜山吉田博文堂か国定教科書(上)販売権を得る迄」, 『釜山日報』, 1932.4.5.

「国定教科書取次販売所新設釜山府内に六ヶ所」, 『釜山日報』, 1933.1.27.

3. 검색 사이트

국사편찬위원회 한국사데이터베이스(https://db.history.go.kr/), 검색일:2024.9.3.

초출일람

서광덕·손동주 | 「동북아해역인문학 관련 연구의 동향과 전망 – 부경대 HK+사업단 아젠다 연구와 관련하여」
이 글은 『인문사회과학연구』 제22권 제1호, 부경대 인문사회과학연구소, 2021에 처음 수록되었다.

슈빈 | 「중국 해역인문학 연구의 현황」
이 글은 국립부경대학교 HK+사업단이 주최한 국제학술대회('제7회 동북아해역과 인문네트워크 국제 학술대회', 2024.5)에서 발표한 것을 수정, 보완한 것으로 지면상으로 본 연구총서에 처음 수록되었다.

장칸 | 「중국 해양인문학의 학술계보와 패러다임 전환 – 샤먼(廈門)대학 해양사 관련 논저를 중심으로」
이 글은 국립부경대학교 HK+사업단이 주최한 국제학술대회('제7회 동북아해역과 인문네트워크 국제 학술대회', 2024.5)에서 발표한 것을 수정, 보완한 것으로 지면상으로 본 연구총서에 처음 수록되었다.

류젠후이 | 「제국 프론티어의 성립 – 식민지도시 다롄의 도시 공간과 문화 생산」
이 글은 국립부경대학교 HK+사업단이 주최한 국제학술대회('제7회 동북아해역과 인문네트워크 국제 학술대회', 2024.5)에서 발표한 것을 수정, 보완한 것으로 지면상으로 본 연구총서에 처음 수록되었다.

우에다 타카코 | 「제2차 세계대전 이후 동북아시아의 산둥(山東) 동향 집단과 그 역할」
이 글은 국립부경대학교 HK+사업단이 주최한 국제학술대회('제7회 동북아해역과 인문네트워크 국제 학술대회', 2024.5)에서 발표한 것을 수정, 보완한 것으로 지면상으로 본 연구총서에 처음 수록되었다.

공미희 | 「간사이국제공항 건설 후 배후도시와 어촌지역의 지속가능 발전 사례 연구」
이 글은 『일어일문학』 102, 대한일어일문학회, 2024에 처음 수록되었다.

이상원 | 「사세보(佐世保)의 근대화 유산과 경관으로 본 지역 아이덴티티」
이 글은 『동북아문화연구』 79, 동북아시아문화학회, 2024에 처음 수록되었다.

최민경 | 「해역도시는 이민을 어떻게 '기억'하는가 – 일본 요코하마를 중심으로」
이 글은 『인문학연구』 63-1, 충남대학교 인문과학연구소, 2024에 처음 수록되었다.

이민경 | 「중국의 전통문화 재해석과 현대적 활용 – 민남(閩南)의 관우 문화를 중심으로」
이 글은 『인문사회과학연구』 제25권 제2호, 국립부경대학교 인문사회과학연구소, 2024에 처음 수록되었다.

신상원 | 「표류기를 통해 본 동아시아해역의 근세 세계화」
이 글은 『인문사회과학연구』 25-1, 부경대학교 인문사회과학연구소, 2024에 처음 수록되었다.

임상민 | 「식민 해역도시 부산과 서적 유통 연구 – 1930년대 국정교과서 판매권 분쟁을 중심으로」

이 글은 『일본문화학보』 제102집, 한국일본문화학회, 2024에 처음 수록되었다.

필자 소개

서광덕 徐光德, Seo Kwang-deok

연세대학교 중어중문학과 졸업 후 동 대학원 석사, 박사과정을 졸업했다. 저서로는『루쉰과 동아시아 근대』(2018), 『중국 현대문학과의 만남』(공저, 2006), 『동북아해역과 인문학』(공저, 2020) 등이 있고, 역서로는『루쉰』(2003), 『일본과 아시아』(공역, 2004), 『중국의 충격』(공역, 2009), 『수사라는 사상』(공역, 2013), 『아시아의 표해록』(공역, 2020) 등이 있으며, 『루쉰전집』(20권) 번역에 참가했다. 현재 국립부경대학교 인문사회과학연구소 HK교수로 재직 중이다.

손동주 孫東周, Son Dong-ju

일본 동북대학(東北大学) 대학원 문학박사를 취득하였다. 저서로는『日本語の動詞とヴォイス』(2005), 『일본어 유의표현 연구』(공저, 2018), 『일본어 커뮤니케이션』(공저, 2019) 등이 있고, 역서로는『마성의 도시 상하이』(공역, 2020) 등이 있으며, 논문은『福岡韓国民団70年史를 통해 본 재일동포의 역할』(2019), 「일본어 동사의 문법적 오용분석을 통한 일본어 교육에의 활용방안」(공저, 2020), 「일본문학과 부산관광콘텐츠」(공저, 2020), 「朝鮮通信使に同行した朝鮮の訳官」(2024) 등이 있다. 현재 국립부경대학교 일어일문학부 교수로 재직 중이다.

슈빈 修斌 Xiu Bin

일본 니가타대학에서 문학박사를 취득하였다. 현재 중국해양대학 교수로 재직 중이며, 문학과 저널리즘 및 커뮤니케이션 학부의 학장, 중국해양대학 국가문화산업연구센터의 센터장 등을 맡고 있다. 중외문화교류사, 중일관계사, 해양역사문화, 동아시아 해양문제 등의 연구에 매진해왔고, 대표 연구 성과로는『일본해양전략연구(日本海洋戰略研究)』, 『근대 중국의 니체와 메이지 일본(近代中國的尼采與明治日本)』(일본어), 『해양역사지리론(海洋歷史地理論)』(공저) 등의 저서와 「일본의 문화콘텐츠 산업에 관하여(關於日本的文化內容產業)」, 「류쿠의 위상 변천과 그 복잡성(琉球地位的變遷及其複雜性)」, 「일본 니가타현의 해양 문화 산업 개발과 그 시사점－일본 최초의 연어 박물관을 사례로(日本新潟縣的海洋文化產業開發及其啟示－以日本最早的鮭魚博物館爲例)」 등의 논문이 있다.

장칸 張侃, Zhang Kan

중국 샤먼대학 역사학과에서 학부를 졸업하고, 동 대학에서 경제사로 석사, 박사 학위를 받았다. 현재 샤먼대학 역사학과 교수로 재직 중이며, 역사와 문화유산 학부 학장을 맡고 있다. 중국 근대경제사, 지역 사회사, 역사인류학, 민간역사 문헌학 등 방면의 연구에 매진해왔고, 대표 연구 성과로는 『중국 근대 외채 제도의 토착화와 국제화(中國近代外債制度的本土化與國際化)』, 『푸젠상인 발전사(閩商發展史)』, 『華文越風－17~19세기 민간 문헌과 호이안 화교 사회(華文越風－17~19世紀民間文獻與會安化人社會)』 등의 저서와 「청 중·후기 안후이 출신 관료 집단의 단계적 변화와 푸젠, 타이완 사회 거버넌스(清中後期皖籍官員群體的階段性演變與閩台社會治理)」, 「중국 전통사회의 전염병 관리(中國傳統社會的癘疫治理)」, 「건국 초기 중국 내 외자기업 개혁 연구(建國初期在華外資企業改造初探)」 등의 논문이 있다.

류젠후이 劉建輝, Liu Jianhui

국제일본문화연구센터(International Research Center for Japanese Studies) 교수. 일본 고베대학(神戶大學) 문화학연구과에서 박사학위를 취득하였다. 중국 난카이대학(南開大學), 베이징대학(北京大學) 조교수를 거쳐 1999년부터 국제일본문화센터에 재직하고 있다. 서양 근대를 공동으로 수용하는 문화 공동체로서 근대 동아시아를 자리매김하고 일국사적 관점을 넘어 이 지역의 상호 문화 교섭에 관한 연구를 지속적으로 수행 중이다. 대표 저서로는 『增補·魔都上海－日本知識人の「近代」体験』(2010), 『「満州」という遺産: その経験と教訓』(공저, 2022), 『CHINA GRAPHY－日本のまなざしに映った中国』(공저, 2021) 등이 있다.

우에다 다카코 上田貴子, Ueda Takako

일본 오사카외국어대학(大阪外国語大学) 언어사회연구과에서 박사학위를 취득하였다. 일본 학술진흥회 특별연구원(PD)를 거쳐 2005년부터 긴키대학 문예학부에 재직하고 있다. 동북 아시아 인간의 이동과 커뮤니티 형성을 역사적으로 분석하고 중국의 선양과 하얼빈의 도시 사회사 및 일본 오사카에서의 화교, 화인 동포단체의 역사에 관한 연구를 지속적으로 수행 중이다. 대표 저서로는 「東北アジアにおける中国人移民の変遷 1860~1945」(2008), 『奉天 の近代－移民社会における商会·企業·善堂』(2018), 「戦後大阪神戸における山東幇の生存戦略－山東系中華料理店のビジネスモデルを中心に」(2023) 등이 있다.

공미희 孔美熙, Kong Mi-hee

국립부경대학교 일어일문학과 대학원 석사, 박사과정을 졸업했다. 저서로는 『동북아해역과 인문학』(공저, 2020), 『동북아해역과 귀환－공간, 경계, 정체성』(공저, 2021), 『바다를 건넌 물건들』1(공저, 2022) 등이 있고, 역서로는 『기선의 시대－근대 동아시아 해역』(공역, 2020) 등이 있으며, 논문은 "A Consideration of the Characteristics and Historical Background of Japanese Fusion Cuisine Created Through Cross-cultural

Exchanges with the West in Port Cities" (*SCOPUS*, 2018), "Analysis of the Conditions and Characteristics of Japanese Migrant Fishing Villages in Ulsan" (*SCOPUS*, 2021), "Marine Cultural Tourism Gwangalli Eobang Festival : Cultural Inheritance and Efficiency Enhancement from a Humanistic Perspective" (*SCOPUS*, 2024) 등이 있다. 현재 국립부경대학교 인문사회과학연구소 HK연구교수로 재직 중이다.

이상원 李尚原, Lee Sang-won
부경대학교 일어일문학과 대학원 석사, 박사과정을 졸업했다. 저역서로『오키나와 입문-아시아를 연결하는 해역구상』(공역, 2021),『동북아해역과 산업화-항구·원조·사람』(공저, 2023),『동북아해역과 글로벌리즘-컬처·로컬·모빌리티』(공저, 2024) 등이 있다. 현재 국립부경대학교 인문사회과학연구소 HK연구교수로 재직 중이다.

최민경 崔瑉耿, Choi Min-kyung
1983년 서울 출생. 서울대학교 언어학과를 졸업 후, 동대학교 국제대학원 국제학과 석사과정, 일본 히토쓰바시대학(一橋大學) 사회학연구과 박사과정을 졸업했다. 전공은 역사사회학·일본지역 연구로 특히 국제 이주, 디아스포라 관련 연구를 지속적으로 진행하고 있다. 2019년부터 국립부경대학교 인문사회과학연구소 HK교수로 근무하고 있으며, 주요 저역서와 논문으로는『재일한인의 해역인문학-이동, 생활, 네트워크』(2024),『바다를 건넌 물건들』II(공저, 2023),『해항의 정치사』(역서, 2023),「연근해어업에서의 이주노동자 수용제도의 한일 비교-장기 고용으로의 변화에 주목하여」(2023),「어업이민을 통한 해방 후 해외 이주정책의 이해」(2022) 등이 있다.

이민경 李旼憬, Yi Min-kyoung
부산대학교 중어중문학과를 졸업한 후, 동 대학교 중어중문학과에서 석사학위를, 중국 베이징사범대학(北京師範大學)에서 박사학위를 취득하였다. 현재 국립부경대학교 해양인문학연구소에서 HK연구교수로 재직 중이다. 저서『바다를 건넌 물건들』II(공저, 2023),『부산미각』(공저, 2024)가 있고, 논문으로는「『삼국연의』 콘텐츠의 수용과 재해석 고찰-온라인 커뮤니티의 담론을 중심으로」(2021),「중국 동남 연해지역의 관우문화 고찰-福建 東山을 중심으로」(2023),「중국의 전통문화 재해석과 현대적 활용-閩南의 관우 문화를 중심으로」(2024) 등이 있다.

신상원 申尙沅, Shin Sang-won
런던대학교 SOAS에서 역사학 석사 학위를 취득하고, 같은 대학교에서 한국학(조선시대사)

박사 학위를 받았다. 조선시대 노비제 혁파를 연구했으며, 동아시아의 근세 및 초기 세계화와 식민지 조선에서의 강제 노동과 자유 임금 노동 간의 역학 관계로 연구 영역을 확장하고 있다. 주요 논문으로는 "State Ideology in Chosŏn Korea and the Abolition of Government-Owned *Nobi*" (*Studia Orientalia Electronica*, 2023), 「근세 세계화의 맥락에서 본 조선시대사」(지역과 역사, 2023), 「표류기를 통해 본 동아시아 해역의 근세 세계화」(인문사회과학연구, 2024) 등이 있다. 현재 국립안동대학교 글로컬대학사업단 초빙교수로 재직 중이며, 근세 및 근대의 강제 노동과 근세 세계화를 이해하는 데 주력하고 있다.

임상민 林相珉, Lim Sang-min

1976년 출생. 한남대학교 일어일문학과를 졸업 후 일본 규슈대학에서 석사·박사과정을 졸업했다. 전공은 일본근현대문학 및 식민지문학이며, 2013년부터 동의대학교 일본학과에 재직 중이다. 주요 논저로는 『해방이후 재일한인 외교문서 해제집』(1~7권, 공저, 2024), 『외교문서로 보는 재일한인의 귀환·송환·봉환』(공저, 2023), 『전후 재일조선인 마이너리티 미디어 해제 및 기사명 색인』(1~3권, 공저, 2020), 『전후 고도경제성장과 재일조선인 서사』(2018), 「조선총독부 임용시험과 수험서 연구」(2024), 「일제강점기 〈옥중소설〉과 조선인 간수 연구」(2023), 「일제강점기 조선 행정 담론과 문예란 연구」(2023), 「전후 소년 잡지와 역도산 표상」(2022), 「북한송환사업과 한국 외교문서」(2021), 「식민도시 부산과 유곽」(2021) 등이 있다.